本书由浙江特殊教育职业学院资助出版

高职院校残疾人体育锻炼理论与实践指导

刘海群 —— 著

Theoretical and Practical Guidance on
Physical Exercise for the Disabled
in Higher Vocational Colleges

浙江大学出版社
·杭州·

图书在版编目(CIP)数据

高职院校残疾人体育锻炼理论与实践指导 / 刘海群著. -- 杭州：浙江大学出版社，2025.1
ISBN 978-7-308-23930-1

Ⅰ.①高… Ⅱ.①刘… Ⅲ.①高等职业教育－残疾人体育－体育锻炼－教学研究 Ⅳ.①G806

中国国家版本馆 CIP 数据核字(2023)第 108647 号

高职院校残疾人体育锻炼理论与实践指导
刘海群　著

责任编辑	蔡圆圆
责任校对	许艺涛
封面设计	雷建军
出版发行	浙江大学出版社
	(杭州市天目山路 148 号　邮政编码 310007)
	(网址：http://www.zjupress.com)
排　　版	浙江大千时代文化传媒有限公司
印　　刷	广东虎彩云印刷有限公司绍兴分公司
开　　本	710mm×1000mm　1/16
印　　张	21.25
字　　数	294 千
版 印 次	2025 年 1 月第 1 版　2025 年 1 月第 1 次印刷
书　　号	ISBN 978-7-308-23930-1
定　　价	88.00 元

版权所有　侵权必究　印装差错　负责调换

浙江大学出版社市场运营中心联系方式：0571-88925591；http://zjdxcbs.tmall.com

FOREWORD 前 言

　　2022年北京冬奥运会和冬残奥运会的胜利召开,让全世界人民再次领略到体育的魅力。残疾运动员在雪地上以速度的激情和技巧的高难度展示,以及他们顽强拼搏、不屈不挠的奋斗精神,为世界人民带去了希望和力量。2022年3月3日,国务院新闻办发表的《中国残疾人体育事业发展和权利保障》白皮书指出:中国将残疾人康复健身体育作为实施全民健身、健康中国、体育强国等国家战略的重要组成部分。《"健康中国2030"规划纲要》第六章第四条明确提到:制定实施青少年、妇女、老年人、职业群体及残疾人等特殊群体的体质健康干预计划;推动残疾人康复体育和健身体育的广泛开展。因此,为鼓励残疾人积极参加体育健身锻炼活动、科学健身,使残疾人能掌握更多更全的健身锻炼方法、体育运动康复手段,了解体育运动损伤、运动处方、体育运动的功能、残疾人体适能等,笔者撰写了《高职院校残疾人体育锻炼理论与实践指导》一书,期望有助于推动残疾人积极开展体育锻炼,有效增进身体健康。

　　本书着眼于残疾人对身体健康与康复的需求,坚持继承与创新、改革与发展;坚持实事求是,从教学实际出发;突出教学性、针对性、实用性、科学性、先进性、时代性;力求从残疾人的残疾类别和生理特点出发,将残疾人开展体育锻炼的理论基础、实践方法作系统归纳、总结与创新,旨在指导残疾大学生在课内课外进行体育锻炼,从而增强体质,加强残疾部位功能的康复,有效融入社会。本书分上下两篇,共九章,上篇为理论篇,分成四章来阐述,主要介绍残疾人体育运动发展历程,以及新中国成立以来残疾人体育发展概况;根据残疾人运动分级,制定具有代偿性、适宜性、针对性的残疾人科学体育锻炼方法；科学、系统地梳理了各残疾类别群体所能进行的体育运动项目。下篇为实践篇，共分五章阐述。第五到八章主要从四大类残疾群体教学出发，根据各类残疾大学生的生理特点和残疾类型，进行科学有效的身体功能评定和体育锻炼实践指导。第九章基于各类残疾大学生所学专业未来的职业需要进行实践指导，使残疾人体育教育与残疾人职业教育紧密结合，为专业服务，为残疾大学生未来走上工作岗位提供必要的支持。

  本书在撰写和出版过程中，获得浙江特殊教育职业学院大力支持，拍摄图片时获得学校教学部门、特殊教育系手语演播实训室的支持，部分在校学生为拍摄而出镜，在此一并感谢。本书由浙江特殊教育职业学院资助出版。

  鉴于笔者水平有限，书中如有不妥之处，敬请读者指正。

CONTENTS 目 录

上篇　残疾人体育理论

第一章　残疾人体育运动的发展概况 ／ 3

第二章　残疾人分类分级 ／ 17

　　第一节　残疾的分类 ／ 17

　　第二节　残疾的分级 ／ 19

　　第三节　残疾人体育运动分级分类 ／ 26

第三章　残疾人体育锻炼 ／ 64

　　第一节　体育锻炼的误区 ／ 65

　　第二节　体育锻炼的注意事项 ／ 72

　　第三节　常见运动损伤与防治 ／ 79

第四章　残疾大学生体育项目 ／ 85

　　第一节　听力残疾大学生体育项目介绍 ／ 85

　　第二节　视力残疾大学生体育项目介绍 ／ 104

　　第三节　智力残疾大学生体育项目介绍 ／ 108

　　第四节　肢体残疾大学生体育项目介绍 ／ 113

下篇　残疾大学生体育锻炼实践

第五章　听力残疾大学生体育锻炼实践　/ 127
　　第一节　听力残疾大学生身体健康评定　/ 127
　　第二节　听力残疾大学生体育锻炼实践指导　/ 147

第六章　视力残疾大学生体育锻炼实践　/ 184
　　第一节　视力残疾大学生身体健康评定　/ 184
　　第二节　视力残疾大学生体育锻炼实践指导　/ 192

第七章　智力残疾大学生体育锻炼实践　/ 217
　　第一节　智力残疾大学生身体健康评定　/ 217
　　第二节　智力残疾大学生体育锻炼实践指导　/ 228

第八章　肢体残疾大学生体育锻炼实践　/ 243
　　第一节　肢体残疾大学生身体健康评定　/ 243
　　第二节　肢体残疾大学生体育锻炼实践指导　/ 262

第九章　残疾大学生职业体能锻炼　/ 296
　　第一节　残疾大学生职业体能概述　/ 297
　　第二节　听力残疾大学生职业体能　/ 305
　　第三节　视力残疾大学生职业体能　/ 318
　　第四节　智力残疾大学生职业体能　/ 322
　　第五节　肢体残疾大学生职业体能　/ 325

参考文献　/ 331

上篇

残疾人体育理论

第一章　残疾人体育运动的发展概况

体育事业发展的规模和水平是衡量一个国家、社会发展进步的一项重要标志。残疾人体育事业的发展尤其显得重要，它是国家综合实力的体现，是残疾人享受国家政策福祉的体现，是党和人民对残疾人关心、关爱的体现。在改革开放和社会主义现代化建设及民族复兴进程中，随着党和政府对残疾人事业的逐步重视，我国残疾人体育不断发展壮大，走出一条具有中国特色、符合时代潮流的残疾人体育发展之路。尤其是党的十八大以来，在习近平新时代中国特色社会主义思想指引下，中国将残疾人事业纳入"五位一体"总体布局和"四个全面"战略布局，采取切实有效的措施促进残疾人体育事业持续快速蓬勃发展。残疾人体育运动竞技水平不断提高，残疾运动员顽强拼搏、自信自强、努力奋进、为国争光，残疾人体育事业取得了卓越成就。

体育（physical education，PE），是一种复杂的社会文化现象，它是以身体与智力活动为基本手段，根据人体生长发育、技能形成和技能提高等规律，达到促进全面发育、提高身体素质、增强体质、提高运动能力、改变生活方式、提高生活质量的一种有意识、有目的、有组织的社会活动。残疾人体育又称特殊体育、伤残人体育、残障人体育，是以在听力、视力、语言、智力、肢体等方面有缺损者为参与主体的体育活动，是残疾人强身健体、身心康复、社会康复、职业康复以及融入社会的有效途径，也是人们认识残疾人、了解残疾人、促进和谐社会的特殊途径。发展残疾人体育，对于保障残疾人的平等权利、促进残疾人融合发展、推动残疾人共享经济社会发展成果，具有重要意义。

一、有关残疾人的法规条例的发展

新中国成立以来,党和政府实施了一系列发展残疾人事业、改善残疾人状况的重大举措,相继出台多部法规文件,保障残疾人权益。《中华人民共和国宪法》第二章第四十五条规定:国家和社会帮助安排盲、聋、哑和其他有残疾的公民的劳动、生活和教育。根据宪法,我国在1990年制定了《中华人民共和国残疾人保障法》,于2008年修订并通过。该法旨在维护残疾人的合法权益,发展残疾人事业,保障残疾人平等地充分参与社会生活,共享社会物质文化成果。1995年《中华人民共和国体育法》出台,支持残疾人参加体育活动,指出各级政府应当采取措施为残疾人参加体育活动提供服务。残疾人体育被纳入国家发展战略和残疾人事业发展规划,残疾人体育工作机制逐步健全,公共服务全面开展,残疾人体育迎来了快速发展阶段。2006年12月13日,联合国通过了《残疾人权利公约》。2007年3月30日,中国签署了该公约,促进、保护和确保残疾人充分和平等地享有一切人权、基本自由及尊重。我国残疾人事业由改革开放初期以救济为主的社会福利事业,通过政府、各方人士共同努力,逐步发展成为综合性社会事业。残疾人参与社会生活的环境大为改善,残疾人各方面的权利得到尊重和保障,为发展残疾人体育奠定了基础。

新时期,残疾人体育被纳入全民健身、健康中国、体育强国等国家战略。我国推进基本公共服务均等化,加强残疾人"两个体系"建设。2011年2月,国务院发布《全民健身计划(2011—2015年)》,提出"大力推进残疾人体育",为发展残疾人体育工作提供了强大的政策支持。2012年出台的《无障碍环境建设条例》和2016年通过的《中华人民共和国公共文化服务保障法》,优先推进体育等公共服务场所的无障碍设施改造,配置无障碍的设施设备。国务院《关于加快推进残疾人小康进程的意见》(国发〔2015〕7号)指出,要建成一批残疾人体育健身示范点,通过社会体育指导员普及一批适合残疾人的体育健身项目。2016年10月,中共中央、国务院印发《"健康中国2030"规划纲要》,促进了残疾人体质健康干预,推动残疾人康复体育和健身体育广泛开展。中国残疾人联合会制定的"十三五"规划(2015—2020)中的《残疾人康复体育关爱家庭计划(试行)》,则更具体地将残疾人体育落到实处,加大对残疾人体育的规划和建设。《全民健身基本公共服务标准(2021年版)》等国家政策法规明确要求改善残疾人健身环境,要求公共体育设施免费或低收费地向残疾人开放。2020年5月28日通过的《中华人民共和国民法典》充分肯定残疾人作为民事主体的平等地位,其第1041条明确规定,要保护妇女、未成年人、老年人、残疾人的合法权益。2021年,国务院印发《"十四五"残疾人保障和发展规划》,要求推动残疾人体育全面发展,将残疾人作为重点人群纳入全民健身公共服务体系建设。

二、残疾人体育组织的发展

随着我国残疾人体育走向世界,我国在国际残疾人体育事务中发挥着越来越重要的作用,话语权和影响力逐步扩大。自1984年起,我国相继加入国际残奥委员会、国际伤残人体育组织、国际盲人体育联合会、国际脑瘫人体育协会、世界聋人体育联合会、国际轮椅运动联合会、国际特殊奥林匹克委员会、远东及南太平洋地区残疾人运动联合会等世界残疾人体育组织,与一些国家和地区的残疾人体育组织建立了友好关系。1983年中国伤残人体育协会成立。1985年中国聋人体育协会和中国弱智人体育协会成立。其中中国伤残人体育协会于1991年更名为中国残疾人体育协会。为迎接2008北京残奥会,并与国际接轨,2004年4月1日起中国残疾人体育协会再次更名为中国残疾人奥林匹克委员会(简称中国残奥会)。与此同时,中国聋人体育协会更名为中国聋人奥林匹克委员会(简称中国聋奥会),中国弱智人体育协会更名为中国特殊奥林匹克委员会(简称中国特奥会)。中国残奥会、中国聋奥会、中国特奥会等残疾人体育组织于2004年相继加入国际残奥委员会等多个国际残疾人体育组织,已经成为世界残疾人体育组织的重要成员,中国残疾人体育官员、裁判员、专家等担任远南运动会联合会执委会、世界聋人体育联合会、国际盲人体育联合会执委和专项委员会负责人。为培养残疾人体育技术力量,先后推荐和委派专业人员担任有关国际残疾人体育组织的技术官员和国际裁判,在国际残疾人体育事务中发挥着重要作用,展现了中国广大残疾人积极、热情、努力、自信、自强的良好形象。

三、举办综合性全国赛事和国际赛事

(一)举办全国性残疾人体育赛事

1957年,第一届全国青年盲人运动会在上海举办。1959年,我国举办了全国首届聋人男子篮球赛。1984年10月第一届全国残运会(当时称为伤残人运动会)在安徽合肥举行,来自全国29个省、自治区、直辖市和香港地区的830名残疾运动员,参加了田径、游泳、乒乓球、轮椅篮球等四个大项的比赛。这是我国体育史上的一件大事,也是对中华人民共和国成立35周年以来残疾人运动水平的一次大检阅,体现了党和政府对残疾人的关怀。自1992年第三届全国残疾人运动会起,全国残疾人运动会被正式列入国务院审批的大型运动会系列,形成每四年举办一次的机制,残疾人体育逐步进入制度化、规范化的发展轨道。截至2021年,中国已先后举办11届全国残运会,比赛项目从田径、游泳、乒乓球发展到34个项目。2019年,在天津举办的第十届全国残运会暨第七届全国特奥会首次实现全国残运会和全国运动会同城举办。2021年,在陕西举办的第11届残运会暨第八届特奥会首次实现全国残特奥会和全国运动会同城同年举办,促进了两个运动会的同步规划、同步实施、同样精彩。除了举办全国残运会,我国还在各地举办全国性肢残人、盲人、聋人等各类单项赛事,吸引各类残疾人广泛参与体育运动,通过经常性举办全国残疾人体育赛事,培养了残疾人运动员队伍,提升了残疾人运动水平。

自2015年至2021年,全国开展的冬残奥会大项由2个拓展到6个,实现了比赛大项全覆盖;运动员由不足50人发展至近千人,技术官员从无到有发展到100多人。自2018年起,我国每年举办全国性冬残奥项目比赛,并纳入2019年和2021年全国残运会赛事,大力发展残疾人冰雪运动,促进残疾人竞技冰雪运动的快速发展。

(二)积极参与国际残疾人体育赛事

1. 成功举办亚洲综合性残疾人体育赛事

1994年,北京举办第六届远南运动会,42个国家和地区的残疾人代表团共1927人参加,规模超过历届。这是中国首次举办国际综合性残疾人运动会,展示了改革开放和现代化建设的丰硕成果,加深了社会对残疾人的了解,助推了中国残疾人事业的发展,对推进"亚太残疾人十年"行动产生了积极影响。2010年,首届亚残运会在广州举办,41个国家和地区的运动员参赛。这是亚洲残疾人体育组织重组后举办的首届运动会,也是亚运会与亚残运会历史上首次在同城同年举行,进一步推动了广州的无障碍环境建设。通过举办亚残运会,在全社会广泛传播了残疾人体育精神,营造了扶残助残、残健融合的良好氛围,使更多残疾人共享社会发展成果,提高了亚洲残疾人体育运动水平。2022年,因新冠疫情影响,杭州第四届亚残运会延期于2023年10月22—28日举行,这也是继广州亚运会、亚残运会后第二次同城同办两个赛事。40多个国家和地区的约3800名残疾人运动员参加了22个大项、604个小项的竞赛,有力促进了亚洲人民的友谊与合作。

2. 圆满举办上海特奥会

2007年,上海举办第12届上海特奥会,164个国家和地区的1万多名特奥运动员、教练员参与了25个项目的比赛。这是第一次在发展中国家、在亚洲举办的特奥会,鼓励了智力残疾人参与社会的勇气,推动了中国特奥运动的发展。

3. 高规格举办北京残奥会、北京冬残奥会

2008年,北京举办第13届残奥会,147个国家和地区的4032名运动员参加了比赛。赛会设20个大项、472个小项,运动员人数、参赛国家和地区数、比赛项目数都创残奥会历史新高。2022年北京开启了冬奥会与冬残奥运会"同时申办、同城举办"的新模式,共设6个大项、78个小项,共有48个国家和地区的736名运动员参加比赛,兑现了"两个奥运,同样精彩"的承诺,为世界奉献了一届高水平、有特色的残奥会,"超越、融合、共享"理念是中国对国际残奥运动的精神贡献。

我国在参与以上综合性大型赛事的基础上，不断与国际接轨，广泛开展国际交流，参与各类国际残疾人单项赛事的机会也越来越多。近四年来，我国共举办 22 项国际残疾人体育赛事，连续四年举办国际残奥会田径公开赛，连续举办坐式排球、羽毛球、乒乓球国际赛事，首次举办单板滑雪、越野滑雪亚洲杯比赛，参与国际残疾人体育事务的实力不断增强。

四、残疾人竞技体育发展

新时代我国残疾人竞技体育取得辉煌成就，带动整体残疾人体育事业向前发展。中国残疾人竞技体育发展历程，是残疾人追求体育强国梦想和美好生活的精彩缩影。新中国成立以来，中国残疾人运动员创造了一个又一个竞技奇迹，带动了我国残疾人体育事业的整体发展，也在世界残疾人体育舞台上展现了我国残疾人竞技体育不懈追求更好、更高、更强的体育精神。

（一）残奥会获得辉煌成绩

1984 年，中国残奥体育代表团 24 名残疾人运动员在纽约第七届残奥会上参加了田径、游泳、乒乓球等三个大项的比赛，获得 2 枚金牌、24 枚奖牌，北京盲人运动员平亚丽获得田径女子 B2 级跳远金牌，实现了中国参加残奥会历史上金牌"零的突破"。至今，中国残疾人运动员在国际赛场上成绩斐然。在"十三五"期间的五年间我国残疾人运动员在 160 项国际赛事中，共获得 1114 枚金牌。2004 年，在雅典第 12 届残奥会上，中国体育代表团获得 63 枚金牌、141 枚奖牌，金牌数和奖牌数跃居第一；2008 年 9 月 6—17 日，在北京举办的残奥会上，中国残疾人体育代表团以 89 枚金牌、70 枚银牌、52 枚铜牌、211 枚奖牌的成绩位列金牌榜、奖牌榜第一；2012 年在伦敦和 2016 年在里约热内卢，中国代表团又两次蝉联金牌榜和奖牌榜双第一；2021 年，在东京第 16 届残奥会上，中国体育代表团获得 96 枚金牌、207 枚奖牌，连续五届实现金牌榜、奖牌榜双第一。

（二）特奥会获得越来越多的成就

1968 年首届世界夏季特殊奥运会在美国芝加哥举行以来，国际特奥会共举办了 15 届世界夏季特殊奥运会，参赛运动员累计超过 60000 人次；11 届世界冬季特殊奥运会,参赛运动员累计近万人次。自1987年起,中国智力残疾人参加了9届世界夏季特奥会和7届世界冬季特奥会,展示了"勇敢尝试、争取胜利"的特奥精神。2007年10月,第12届世界夏季特殊奥林匹克运动会在中国上海举行。本次特奥会是首次在中国举行,也创造了特奥会规模之最。中国特奥体育代表团共获得463枚金牌、336枚银牌、258枚铜牌,其中特奥运动员王江淮一人在体操比赛中获得7枚金牌。2011年第13届世界夏季特殊奥林匹克运动会在希腊雅典举行,来自全球185个国家约7500名运动员参赛,中国特奥体育代表团西藏运动员获得2枚金牌。中国特奥体育代表团在2015年洛杉矶第14届、2019年阿布扎比第15届世界夏季特奥会上均取得优异成绩,展示了我国特奥体育运动的成就。

(三)聋奥会成绩同样出色

1989年,中国聋人体育首次走出国门,参加了新西兰克赖斯特彻奇第16届世界聋人运动会。2007年,在美国盐湖城第16届冬季聋奥会上,中国代表团获得1枚铜牌,首次在冬季聋奥会上夺得奖牌。此后在多届夏季和冬季聋奥会上取得佳绩,并积极参加亚洲残疾人体育赛事,屡获殊荣。在2017年土耳其第23届夏季听障奥运会上,中国体育代表团共获得14枚金牌、9枚银牌、11枚铜牌,位列金牌榜第五位,破1项世界纪录,取得我国听障奥运会最好成绩。2019年意大利第19届冬季听障奥运会上,我国男女冰壶队双双战胜俄罗斯队获得冠军。第24届夏季听障奥运会于2022年5月1日在巴西南里奥格兰德州(Rio Grande do Sul)南卡希亚斯市(Caxias do Sul)举行,但受新冠疫情持续影响,中国体育代表团未能参赛。

(四)冬残奥会成绩斐然

在2002年盐湖城冬残奥会上中国第一次以参赛国的身份出现在赛场,派出4名运动员,参加了高山滑雪、越野滑雪两个大项、8个小项,最好成绩为越野滑雪第6名。2006年都灵冬残奥会,中国体育代表团8人出征,参加了高山滑雪、越野滑雪两个大项、22个小项,最好成绩为越野滑雪第7名。2010年温哥华冬残奥会,中国代表团7人参赛,获得越野滑雪第5名的成绩。在

2014年索契冬残奥会上,中国体育代表团人数增加到10人,参加了越野滑雪、轮椅冰壶两个大项、6个小项,最好成绩为轮椅冰壶第4名。2016年以来,中国残疾人运动员参加冬残奥系列国际赛事,共获得47枚金牌、54枚银牌、52枚铜牌。2018年第12届冬季残疾人奥林匹克运动会在韩国平昌举行,中国体育代表团有26人参赛,规模庞大,共参加了高山滑雪、越野滑雪、冬季两项、轮椅冰壶、残疾人单板滑雪5个大项、30个小项。中国轮椅冰壶队残疾人运动员王海涛、刘微、王蒙在平昌冬季残奥会上勇夺轮椅冰壶金牌,实现中国冬季残奥会金牌和奖牌"零的突破"。2022年第13届冬季残疾人奥林匹克运动会在北京举行,中国体育代表团实现了冬残奥参赛大项全覆盖,共参加了6个大项、78个小项的赛事。中国体育代表团获得18金、20银、23铜共61枚奖牌,首次位列金牌和奖牌双榜首。

五、残疾人群众体育发展

新时代我国残疾人群众体育发展迈上新台阶,残疾人体育公共服务得到充分发展。在从体育大国转向体育强国的大背景下,确保8500万残疾人的身心健康、安居乐业并享有均等化体育公共服务是社会发展进步的重要标志。党和政府加强对残疾人群众体育事业的领导,并将残疾人体育作为国家战略纳入"全民健身""健康中国""体育强国"等国家规划中,持续推进残疾人群众体育事业向着现代化迈进。残疾人康复健身体育服务不断改善,实施"自强健身工程"和"康复体育关爱工程",促进残疾人康复健身。加强残疾人康复健身体育服务队伍建设,创新推广残疾人康复体育、健身体育项目和锻炼方法,研发推广康复体育、健身体育器材,丰富残疾人体育服务产品,推进社区残疾人健身体育和居家重度残疾人康复体育服务。截至2020年,全国残疾人健身示范点累计建设10675个,共培养、发展残疾人社会体育指导员12.5万名,为43.4万户重度残疾人提供了康复体育进家庭等服务。同时,面向经济欠发达地区和乡镇、农村地区给予重点支持,积极引导建设残疾人冬季健身活动服务站点。全国残疾人社区文体活动参与率由2015年的6.8%持续提升至2021年的23.9%。举办残疾人民间足球赛,设盲人、聋人、智力残疾人等多个组别。全国残疾人排舞公开赛参与队伍扩展至近 20 个省(区、市),越来越多的特殊教育学校将排舞项目列为大课间体育活动。

近年来,陆续推行的"残疾人自强工程""残疾人健身周""特奥融合学校"计划等措施相继实施,残疾人体育发展成为国家事业发展的重要组成部分,鼓励了更多残疾人参与社会主义现代化建设和共享社会发展成果。组织残疾人参加各级各类全民健身活动,推动残疾人康复健身体育身边化服务。对保障残疾人体育需求和公共服务提出了明确的政策支持,彰显了我国残疾人体育发展迈向新的台阶。

各类残疾人每年定期参加"全国特奥日""残疾人健身周"和"残疾人冰雪运动季"等全国性残疾人体育活动。自 2007 年起,每年 7 月 20 日开展"全国特奥日"活动,智力残疾人通过参加特奥运动,挖掘潜力、增强信心、融入社会。自 2011 年起,我国每年"全民健身日"所在周全国集中开展"残疾人健身周"活动,举办轮椅太极拳、柔力球、盲人足球等健身运动项目。残疾人通过参加康复健身体育赛事和活动,学习残疾人体育文化知识,开展体育运动项目,了解各种康复健身器材,展示和交流康复健身技能,增强了身体素质,陶冶了性情,激发了生活热情,培养了融入社会的自信。肢残人轮椅马拉松、盲人象棋交流挑战赛、全国聋人柔力球交流赛等赛事已成为全国性品牌活动。

在党中央的大力支持下,残疾人群众冰雪运动蓬勃发展。自 2016 年起,我国连续六年举办"残疾人冰雪运动季",为残疾人参与冰雪运动搭建平台,带动残疾人融入"3 亿人参与冰雪运动",从首届开展的 14 个省级单位发展到现在的 31 个省(区、市)。各地因地制宜举办冬季残疾人体育活动,开展冬残奥项目体验、大众冰雪体育赛事、冬季康复健身训练营、冰雪嘉年华等形式多样、内容丰富的活动;创编和推广了迷你滑雪、旱地滑雪、旱地冰壶、冰蹴球、滑冰、冰橇、雪橇、冰上自行车、雪地足球、冰上龙舟、雪地拔河、冰河钓鱼等新颖有趣、深受残疾人喜爱的大众冰雪运动项目。冰雪运动不仅仅是北方特有的运动项目,也带动了南方各省市残疾人积极参与冰雪运动。为加强冰雪运动的可持续发展,我国编制发放了《残疾人冬季体育健身项目和活动方法指导手册》等,为基层残疾人冬季体育健身提供服务和支持。

六、残疾人学校体育发展

2021年3月1日教育部发布的2020年全国教育事业统计结果显示：截至2020年，全国共有特殊教育学校2244所，招收各种形式的特殊教育学生14.90万人，在校生88.08万人。残疾人体育人口规模庞大，残疾人学校体育需要大力发展。随着中央和地方各级政府对残疾人教育的重视、支持与投入，我国残疾人高等教育取得长足发展。据统计，至2021年底，经教育部批准的我国实施单招单考政策专门招收残疾人的高等院校已发展到20多所，在校残疾学生近6000人，年招生计划近2000人。《中华人民共和国宪法》《中华人民共和国教育法》《中华人民共和国残疾人保障法》《中华人民共和国义务教育法》《中华人民共和国职业教育法》等教育法规对残疾人教育提出了具体保障措施，要求发展残疾人教育，促进残疾人学校发展，促进残疾人体育持续健康发展。各级各类学校组织残疾学生开展适合其特点的日常体育活动，鼓励大中小学生参与特奥大学计划和融合活动等项目，创编推广排舞、啦啦操、旱地冰壶等适合残疾学生集体参与的运动项目。各地积极动员广大医务工作者参与体育康复、运动员分级、特奥运动员健康计划等活动，组织体育工作者参与残疾人体育健身、竞赛训练等专业工作，为残疾人体育提供志愿服务。为顺应残疾人体育发展，全国残疾人运动会设有康复健身类体育比赛项目，让更多的残疾人可以参与体育比赛。各地区通过推广社区残疾人康复健身体育项目、政府购买体育健身服务等方式，推动残疾人在基层社区开展体育健身和竞赛活动。近年来，我国大力发展残疾人竞技体育项目进校园，如轮椅篮球、坐式排球、盲人足球、盲人门球、轮椅网球、聋人篮球、聋人羽毛球、乒乓球、游泳、轮椅竞速等已在各级各类特殊学校被广为推广。因地制宜，根据残疾类别和残疾人生理特点，各级各类特殊学校创办适合残疾人开展的体育活动，如轮椅太极拳、聋人平衡操、智力残疾人球操、盲人瑜伽等，开展丰富多彩的体育项目。较多的特殊学校开展多种残疾人可以参与的运动会项目如轮椅实心球、飞镖、单飞跳绳、盲人定向行走、轮椅竞速等，促进残疾人参与丰富多样的学校体育教学，促进特殊学校体育教育蓬勃发展，使得残疾人竞技体育、残疾人群众体育、残疾人学校体育有机结合，相辅相成，促进残疾人体育全面发展。

七、残疾人运动员培养保障机制

根据残疾人运动员的类别及适宜开展的体育项目，对残疾人运动员进行医学和功能分级，为残疾人运动员公平参与各类体育项目提供了前提和保障。我国建立完善县级发现选送、市级培养提高、省级集训参赛和国家重点培养四级联动的残疾人运动员业余训练体系，举办青少年选拔赛、训练营，加强后备人才培养；加强残疾人体育教练员、裁判员、分级员等专业人才队伍建设；加强残疾人体育训练基地建设，命名45个国家残疾人体育训练基地，为残疾人运动员竞赛、训练、培训、科研等提供保障和服务。各级政府采取措施，切实解决残疾人运动员就学、就业和社会保障问题，开展优秀运动员免试进入高校试点工作。我国制定《残疾人体育赛事活动管理办法》，促进残疾人体育赛事规范、有序发展；加强残疾人体育道德作风建设，严禁使用违禁药物和做出各种违规行为，维护残疾人体育比赛的公平、公正。

随着我国残疾人体育竞赛的发展，制定相应的规章制度也顺应了发展需要。目前，我国已经翻译编订了完整的《残奥运动项目竞赛规则》《特奥运动项目规则》；制定了《残疾人体育裁判员等级制度》和《残疾人运动员医学和功能分级指导手册》；培训、考核和批准了一批残疾人体育裁判员和医学分级人员，逐步开展残疾人社会体育指导员队伍建设；同时也制定了《残疾运动员登记注册条例》，充分调动各地选拔、输送、培养残疾运动员的积极性，规范残疾人体育裁判员的注册工作；逐步推动国家残疾人体育管理的规范化进程。

八、残疾人体育国际交流

1982年，中国首次组派体育代表团参加第三届远南运动会，中国残疾人体育逐步融入世界残疾人体育。中国积极开展国际残疾人体育友好交流与合作。在共建"一带一路"、中非合作论坛等多边合作机制和双边交往中，把残疾人体育作为人文交流的重要内容。2017年，举办共建"一带一路"框架下残疾人事务主题活动，发布《关于促进"一带一路"残疾人事务合作交流的倡议》和相关文件,搭建体育设施资源共享机制,向共建"一带一路"国家残疾人运动员、教练员开放45个国家级残疾人夏季和冬季体育训练中心。2019年,举办共建"一带一路"框架下残疾人事务主题活动体育分论坛,促成各残疾人体育组织间互学互鉴,共同打造残疾人体育事业交流合作典范。同年,中国残奥会与芬兰、俄罗斯、希腊等国残奥委员会签订了残疾人体育发展战略合作协议。与此同时,中外地方和城市间的残疾人体育交流日趋活跃。

九、残疾人体育人权事业发展

我国残疾人体育事业蓬勃发展,不仅体现出残疾人的体育精神与实力,更体现出中国式的人权与国家发展的成绩。中国坚持以人民为中心,将人民的幸福生活作为最大的人权,促进人权事业全面发展,切实保障包括残疾人在内的特定群体的各项权益。参与体育活动的权利是残疾人全面实现生存权和发展权的重要内容。我国残疾人体育事业发展,符合中国国情,有效回应了残疾人的需要,促进残疾人身心健康。残疾人体育是中国人权事业发展进步的生动写照,弘扬了全人类共同价值,促进了各国人民的交往、了解和友谊,为构建公平公正合理包容的全球人权治理秩序、维护世界和平发展贡献了中国智慧。

坚持以人民为中心,促进残疾人身心健康。中国坚持以人民为中心的人权理念,以发展促进残疾人权益保障。国家在发展战略中纳入残疾人事业,实现了"全面建成小康社会,残疾人一个也不能少"的目标。体育是提高人民健康水平的重要途径,是满足人民群众对美好生活向往的重要手段。残疾人通过参与体育活动,有助于改善身体机能,减轻和消除功能障碍,增强独立生活能力,满足兴趣爱好,增加社会交往,提高生活品质,实现人生价值。中国高度重视残疾人健康权益保障,强调残疾人"人人享有康复服务"。中国把残疾人康复健身体育纳入残疾人康复服务。各级政府面向基层,创新服务方式,开展广泛的残疾人康复健身体育工作。在学校教育中保障残疾学生平等参与体育、增进身心健康和发育。残疾人的健康权益通过体育活动得到了更好保障。

坚持立足中国国情,促进残疾人平等融合。中国坚持把人权的普遍性原则同本国实际相结合,坚持生存权和发展权是首要的基本人权,把增进人民福祉、保障人民当家作主、促进人的全面发展作为发展的出发点和落脚点,努力维护社会公平正义。中国的法律制度规定残疾人享有与所有人平等地参与文化体育生活的权利,在实施中加强对残疾人权利的平等保护和特殊扶助。国家建立和完善公共体育设施及服务,确保残疾人获得公共体育服务的均等化。国家采取有力措施,全面推进体育领域的无障碍环境建设,加强全民健身场地设施无障碍改造,完善各类体育场馆设施并向所有残疾人开放,落实合理便利支持,消除残疾人充分参与体育活动的外部障碍。北京冬残奥会等体育赛事为残疾人全面参与社会生活创造了体育、经济、社会、文化、环境、城市发展和区域发展方面的丰厚遗产。各地举办残疾人重大体育赛事的场馆,在赛后继续服务残疾人,并为城市无障碍环境建设提供了样板。各级政府完善社区残疾人体育设施,培育扶持残疾人体育组织和文艺团体,购买多样的社会服务,举办残健融合的体育活动,促进残疾人社区文体活动参与率不断提高。相关组织和机构研发推广适合国情和各类别残疾人锻炼的小型康复体育和健身体育器材,创编普及项目和方法。残疾人充分参与体育活动,追求卓越,突破自我,团结拼搏,共享平等融合,实现人生出彩。残疾人体育弘扬中华优秀传统文化,关爱生命、弱有所扶、和合包容,鼓舞和激励更多残疾人热爱体育、参与运动。广大残疾人要自尊、自信、自立、自强,发扬中华体育精神,在体育中展现生命力量和卓越品格。残疾人通过体育活动,平等参与社会生活的权利得到更好保障。

坚持同等重视各类人权,实现残疾人全面发展。残疾人体育是一面镜子,折射出残疾人的生活水平和人权状况。我国确保残疾人享有各项经济、政治、社会、文化权利,为残疾人参与体育活动和社会生活、实现全面发展奠定了坚实基础。在发展全过程人民民主中充分吸收残疾人及其社会组织、群众代表的意见,使国家体育制度更加公平和包容。不断加强残疾人社会保障和福利服务,稳步提高残疾人受教育水平,更好保障残疾人就业权利。完善残疾人公共法律服务体系,加大对残疾人人身财产的保护力度,消除基于残疾的歧视。定期开展残疾人体育先进评选，表彰在残疾人体育发展中做出积极贡献的单位和个人。加强对残疾人体育活动的宣传报道，通过各种渠道和形式，传播残疾人体育新观念新风尚，营造良好的社会环境。社会大众深入了解"勇气、决心、激励、平等"的残奥会价值，认同无障碍理念，增强平等融合意识，对残疾人事业各项工作更加关注和支持。社会各界以"残疾人健身周""残疾人文化周""全国特奥日""残疾人冰雪运动季"等为契机，以活动赞助、志愿服务、啦啦队等形式支持促进残疾人参与体育活动，共享社会文明成果。残疾人体育活动推动全社会增强尊重和保障残疾人固有尊严和平等权利的社会氛围，有力地促进了社会文明进步。

坚持推进国际合作，加强残疾人体育交流。中国主张加强不同文明交流互鉴，将残疾人体育作为残疾人领域国际友好交流的重要部分。作为体育大国，中国在国际残疾人体育事务中发挥着越来越重要的作用，有力促进了区域和全球残疾人体育发展。中国残疾人体育蓬勃发展，是中国积极履行联合国《残疾人权利公约》、落实联合国2030年可持续发展议程取得的丰硕成果。中国尊重各国文化、体育和社会制度的多样性，强调国际体育活动和规则中的公平正义。中国不附加任何条件，积极向国际残奥委员会发展基金捐款，搭建体育设施资源共享机制，向国外残疾人运动员、教练员开放国家级残疾人体育训练中心。中国促进残疾人广泛参与国际体育活动，增进民间交流了解和民心相通，推动构建更加公平公正合理包容的全球人权治理秩序，深化了世界各国人民之间的友谊，促进了世界和平与发展。中国强调残疾人是人类大家庭的平等成员，始终弘扬人道主义和国际主义精神，推动残疾人体育国际交流合作，以残疾人体育交流合作描绘不同文明交流互鉴的宏伟画卷，积极构建人类命运共同体。

第二章　残疾人分类分级

第一节　残疾的分类

　　残疾按其类型的不同,分为视力残疾、听力残疾、言语残疾、肢体残疾、智力残疾、精神残疾和多重残疾。目前特殊高职院校以招收视力残疾、听力残疾(言语残疾)、肢体残疾三大类学生为主,也会招收部分残疾程度较轻的智力残疾学生,而在普通高校就读的以肢体残疾、视力残疾学生为主,但也有个别优秀的听力残疾学生通过自身努力,进入普通高校深造,取得了不俗的成就。总的来看,近年来,在党和政府的大力支持下,各类各级的残疾人进入高校就读的机会越来越多,高校也顺应时代发展要求,逐渐在各专业领域开发适合残疾人就读就业的专业供残疾人选择,残疾人接受高等教育的人数也逐年增长,为残疾人日后融入主流社会提供了最为有力的保障。基于高校各专业对残疾程度的要求,我们需要对各类残疾进行了解。[①]

　　一、视力残疾

　　视力残疾指因各种原因导致的双眼视力低下并且不能矫正或双眼视野缩小,以致影响个体日常生活和社会参与。视力残疾包括盲及低视力。

　　二、听力残疾

　　听力残疾指因各种原因导致的双耳不同程度的永久性听力障碍,听不到或听不清周围环境声及言语声,以致影响个体日常生活和社会参与。

[①]　3岁以下儿童不定残。

三、言语残疾

言语残疾指因各种原因导致的不同程度的言语障碍,经治疗一年以上不愈或病程超两年,从而不能或难以进行正常的言语交流活动,以致影响个体日常生活和社会参与,包括:失语,运动性构音障碍,器质性构音障碍,发声障碍,儿童言语发育迟滞,听力障碍导致的言语障碍、口吃等。

四、肢体残疾

肢体残疾指人体运动系统的结构、功能损伤造成的四肢残缺或四肢躯干麻痹(瘫痪)、畸形等,导致人体运动功能不同程度丧失以及活动受限或参与受限。

肢体残疾主要包括:

(1)上肢或下肢因伤病或发育异常所致的缺失、畸形或功能障碍;

(2)脊柱因伤病或发育异常所致的畸形或功能障碍;

(3)中枢、周围神经伤病或发育异常造成躯干或四肢的功能障碍。

五、智力残疾

智力残疾指智力显著低于一般人水平,并伴有适应行为的障碍。此类残疾是由于神经系统结构、功能障碍,使个体活动和参与受限,需要外部环境提供全面、广泛、有限和间歇的支持。其包括智力发育期间(18岁之前),由于各种有害因素导致的神经发育不全或智力迟滞;或智力发育成熟以后,由于各种有害因素导致的智力损害或智力明显衰退。

六、精神残疾

精神残疾指各类精神障碍持续一年以上未痊愈,存在认知、情感和行为障碍,以致影响个体日常生活和社会参与。

七、多重残疾

多重残疾指同时存在视力残疾、听力残疾、言语残疾、肢体残疾、智力残疾、精神残疾中的两种或两种以上残疾。

第二节 残疾的分级

各类高校招收残疾人入学都会有相应要求,尤其是在残疾等级上会有所限制,且要求残疾学生具备较强的学习能力,能适应大学学习生活,还应具备相应的生活自理能力,以及与他人沟通、合作、协作等能力,不同的专业所要求的身体状况也不尽相同。因此,了解了残疾的分级,残疾朋友对自身适应什么专业的学习才能有个较为清晰的定位,在获得高校学习机会后,才能有较好的学习专业知识的环境。

各类残疾按残疾程度分为四级:残疾一级、残疾二级、残疾三级和残疾四级。残疾一级为极重度,残疾二级为重度,残疾三级为中度,残疾四级为轻度。

一、视力残疾分级

按视力和视野状态分级,其中盲为视力残疾一级和二级,低视力为视力残疾三级和四级。视力残疾均就双眼而言,若双眼视力不同,则以视力较好的一只眼为准。如仅有单眼为视力残疾,而另一眼的视力达到或优于0.3,则不属于视力残疾范畴。视野以注视点为中心,视野半径小于10°者,不论其视力如何均属于盲。视力残疾分级如表2-1所示。

表2-1 视力残疾分级标准

类别	级别	好眼最佳矫正视力
盲	一级盲	无光感—<0.02,或视野半径<5°
	二级盲	0.02—<0.05,或视野半径<10°
低视力	一级低视力	0.05—<0.1
	二级低视力	0.1—<0.3

目前在高校就读的视力残疾的学生中一级盲、二级盲、一级低视力、二级低视力的都有,但总体以低视力为主,全盲的学生较少。不论全盲还是低视力,熟悉校园环境后,其都能较好地生活和学习,也能较好地参与体育锻炼,全盲学生仅在活动项目选择面上相对较窄,但体育教师或体育支持者给予较多的耐心及变通的练习方式,还是能让全盲学生积极有效地参与到体育活动中来。

二、听力残疾分级

听力残疾分级:按听力损失及听觉系统的结构和功能、活动和参与、环境和支持等因素分级(不佩戴助听放大装置)。

注:3岁以内儿童,残疾程度达到一、二、三级的定为残疾人。

(一)听力残疾一级

听觉系统的结构和功能极重度损伤,较好耳平均听力损失大于90分贝。不能依靠听觉进行言语交流,在理解、交流等活动上极重度受限,在参与社会生活方面存在极严重的障碍。

(二)听力残疾二级

听觉系统的结构和功能重度损伤,较好耳平均听力损失在81—90分贝之间,在理解和交流等活动上重度受限,在参与社会生活方面存在严重障碍。

(三)听力残疾三级

听觉系统的结构和功能中重度损伤,较好耳平均听力损失在61—80分贝之间,在理解和交流等活动上中度受限,在参与社会生活方面存在中度障碍。

(四)听力残疾四级

听觉系统的结构和功能中度损伤,较好耳平均听力损失在41—60分贝之间,在理解和交流等活动上轻度受限,在参与社会生活方面存在轻度障碍。

普通高校及特殊高职院校招收所有等级的听力残疾学生(也称听障学生),他们除了听不到(较轻声音听不到),身体健康且学习和活动能力都较强,是目前各类特殊高职院校中所占比率最高的残疾群体。现代高校数字资源配备较齐全,基本实现了多媒体教学,讯飞、音书等语音翻译软件,能实时翻译教师所教授的内容,交流便捷无障碍,对听力残疾学生的理论教学是一大进步,且大大提高了课堂教学效果,知识的传授程度也较以往要深得多。部分学生接受了人工耳蜗的植入,加上后期言语康复训练,较大一部分听力残疾大学生能听能说,交流也比以往更顺畅,理解能力也会更强。在体育项目开设上,听力残疾学生较其他类别的残疾学生群体要丰富且全面,教学内容不受听力障碍的影响。而且听力残疾群体竞技体育水平很高,残奥会有单独设置的聋人奥运会,在体育运动上有别于其他残疾类型。

三、言语残疾分级

言语残疾主要按言语残疾不同类型的口语表现和程度、脑和发音器官的结构和功能、活动和参与、环境和支持等因素分级。

（一）言语残疾一级

脑和/或发音器官的结构、功能极重度损伤,无任何言语功能,或语音清晰度小于等于10%,言语表达能力等级测试未达到一级测试水平,在参与社会生活方面存在极严重障碍。

（二）言语残疾二级

脑和/或发育器官的结构功能重度损伤,具有一定的发声及言语能力。言语清晰度在11%—25%,言语表达能力等级测试未达到二级测试水平,在参与社会生活方面存在严重障碍。

（三）言语残疾三级

脑和/或发音器官的结构、功能中度损伤,具有一定的发声及言语能力。语音清晰度在26%—45%,言语表达能力等级测试未达到三级测试水平,在参与社会生活方面存在中度障碍。

（四）言语残疾四级

脑和喉的发音器官的结构、功能轻度损伤,能进行简单会话,但用较长句表达困难。言语清晰度在46%—65%,言语表达能力等级测试未达到四级测试水平,在参与社会生活方面存在轻度障碍。

四、肢体残疾分级

肢体残疾按人体运动功能丧失、活动受限、参与局限（不佩戴假肢、矫形器及其他辅助器具）的程度分级。其中的肢体部位说明如下。

（1）全上肢:包括肩关节、肩胛骨;

（2）上臂:肘关节和肩关节之间,不包括肩关节,含肘关节;

(3)前臂:肘关节和腕关节之间,不包括肘关节,含腕关节;

(4)全下肢:包括髋关节、半骨盆;

(5)大腿:髋关节和膝关节之间,不包括髋关节,含膝关节;

(6)小腿:膝关节和踝关节之间,不包括膝关节,含踝关节;

(7)手指全缺失:掌指关节;

(8)足趾全缺失:跖趾关节。

(一)肢体残疾一级

本级残疾指:不能独立完成日常活动,并具备下列状况之一。

(1)四肢瘫:四肢运动功能重度丧失;

(2)截瘫:双下肢运动功能完全丧失;

(3)偏瘫:一侧肢体运动功能完全丧失;

(4)单全上肢和双小腿缺失;

(5)单全下肢和双前臂缺失;

(6)双上臂和单大腿(或单小腿)缺失;

(7)双全上肢或双全下肢缺失;

(8)四肢在手指掌指关节(含)和足趾跖趾关节(含)以上不同部位缺失;

(9)双上肢功能极重度障碍或三肢功能重度障碍。

(二)肢体残疾二级

本级残疾指:基本上不能独立完成日常活动,并具备下列状况之一。

(1)偏瘫或截瘫,残肢保留少许功能(不能独立行走);

(2)双上臂或双前臂缺失;

(3)双大腿缺失;

(4)单全上肢和单大腿缺失;

(5)单全下肢和单上臂缺失;

(6)三肢在手指掌指关节(含)和足趾跖趾关节(含)以上不同部位缺失(一级中的情况除外);

(7)二级功能重度障碍或三级功能中度障碍。

（三）肢体残疾三级

本级残疾指：能部分独立完成日常活动，并具备下列状况之一。

（1）双小腿缺失；

（2）单前臂及其以上缺失；

（3）单大腿及其以上缺失；

（4）双手拇指或双手拇指以外其他手指全缺失；

（5）二肢在手指掌指关节（含）和足跗跖关节（含）以上不同部位缺失（二级中的情况除外）；

（6）一肢功能重度障碍或二肢功能中度障碍。

（四）肢体残疾四级

本级残疾指：基本上能独立完成日常活动，并具备下列状况之一。

（1）单小腿缺失；

（2）双下肢不等长，差距大于等于50毫米；

（3）脊柱强（僵）直；

（4）脊柱畸形，后凸大于70°或侧凸大于45°；

（5）单手拇指以外其他四指全缺失；

（6）单手拇指全缺失；

（7）单足跗跖关节以上缺失；

（8）足趾完全缺失或失去功能；

（9）侏儒症（身高小于等于130厘米的成年人）；

（10）一肢功能中度障碍或两肢功能轻度障碍。

目前我国高校主要招收肢体残疾三级和四级的残疾学生，因为这两类学生生活能自理、能较好参与各类学校活动，独立自主且社会活动能力较好。特殊高职院校有较完善的无障碍通道，以轮椅出行或拄拐杖出行的残疾学生不存在行动障碍，生活能自理即能就学；而普通高职院校或本科院校的残疾学生，招收的残疾大学生总体残疾程度较轻，学校一般具有极浓厚的人文关怀，提供的帮助支持会比较全面，残疾大学生生活和学习不受影响。肢体残疾学生残疾部位不尽相同,所开设的体育项目并不适于所有的肢体残疾学生,而以运动康复为主的"康复体育"课程则能较好地解决肢体残疾学生参与运动的教学难题,目前有较多的招收残疾学生的院校会针对残疾学生开设康复体育的小班化教学,针对性较强,残疾学生参与运动的强度和频率也较之前大很多。

五、智力残疾分级

智力残疾分为0—6岁和7岁及以上两个年龄段,主要根据发育商、智商和适应行为分级。0—6岁儿童发育商小于72的直接按发育商分级,发育商在72—75之间的按适应行为分级。7岁及以上的按智商、适应行为分级,当两者的分值在同一级时,按智商分级;当两者的分值不在同一级时,按适应行为分级。WHO-DAS II 是指世界卫生组织残疾评定量表(World Health Organization Disability Assessment Schedule II),它是一种用于评估个体由于残疾而导致的社会功能受损程度的工具。其值反映的是18岁及以上智力残疾者的活动参与情况。智力残疾分级标准如表2-2所示。

表2-2 智力残疾分级标准

级别	智力发育水平		社会适应能力	
	发育商数(DQ)(0—6岁)	智力商数(IQ)(≥7岁)	适应行为(AB)	WHO-DAS II 分值(18岁及以上)
一级	≤25	<20	极重度	≥116
二级	26—39	20—34	重度	106—115
三级	40—54	35—49	中度	96—105
四级	55—75	50—69	轻度	52—95

适应行为表现如下。

极重度:不能与人交流,不能自理,不能参与任何活动,身体移动能力很差;需要环境提供全面的支持,全部生活由他人照料。

重度:与人交往能力差,生活方面很难达到自理,运动能力发展较差;需要环境提供广泛的支持,大部分生活由他人照顾。

中度:能以简单的方式与人交流,生活能部分自理,能做简单的家务劳动,能参与一些简单的社会活动;需要环境提供有限的支持,部分生活由他人照料。

轻度:能生活自理,能承担一般的家务劳动或工作,对周围环境有较好的辨别能力,能与人交流和交往,能比较正常地参与社会活动;需要环境提供间歇性的支持,一般情况下生活不需要由他人照料。

在高职院校等高校就读的智力残疾学生以智力障碍等级四级(轻度)的学生为主,他们能生活自理,能参与教学,能与他人进行较好的沟通,能独立进行学习、运动等,对学校生活能较好地适应。

六、精神残疾分级

对于精神残疾分级,18岁及以上的精神障碍受试者依据WHO-DASⅡ分值和适应行为表现分级,18岁以下的精神障碍受试者依据适应行为的表现分级。

(一)精神残疾一级

WHO-DASⅡ值大于等于116分,适应行为极重度障碍;生活完全不能自理,忽视自己生理、心理方面的基本要求;不与人交往,无法从事工作,不能学习新事物;需要环境提供全面、广泛的支持,生活长期、全部需要他人监护。

(二)精神残疾二级

WHO-DASⅡ值在96—105分,适应行为重度障碍;生活大部分不能自理,基本不与人交往,只与照顾者简单交往,能理解照顾者的简单指令,有一定的学习能力;在监护下能从事简单劳动;能表达自己的基本需求,偶尔被动参与社会活动;需要环境提供广泛的支持,大部分生活仍需他人照料。

(三)精神残疾三级

WHO-DASⅡ值在96—105分,适应行为中度障碍;生活不能完全自理,可以与人进行简单交流,能学习新事物,但学习能力明显比一般人差;被动参与社交活动,偶尔能主动参与社交活动;需要环境提供部分的支持,即对所需要的支持服务是经常性和短时间的需求,部分生活需由他人照料。

（四）精神残疾四级

WHO-DAS Ⅱ 值在 52—95 分，适应行为轻度障碍；生活上基本自理，但自理能力比一般人差，有时会忽略个人卫生；能与人交往，能表达自己的情感，体会他人情感的能力较差；能从事一般的工作，学习新事物的能力比一般人稍差；偶尔需要环境的支持，一般情况下生活不需要由他人照料。

七、多重残疾分级

多重残疾按所属残疾中残疾程度最重类别的分级确定其残疾等级。

第三节 残疾人体育运动分级分类

分级，是为了保证残疾人体育运动的公平性，而将其功能障碍程度相同或相近的运动员分在同一个级别开展竞技性体育运动。所以，分级工作主要是在竞赛活动开始之前进行。分级也是残疾人体育竞赛公平的基础。早期的残疾人体育运动分级，主要是以医学检测和评估为主，所以开始时被称为医学分级。但随着残疾人体育的不断发展，人们逐渐认识到：伤残所造成的运动功能障碍，在不同的项目中其影响程度不尽相同，也就是说，不同的运动项目对其运动能力的要求不同，而且，在静态和运动中运动员的表现也不尽相同。为此，一些项目逐渐加大了运动中检测的力度，如游泳、乒乓球、篮球等，所以，后来将医学分级改称为医学和功能分级。整个分级过程通常包括医学检测、相关运动功能能力的测试和赛场观察三个部分。

分类，是指运动员的医学状况必须被用来区分他们能参加的运动的种类。20 世纪 40 年代，英格兰建立了为残疾运动员设立的运动医学分类系统的基础。经过几次完善，现在的划分系统包含了截瘫受试者、四肢麻痹受试者、残肢受试者、盲人、脑卒中受试者、智障病人和其他病患。在每一个分类下还有若干个子分类。现在的分类系统注重公平，可是还远没达到公平。我国社会对残疾人的包容和接纳度越来越高，残疾人体育运动越来越受关注，然而对于残疾运动员来说，现在的分类系统在加强融合的同时，也强化了隔离，因为它没能将与主流奥林匹克运动和其他锦标赛的融合考虑进去。

需要注意的是,首先,听力残疾运动员不列入残疾人体育运动分级分类中,听力障碍不会随着时间而改变残疾程度或状态;其次,听力残疾运动员不参与残奥会比赛,他们参与的是聋人夏季奥林匹克运动会。本章不列举听力残疾运动员的运动项目,他们参加的比赛项目与健全人无差别,仅仅体现在辅助比赛的器材上,如红旗发令等。残疾人体育运动医学分级及体育运动项目以视力残疾和肢体残疾这两大类残疾人为主,其中肢体残疾分级种类尤其多且复杂。

一、残疾人体育运动医学分级及运动项目

(一)残奥会比赛的残疾人类别

(1)视力残疾,包括一级盲、二级盲、一级低视力、二级低视力。

(2)肢体残疾(运动功能障碍),包括脑瘫、脊髓损伤、截肢及其他肢体残疾。

(二)残疾人基本分级(体育比赛)

体育比赛中的残疾人分级如表 2-3 所示。

表 2-3　残疾人基本分级

残疾类别	分级级别
视力残疾(IBSA)	分为 3 个级别:B1、B2、B3 级。
脑性麻痹(CP-ISRA)	分为 8 个级别:1—4 级(坐椅子参赛)、5—8 级(不坐椅子参赛)。
脊髓损伤(ISMWSF-IWAS)	分为 8 个级别:1A、1B、1C(四肢瘫)、2、3、4、5、6(截瘫)级。
截肢和其他肢体残疾(ISOD-IWAS)	截肢分为 9 个级别:A1—A9 级;其他肢体残疾分为 6 个级别:L1—L6 级。

(三)分级内容

根据运动员参赛的项目,按标准对其进行运动分级。

运动级别位置分类:为保障分级的准确、真实,还要对其运动级别位置进行分类,运动级别位置有以下几类。

(1)未被国际分级组分过级的新运动员需在比赛前分级,有的需要在赛时再复查;

(2)以往虽由国际分级组分过级,但有待赛前或比赛时复查;

(3)以往由国际分级组分过级并被确认。

(四)残疾运动员基本分级(体育比赛)

每个单项运动项目都有自己的运动分级规则,运动员必须达到所参赛的运动项目的最低残疾标准。

1.视力残疾运动员视力评价和分级(IBSA)

表2-4显示了视力残疾运动员视力的级别及分级依据。

表2-4 视力残疾运动员视力评价与分级

级别	医学和功能分级
1级	双眼无光感,或仅有光感,但在任何距离、任何方向均不能辨认手的形状。
2级	视力为从能识别手的形状到0.03和/或视野小于5°。
3级	视力0.03以上到0.1和/或视野大于5°、小于20°。

注:评价和分级时,应测试较好一侧眼睛的最佳矫正视力,凡使用隐形眼镜或其他视力矫正镜的运动员,在比赛时不管是否佩戴,在评价和分级检查时均应佩戴。

2.脑性麻痹运动员的评价和分级(无智力障碍)

表2-5显示了脑性麻痹运动员的级别和分级依据。

表2-5 脑性麻痹运动员的评价和分级

级别	医学和功能分级
1级	严重四肢瘫。活动需依靠电动轮椅或助手的帮助,自己不能驱动轮椅。
2级	中重度四肢瘫。能用手或下肢驱动轮椅。如果下肢功能比较好,能够驱动轮椅,定为下肢瘫2级。如果上肢能够驱动轮椅,功能比较好,则定为上肢瘫2级。
3级	需坐轮椅的严重偏瘫,健侧上肢功能正常,能独立驱动轮椅。中度四肢瘫,在助手的帮助下使用辅助器具能够步行。躯干功能受限。
4级	中重度双下肢瘫,长距离行走需要辅助器具,日常活动需要轮椅。上肢和躯干功能好,能正常驱动轮椅,站立时平衡功能差。

续 表

级别	医学和功能分级
5级	中度双肢瘫,能步行,可能需要辅助器具,但站立或投掷时则不需要辅助器具。静态平衡功能正常,但动态平衡功能差。上肢功能基本正常。
6级	中度手足徐动或运动失调,上肢功能差,但下肢功能比较好,平衡功能好。
7级	不用辅助器具能独立步行的偏瘫。健侧肢体功能正常。
8级	轻度功能受损的双肢瘫、偏瘫、单瘫、手足徐动。他们能跑、跳,但比健全人差。

3. 脊髓损伤运动员评价和分级

表 2-6 显示了脊髓损伤运动员的级别和分级依据。

表 2-6 脊髓损伤运动员评价和分级

级别	医学分级
1A级	脊髓损伤致严重四肢瘫,保留肩部运动功能,上肢可以屈曲肘关节,但伸肘关节困难。
1B级	脊髓损伤致四肢瘫,除保留1A级的运动功能外,增加肘关节伸直功能。
1C级	脊髓损伤致四肢瘫,但上肢运动功能基本正常,仅存在手功能障碍。
2级	脊髓损伤所致高位截瘫,上肢功能正常,但躯干和下肢运动功能丧失,失去坐位平衡功能。
3级	脊髓损伤致截瘫,躯干下部功能丧失,有部分维持坐位平衡的能力,下肢运动功能丧失。
4级	脊髓损伤致截瘫,但躯干运动功能正常,坐位平衡功能正常。下肢严重功能障碍,仅髋关节可保留有屈髋和内收的能力。
5级	脊髓损伤致截瘫,除保留4级的运动功能外,下肢部分运动功能障碍。
6级	脊髓损伤致轻度截瘫,下肢轻度运动功能障碍,可独立行走或配上小腿支具行走,也可能是一下肢运动功能正常,另一下肢运动功能障碍比较重。

4. 截肢运动员医学分级

表 2-7 显示了截肢运动员的级别和分级依据。

表 2-7　截肢运动员评价和分级

级别	医学和功能分级
A1 级	双大腿截肢。
A2 级	单大腿截肢。
A3 级	双小腿截肢。
A4 级	单小腿截肢。
A5 级	双上肢截肢。
A6 级	单上肢截肢。
A7 级	双前臂截肢。
A8 级	单前臂截肢。
A9 级	上肢和下肢均有截肢，不分截肢部位。

5. 其他肢体残疾运动员的评价和分级

表 2-8 显示了其他肢体残疾运动员的级别和分级依据。

表 2-8　其他肢体残疾运动员评价和分级

级别	医学和功能分级
1 级	严重的四肢功能障碍。
2 级	严重三肢功能障碍或者四肢功能障碍但比 1 级轻。
3 级	至少两肢功能障碍。
4 级	两肢或两肢以上功能障碍，但必须比 3 级轻。
5 级	至少一肢功能受限。
6 级	肢体功能轻度受限。如两下肢不等长，至少相差 7 厘米。侏儒症，女性身高不超过 140 厘米，男性身高不超过 145 厘米等。

二、残疾人体育竞赛项目分级规定

(一)田径项目

残疾人田径比赛项目分级,主要是对盲人运动员、脑瘫运动员、轮椅运动员、其他肢体残疾及截肢运动员进行医学分级。每次在赛前都需要进行医学分级。聋哑运动员不进行分级。所有参赛运动员都在同一级别进行比赛,而且聋哑运动员只要有过一次医学分级检查,就可以终生不用再检测。对运动员进行医学分级后根据分级师的分级情况,再编制相应的比赛秩序册,所以残疾运动员在赛前自己的预估组别,也有可能并不是真正的比赛组别,每个赛事组别也有可能不尽相同,因此医学分级对残疾人运动员参赛组别非常关键,这也是残疾人体育运动竞技比赛的特殊之处。特殊高职院校体育教学可以参照下面的运动项目分级,对残疾学生分级分类进行体育运动训练,有利于残疾学生有针对性地练习,为参加省区市各级各类的残疾人体育赛事、获得较好的运动成绩打下坚实的基础。盲人运动员分三级:T11(F11)级、T12(F12)级、T13(F13)级;脑瘫运动员分八级:CP1—CP8级;轮椅运动员分两类:F51—F58级(田赛),T51—T54级(径赛);其他肢体残疾也分两类:LAF1—LAF6级(田赛),LAT1—LAT4级(径赛);截肢运动员分九级:A1—A9级。

盲人田径运动员分级标准如表2-9所示。

表2-9 盲人田径运动员分级标准

运动分级等级	医学分级、运动功能	注意事项
B1级:T11、F11	双眼无光感,或仅有光感但在任何距离、任何方向均不能辨认手的形状。	分级时测试的眼镜应为最佳已矫正视力。凡使用隐形眼镜或其他视力矫正镜的运动员,在比赛时不论是否佩戴,在分级检查时均应佩戴。
B2级:T12、F12	视力为从能识别手的形状到0.03和/或视野小于5°。	
B3级:T13、F13	视力从0.03以上到0.1,或视野大于5°并小于20°。	

脑瘫田径运动员分级标准如表 2-10 所示。

表 2-10 脑瘫田径运动员分级标准

运动分级等级	医学分级、运动功能	注意事项
CP1 级：T31、F31	严重四肢瘫。四肢和躯干功能性活动范围小，活动需靠手或电动轮椅的帮助，自己不能驱动轮椅。	
CP2 级：T32、F32	中度至重度四肢瘫。运动员常能抓住圆柱形或球形物体，并能比较灵巧地活动和扔球，但手伸展力差；躯干静态控制力较好而动态控制力差；一侧或双侧下肢有一定功能。虽四肢及躯干功能性肌力差，但可自行驱动轮椅（用上肢或用下肢）。	
CP3 级：T33、F33	中度四肢瘫或需乘坐轮椅的严重偏瘫，对称或非对称。可在助手或辅助用具的帮助下行走，可独立驱动轮椅。驱动轮椅时躯干不能快速运动及长距离行进，手也不能快速松握，如果只能用一上肢驱动轮椅，虽可长距离行进，健侧的手也能快速地松握，但仍定为 CP3 级。	需要注意的是，在医学分级的时候，尽量保持心情放松、肢体放松，不要过度紧张而引起肢体强直等症状。对部分残疾运动员肢体功能存在异议的，应纳入赛事观察，以最公平、最合理的方式进行体育运动。
CP4 级：T34、F34	中到重度两肢瘫。上肢和躯干肌力好，其活动范围和控制能力有很小的问题，中至重度的双下肢受累，因而不用辅助器具不能长距离行走，运动时通常使用轮椅。使用轮椅的偏瘫运动员，一侧上肢功能正常则划为田径项目的 4 级。	
CP5 级：T35、F35	对称或不对称的中度双肢瘫。步行时需要用辅助器具，但站立或投掷时不需要。如重心轻微改变，则失去平衡。运动员具有充分的跑动功能。上肢和手的功能障碍较轻。	
CP6 级：T36、F36	中度手足徐动或运动失调，所有四肢运动功能受累。和 5 级相比，6 级运动员上肢控制力较差，但其下肢的功能一般都较好，特别是跑步的时候。动态和静态平衡功能良好，能独立步行。	
CP7 级：T37、F37	能独立步行的偏瘫运动员。走路不用辅助工具，但由于下肢痉挛而呈跛行，健侧功能良好。	

续　表

运动分级等级	医学分级、运动功能	注意事项
CP8级；T38、F38	功能障碍小的偏瘫和双肢瘫或轻微的手足徐动。可自由地跑跳，没有跛行，不需用矫形鞋。通常由于手部动作不协调可能有很小的功能丧失，下肢也可有轻度功能障碍和协调问题，或轻度的跟腱短缩。	

轮椅田赛运动员分级标准如表2-11所示。

表2-11　轮椅田赛运动员分级标准

级别	医学分级	运动功能
F51	肘可伸直和腕可背屈，腕无掌屈功能；手指无抓握功能；躯干和下肢运动功能完全丧失；肩关节无力；坐位平衡差。	投掷手无法抓握器械，需要使用树脂或胶状物来抓握器械。 铁饼：由于手指无法运动而几乎不能控制铁饼。投掷的轨道是扁平的。 木棍：可以越过头顶向前或向后投掷。使用大拇指和食指，或食指和中指，或中指和无名指投掷。当运动员向后投掷木棍时，肘伸肌力较强。
F52	有肘的屈伸和腕的背屈及掌屈功能；肩的功能好；个别手指可以伸屈，但功能不全；手指有抓握功能，但不健全；躯干和下肢运动功能完全丧失，坐位平衡差。	投掷手抓握器械有困难。 铅球：由于手无法握拳，因此当出手时手指不能用力在球上。无法将手指分开。 铁饼：手指无屈曲的功能，即手无法握拳。手指抓握铁饼的边缘有困难，但是可以通过挛缩来完成此动作。 标枪：食指和中指夹握器械，也可以置于大拇指和食指之间或中指和无名指之间。有些运动员的手指有部分功能。
F53	肘和腕的功能正常；手指屈伸力量正常或接近正常；手的内在肌力正常，但不健全；躯干和下肢运动功能完全丧失，坐位平衡差。	投掷手功能基本正常。 铅球：通常能够握拳，手指能够分开但力量弱，投掷时手指能够握住器械，手指能分开。 铁饼：手指能够很好地抓握器械，出手时能够对铁饼施加旋转力，手指能够分开也能够合拢，但力量不佳。 标枪：通常将器械握在大拇指和食指之间，因手的肌力好，能握住器械。手指可分开或并拢。

续 表

级别	医学分级	运动功能
F54	上肢功能正常;躯干和下肢功能完全丧失;坐位平衡差。	上肢功能正常。躯干无运动能力。投掷时,非投掷手需握住轮椅。
F55	上肢力量正常,腹肌和背伸功能存在,无屈髋功能,无髋内收功能。	躯干能够做以下运动: 离开轮椅的靠背,向上运动。 向前和向后运动。 有旋转运动。 有部分坐位平衡功能。无屈髋功能,坐位时不能抬起大腿。
F56	如果下肢肌群为一级或二级,那么一般应被分在 F56 级。	躯干有前屈和后伸的运动,平衡好,躯干旋转的功能好,能抬起大腿离开轮椅;髋屈肌,能使双膝并拢,髋内收肌,膝能伸直。
F57	如下肢肌群为二级或三级,那么他一般应被分在 F57 级。	坐位平衡好,躯干有前、后、侧方运动,髋有外展功能,髋有后伸,大腿可产生对椅子的压力,一侧可屈曲,脚可放在脚踏板上,在评估运动员的功能时,以功能好的一侧为依据鉴定级别。
F58	F58级是参加坐式比赛。如果选择站立比赛应依据国际残疾人体育运动联合会(ISOD)的规则。一旦运动员选择站立比赛,如果不是因为医学方面的原因,将不能再选择坐式比赛。	为脊髓损伤最轻的一个级别,是最低残疾标准;下肢肌力得分不得高于 70 分。截瘫,L5－S1,以及儿麻①有一条腿好或髋部有两侧外展、内收功能属于本级别。下肢肌力为三级或四级,一般应被分在 F58。一侧膝以上截肢或两侧膝以下截肢定为 F58 级。

轮椅径赛运动员分级标准如 2-12 所示。

表 2-12　轮椅径赛运动员分级标准

级别	医学分级	运动功能
T51	肘伸展及腕背屈功能良好;屈肘及腕掌屈功能差;肩无力。	能够使用肘屈肌启动轮椅。启动时双手靠近或接触轮椅的驱动轮缘,驱动的力量主要来源于肘的屈曲和轻微的伸展、肩和腕的伸展运动。驱动轮椅时,使用手掌将轮椅的顶部推向前方。脑瘫运动员可有轻微的躯干运动,但躯干不能快速地运动或较长距离地驱动轮椅。

---

① 儿麻,即小儿麻痹症,又称脊髓灰质炎。本书所称儿麻为此病后遗症。

续　表

级别	医学分级	运动功能
T52	肘可伸和屈,腕可背屈和掌屈;胸肌有力;手指有功能性伸展和屈曲的运动。	驱动轮椅的是肘、腕的背屈及上胸肌肌力的作用。通过双手在轮子的后方驱动轮椅,利用屈肘取得额外的力量。头部会向上运动,躯干上部有轻微运动。
T53	上肢功能正常或接近正常;腹肌无功能;上背部伸展肌力弱。	上肢功能正常或接近正常。躯干无主动运动。驱动轮椅的时候,躯干贴在双大腿上。躯干会随着驱动的动作抬起。通过肩的环形运动驱动轮椅。驱动的动作是不连贯的,存在驱动困难。当刹车的时候,躯干贴近大腿。
T54	背部有伸展运动;躯干能旋转,腹肌功能正常。最低残疾标准:双下肢总分不超过70分。	躯干有后伸、旋转运动。可利用躯干力量来参与驱动轮椅。驱动过程是连贯的。突然刹车时,躯干会向上方运动。

其他肢体残疾运动员田赛分级标准如表2-13所示。

表2-13　其他肢体残疾运动员田赛分级标准

级别	运动功能	备注
LAF1级	投掷臂的力量差或功能障碍,躯干坐位平衡差。	下肢残疾,坐轮椅参赛。
LAF2级	投掷臂功能正常,躯干坐位平衡差,或者投掷上肢功能减弱,但躯干坐位平衡良好。	下肢残疾,坐轮椅参赛。
LAF3级	投掷臂运动功能正常,躯干坐位平衡良好。	下肢残疾,坐轮椅参赛。
LAF4级	下肢功能严重障碍,但能步行,或者下肢功能障碍稍轻,行走功能比较好,但投掷功能有障碍。	
LAF5级	下肢有功能障碍,行走功能比较好,投掷臂功能正常。	
LAF6级	投掷臂功能正常,非投掷臂功能障碍,躯干和下肢可有轻微功能障碍。	

其他肢体残疾运动员径赛分级标准如表2-14所示。

表 2-14　其他肢体残疾运动员径赛分级标准

级别	运动功能	备注
LAT1级	一上肢或者两上肢肌力弱或有功能障碍。	下肢残疾,坐轮椅参赛。
LAT2级	双上肢功能正常。	下肢残疾,坐轮椅参赛。
LAT3级	一下肢或两下肢功能障碍,但能步行。	
LAT4级	双下肢功能正常,躯干和上肢功能障碍。	

残疾人田径项目分级注意事项如下。

(1)残疾田径运动员必须符合国际残疾人奥林匹克委员会(IPC)所规定的肢体残疾 8 种肢体损伤类别的其中一种,才能具有参加比赛资格。

(2)儿麻和其他肢体残疾运动员与脊髓损伤运动员合并比赛时,其功能分级应参照脊髓损伤运动员的分级标准。

(3)脊髓损伤运动员的下肢肌力检测包括:髋关节屈肌、伸肌、内收肌、外展肌、膝关节屈肌、伸肌、关节背屈肌、跖屈肌。正常时一下肢总分为 40 分,双下肢为 80 分。最低参赛标准为:双下肢部分不超过 70 分。

(4)其他肢体残疾运动员:肢肌力检测除脊髓损伤运动员所包括的内容外尚需加测踝关节的内、外翻。正常时一侧下肢总分为 50 分,双下肢总分为 100 分。最低参赛标准为:双下肢总分不超过 80 分。

(5)上肢肌力检测包括:肩关节屈肌、伸肌、内收肌、外展肌、肘关节屈肌、伸肌、腕关节背屈肌、掌屈肌、掌指关节屈肌、伸肌、拇指对掌肌、伸肌。正常时一侧上肢总分为 60 分,双上肢为 120 分。最低参赛标准为:双上肢至少减 20 分,即 100 分。

截肢运动员分为 9 个级别,并根据残疾情况分别参加轮椅组和非轮椅组比赛,如表 2-15 所示。

表 2-15　截肢运动员分级标准

级别	医学分级、运动功能
A1 级	双侧膝关节以上或通过膝关节的截肢。
A2 级	单侧膝关节以上或通过膝关节的截肢。
A3 级	双侧膝关节以下、踝关节以上或通过踝关节的截肢；一侧膝关节以上，对侧膝关节以下的截肢。
A4 级	单侧膝关节以下、踝关节以上或通过踝关节的截肢。
A5 级	双侧肘关节以上或通过肘关节的截肢。
A6 级	单侧肘关节以上或通过肘关节的截肢。
A7 级	双侧肘关节以下、腕关节以上或通过腕关节的截肢；一侧肘关节以上，对侧肘关节以下的截肢。
A8 级	单侧肘关节以下、腕关节以上或通过腕关节的截肢。
A9 级	上肢腕关节以上和下肢踝关节以上的联合截肢。

（二）羽毛球项目

该项目是为肢体残疾运动员设置的体育项目。根据世界羽联规定，残疾人羽毛球比赛根据伤残程度分为 6 个级别，分别为 WH1（轮椅一级）、WH2（轮椅二级）、SL3（下肢残疾）、SL4（下肢残疾）、SU5（上肢残疾）及 SS6（天生矮小）等。

1. 残疾人羽毛球分级标准

肢体残疾运动员羽毛球比赛的级别和分级依据如表 2-16 所示。

表 2-16　肢体残疾运动员分级标准

级别	医学分级、运动功能
WH 1	腰、背部肌肉无力、双腿瘫痪、大腿部分一半截肢者。
WH 2	腰、背部肌肉有力、单腿瘫痪、单大腿截肢一半者、单腿膝以上外加单腿膝以下截肢者。
SL 3	下肢残疾（没有膝盖使用假肢、单腿或双腿偏瘫者）可使用假肢及拐杖。
SL 4	下肢残疾（有膝盖使用假肢、轻度单腿偏瘫者）可使用假肢及拐杖。
SU 5	上身残疾（手臂、手指截肢、单臂或两手皆偏瘫者）可使用假肢。
SS 6	天生矮小身材残疾者。

2. 非执拍手

(1)肩和肘的肌力低于 3 级,肩的外展运动范围不大于 25%;

(2)肘的屈曲范围小于 25%;

(3)有痉挛的单肢瘫或臂丛的损伤;

(4)不能拿球拍或球。

3. 执拍手

(1)击球向上方的肌力低于 4 级,肩伸展或肘伸展运动只有正常的 30%—50%;

(2)有轻度痉挛的单肢瘫和手足徐动。

4. 下肢残疾(站立组)

(1)最少一下肢在跳起、站立和行走时无蹬地的能力;

(2)髋、膝关节僵直;

(3)运动范围髋伸直减少 20°,膝伸直减少 30°;

(4)肌力:跖屈肌力低于 3 级,膝伸展肌力低于 3 级,髋伸肌力低于 3 级;

(5)双下肢功能丧失类似于上述一种;

(6)同等的偏瘫、单肢瘫、双肢瘫的脑瘫(CP)运动员;

(7)单侧膝下截肢。

(三)盲人柔道项目

盲人柔道是专门为视力障碍运动员所设立的运动项目。根据其视力损伤程度分为 3 个级别,共同参加比赛。参赛的视力障碍运动员,最低标准应符合最佳已矫正视力低于 0.1 或视野小于 20°。根据运动员的体重设项,分 13 个级别进行比赛。比赛分为男、女个人赛和男、女团体赛。

1. 参赛资格

所有 B1、B2、B3 级盲人运动员。

2. 分级标准

盲人柔道运动员的级别和分级依据如表 2-17 所示。

表 2-17　盲人柔道运动员分级标准

级别	医学功能、运动功能
B1 级	双眼无光感,或仅有光感但在任何距离、任何方向均不能辨认手的形状。
B2 级	视力为从能识别手的形状到 0.03 和/或视野小于 5°。
B3 级	视力从 0.03 以上到 0.1 和/或视野大于 5°并小于 20°。

3. 注意事项

分级时,测试的眼睛应为最佳已校正的视力。凡使用隐形眼镜或其他视力矫正镜的运动员,在比赛时不论是否佩戴,在分级检查时均应佩戴。

(四)举重项目

残疾人卧式举重是残疾运动员上肢力量的较量。运动员必须将杠铃从支架上取下移至胸前,在胸前平稳支撑,然后向上推举至两臂伸直,肘部不能有任何弯曲。根据运动员身体重量分为 10 个级别。举重比赛允许所有符合最低残疾标准的脑瘫、脊髓损伤、截肢(仅限下肢)和机能障碍运动员参加。

1. 参赛要求

(1)运动员必须年满 14 周岁。

(2)肘关节伸直最多减少 20°,并由分级师在分级卡上注明。

(3)如果运动员躯干有明显的运动机能损伤,并存在潜在的危险性,不能参加举重比赛。

(4)最低的标准为其他残疾分类中的永久性残疾。

2. 分级标准

(1)截肢标准

双或单膝上截肢,A1 或 A2;双或单膝下截肢,A3 或 A4;最低标准为经过关节的截肢,而不是经过足或趾的截肢。

(2)其他残疾

下肢运动麻痹:肌力减少 20 分以上,双下肢肌力总分 100 分;髋屈伸活动范围在 60°以内或僵直;膝伸直差在 30°以内或任何位置僵直,关节僵直;双下肢长度相差 7 厘米以上。

躯干：永久性且严重的运动障碍或脊柱侧弯大于 60°，通过 X 射线测量。

侏儒：身高不超过 145 厘米并伴有其他残疾。

3. 以下情况不能参加比赛

(1)唐氏综合征或先天智力低下；有心脏、胸廓、腹部、皮肤、眼的疾病而无肢体残疾。残疾必须是永久性的。

(2)脑瘫：必须有诊断证明是脑瘫或非进行性的脑损伤造成的先天或后天的运动障碍。如果仅是精神检查有异常但无功能障碍不能参加比赛。

4. 运动员附加体重的方法

(1)一侧膝截肢：+1/54 体重

(2)一侧膝以下截肢：+1/36 体重

(3)一侧膝以上截肢：+1/18 体重

(4)一侧髋离断：+1/9 体重

5. 注意事项

(1)禁止使用绷带，特别情况由分级师批准。

(2)由于肘关节解剖上的畸形而不能使肘关节完全伸直，必须记录在分级卡上，此卡需在赛前测体重时，向三名裁判员出示说明。

(3)由于下肢解剖或神经的问题而使下肢不能伸直，必须记录在分级卡上，此卡需在赛前测体重时，向三名裁判员出示说明。

(五)射击项目

射击项目是肢体残疾人的运动项目，大多数运动员坐在轮椅上进行比赛。因此，无论是卧射、立射还是跪射，对运动员姿势的要求及竞赛规则都有特殊的规定；对比赛的场地、设施和器材也有特殊的要求。

1. 参赛运动员最低的残疾标准

(1)参加手枪项目非射击上肢残疾：经腕以上截肢；肌力最少减 30 分；严重的关节运动受限、肌力减低或协调障碍，类似以上两种情况。

(2)参加步枪项目上肢最轻残疾：肘关节以下截肢，前臂短于正常的 2/3；

单侧肌力减少 30 分,双侧减少 50 分;严重关节运动受限,类似以上两种情况。

(3)参加手枪、步枪项目下肢最轻残疾:经踝截肢;一侧肌力减少 20 分,双侧减少 25 分;由于肌力或协调障碍造成严重的关节运动受限;类似以上两种情况功能障碍,但除外单膝或踝僵直在功能位,或单髋人工假体;单纯侏儒不符合最低标准,不能参加比赛。

2. 分级方法

根据比赛中是否使用射击台分为 SH1、SH2 两个级别,而每个级别又根据残疾运动员的功能状况分为若干个亚级别:SH1:SH1A-SH1B-SH1C;SH2:SH2Aa-SH2Ba-SH2Ca、SH2Ab-SH2Bb-SH2Cb。

SH1:运动员比赛中不需要射击台。

SH1A:躯干功能正常,可选择坐姿或站姿,坐姿椅子无靠背。

SH1B:坐位运动员下肢无功能或有严重的问题,但骨盆控制力好,具指腹肌、背伸肌、腰方肌功能,允许使用低靠背的椅子。

SH2:运动员有上肢的永久性残疾,而不能支撑步枪的重量,因此在比赛中需使用射击台。射击台分为:a 型,软弹簧,用于手功能好的运动员;b 型,硬弹簧,用于手功能差的运动员。

SH2A:单上肢无功能或双上肢有严重问题但躯干功能好,坐姿椅子无靠背,也可以选择站姿。

SH2B:坐位运动员下肢无功能或有严重的问题,但骨盆控制力好,具指腹肌、背伸肌、腰方肌功能,允许使用低靠背的椅子。

SH2C:下肢无功能,躯干无平衡功能或平衡功能差,可使用高靠背的椅子。

3. 注意事项

(1)低靠背高度为第 7 颈椎棘突到轮椅坐垫高度的 40%,高靠背高度为腋下 10 厘米。

(2)SH2 步枪运动员,也可作为 SH1 的手枪运动员,分级师应在分级卡上注明。

(六)游泳项目

游泳是唯一的各种残疾的运动员都可以参加比赛的项目,包括肢体残疾、视力障碍、脊椎损伤、智力障碍等。残疾人运动员游泳分为:S级、SB级、SM级。S和SM各分为10个级别,SB分为9个级别。残奥会、世锦赛和其他相关国际性比赛包括以下比赛项目:按视力障碍划分;按功能划分体系鉴定的运动障碍;按功能划分体系鉴定的智力障碍,这三个残疾障碍类别的各分级要求至少包括7个个人项目和两个接力项目。

1. 分级方法

(1)游泳项目分级分为S级:自由泳、仰泳、蝶泳;SB级:蛙泳;SM级:混合泳。每种泳式分为多个级别。

(2)游泳运动员的功能分级是根据运动员游泳运动时的功能情况给予相应的评判记分,然后依据总分结果确定级别。测试内容包括陆上和水中功能两种:S级总分为300分;SB级总分为285分;SM级运动员则是根据S级和SB级按公式计算,公式为:$(3×S+1×SB)÷4=SM$ 级别。

(3)运动员在300分或285分的基础上,根据残疾运动员的肌力测试、功能障碍评定、划水动作和转身蹬池壁的测试进行减分,残疾程度越重的运动员减的分数越多。例如,只剩40—65分的运动员将分在S1级;只减掉少数分,还有266—285分的运动员则分在S10级。

(4)截肢运动员,根据截肢部位及残肢保留的长度,对照分级标准直接分级。

2. 测试内容和评分标准

(1)肌力的测试及评分标准。

(2)功能障碍:协调障碍、痉挛、手足徐动、共济失调评分标准。

3. 入水动作评分标准

入水运动的评分标准如表2-18所示。

表 2-18　肢体残疾运动员入水动作评分标准

分数	评判标准
0 分	在水中需要帮助出发。
1—2 分	在水中出发不需要帮助。
1—2 分	掉入水中。
3—4 分	单腿起跳入水,动作完成差。
5—6 分	双腿起跳入水,动作完成差。
7—8 分	单腿起跳入水,动作完成好。
9—10 分	双腿起跳入水,动作完成好。
7 分	双上肢无功能或肘以上截肢起跳入水。
9 分	单侧上肢无功能或肘以上截肢起跳入水。

4. 转身蹬池壁的评分标准

转身蹬池壁的评分标准如表 2-19 所示。

表 2-19　肢体残疾运动员转身蹬池壁的评分标准

分数	评判标准
0 分	双腿不能蹬池壁。
1—2 分	仅能用一个关节的活动蹬池壁。
3—4 分	单腿蹬池壁,动作完成差。
5—6 分	双腿蹬池壁,动作完成差。
7—8 分	单腿蹬池壁,动作完成好。
9—10 分	双腿蹬池壁,动作完成好。
7 分	双上肢无功能或肘以上截肢者转身。
9 分	单侧上肢无功能或肘以上截肢者转身。

5. 分级标准

肢体残疾运动员的级别及分级依据如表 2-20 所示。

表 2-20　肢体残疾运动员分级标准

级别	分数	医学分级、运动功能
S1 级	40—65 分	①颈 5 完全性脊髓损伤,或类似的儿麻。 ②非常严重的四肢麻痹,伴随头、躯干控制能力差、肢体推进功能严重受限。 ③严重的关节畸形,上肢功能严重受限,下肢推进力差。
S2 级	66—90 分	①颈 6 完全性脊髓损伤,或类似的儿麻。 ②颈 7 不完全脊髓损伤,同时合并有一侧臂丛神经损伤后上肢的瘫痪。 ③重度的四肢瘫,双上肢推进力严重受限。 ④类似于颈 6 完全性脊髓损伤,严重的骨骼肌损伤伴有肩部功能障碍。
S3 级	91—115 分	①颈 7 完全性脊髓损伤,或类似的儿麻;颈 6 不完全脊髓损伤。 ②重度的痉挛性四肢瘫,伴随躯干功能差和上肢推进力不对称。 ③重度的痉挛性四肢瘫和手足徐动症,头和躯干控制差,四肢推进动作的协调能力差。 ④中度四肢瘫,伴有痉挛性、徐动性或共济失调性障碍,躯干控制差,中度的四肢推进力障碍。 ⑤严重的四肢短缺及残肢非常短的四肢高位截肢。 ⑥四肢关节功能障碍,下肢推进力差。 ⑦四肢严重的骨骼肌萎缩。
S4 级	116—140 分	①颈 8 完全性脊髓损伤,或类似的儿麻;颈 7 不完全性脊髓损伤。 ②重度的四肢瘫,累及躯干、肩和肘推进力。 ③骨骼肌损伤;类似于颈 8 完全性脊髓损伤。 ④重度三肢小畸形。 ⑤四肢关节功能障碍,上肢推进功能中度受限,可能存在的下肢运动功能的严重受限。
S5 级	141—165 分	①胸 1—8 完全性脊髓损伤,或类似的儿麻,颈 8 不完全性脊髓损伤。 ②重度的双肢瘫,躯干控制力、肩、肘推进力尚可。 ③重度偏瘫。 ④中度的手足徐动和痉挛或中到重度的共济失调。 ⑤类似于颈 8 不完全性脊髓损伤的骨骼肌损伤。 ⑥软骨发育不全,身高不超过 130 厘米,并伴有影响推进力的其他残疾。 ⑦中度的三肢短缺畸形。 ⑧四肢关节功能障碍,但有中度以上推进力。

续　表

级别	分数	医学分级、运动功能
S6 级	166—190 分	①胸 9 至腰 1 完全性脊髓损伤,或类似的儿麻。 ②中度的双肢瘫,躯干控制力、肩、肘推进尚可。 ③中度偏瘫,上肢功能障碍较重。 ④中度手足徐动或共济失调。 ⑤同侧肘上和膝上的截肢。 ⑥A5 级截肢,残肢短于正常的 1/4。 ⑦先天性缺肢畸形。 ⑧上肢先天短臂,不足正常的 2/3,合并 A2 级截肢。 ⑨软骨发育不全,身高不超过 130 厘米。 ⑩A2 级截肢合并有同侧肩功能严重受限。
S7 级	191—215 分	①腰 2—3 完全性脊髓损伤,或类似的儿麻。 ②中度双肢瘫,轻度累及躯干和上肢,中度偏瘫。 ③A7 级截肢;A1 级截肢,残肢短于正常的 1/2,一侧肘上,对侧膝上的截肢。 ④一侧上肢瘫痪,并伴有同侧下肢功能受限。
S8 级	216—240 分	①腰 4—5 完全性脊髓损伤,或类似的儿麻。 ②轻度的双肢瘫,轻度的偏瘫,躯干功能障碍小,轻度的四肢痉挛。 ③A1 级截肢,残肢长于正常的 1/2;A3 级截肢,残肢短于正常的 1/3;A6 级截肢或类似功能障碍的完全性臂神经损伤,双手截肢,残留 1/4,或掌骨存在。 ④严重的下肢关节功能障碍。
S9 级	241—265 分	①可行走,有轻度功能障碍的截瘫。 ②一下肢无功能的儿麻。 ③有轻度的肢体协调功能障碍或单肢瘫。 ④A2 级截肢,A3 级截肢,残肢长于正常的 1/3,A8 级截肢。 ⑤下肢部分关节功能受限,其中一侧下肢受影响较重。
S10 级	266—285 分	①骶 1—2 神经损伤,双下肢有轻度功能障碍,或类似的儿麻。 ②经特殊检查有轻度痉挛或共济失调。 ③一侧下肢瘫,一侧髋部严重受限。 ④A4 级截肢,双足截肢,手截肢,残留短于 1/2。

续　表

级别	分数	医学分级、运动功能
SB1级	40—65分	①颈6完全性脊髓损伤,或类似的儿麻。 ②颈7不完全性脊髓损伤伴有一上肢神经性麻痹。 ③重度的痉挛性四肢瘫,躯干控制能力差,上下肢推进力非常有限。 ④重度的先天性四肢短缺或残端很短的四肢截肢,严重的骨骼病变,肩关节功能差,类似颈6完全性脊髓损伤。 ⑤严重的四肢关节功能障碍,上肢障碍较重。
SB2级	66—90分	①颈7完全性脊髓损伤;颈6不完全性脊髓损伤;或类似的儿麻。 ②中度的四肢瘫,躯干控制能力差,四肢有一定的推进力。 ③严重的三肢畸形。 ④严重的四肢肌肉萎缩。 ⑤骨骼肌损伤,其功能类似于颈7完全性脊髓损伤。
SB3级	91—115分	①颈8完全性脊髓损伤;颈7不完全性脊髓损伤;胸1—5完全性脊髓损伤;或类似的儿麻,胸1—8截瘫;伴胸4/6外科棒固定。 ②重度的双肢瘫,躯干控制能力尚可,肩和肘有一定的推进力。 ③骨骼肌损伤,其功能障碍程度相当于上述脊髓损伤情况。 ④中度的三肢短缺。 ⑤四肢关节功能障碍,上下肢有一定的推进力。
SB4级	116—140分	①胸6—10完全性脊髓损伤;胸9—腰1截瘫;胸4/6外科棒固定;颈8不完全脊髓损伤,躯干功能较好,或类似的儿麻。 ②重度的双肢瘫,伴有一定的躯干控制能力和适当的肩、肘推进力。 ③重度的偏瘫,中到重度的手足徐动症或共济失调和痉挛状态。 ④骨骼肌病变,其功能类似于颈8不完全性脊髓损伤。 ⑤软骨发育不全,身高不超过130厘米,同时伴有推进力差。 ⑥四肢关节功能障碍,有一定的推进力。
SB5级	141—165分	①胸11—腰1完全性脊髓损伤;下肢无推进力,或类似的儿麻;腰2—3完全性截瘫;伴胸4/6外科棒固定。 ②中度大肢瘫,躯干和上肢功能较好;中度偏瘫,中、重度手足徐动,或共济失调。 ③同侧肘上和膝以上截肢;A1级截肢,残肢短于正常的1/2;A2级截肢,伴同侧严重的肩功能受限。 ④软骨发育不全,身高不超过130厘米。 ⑤上肢短畸形,下肢功能受限。

续　表

级别	分数	医学分级、运动功能
SB6级	166—190分	①腰2—3脊髓损伤，或类似的儿麻。 ②中度双肢瘫，伴有躯干的轻度痉挛；中度手足徐动和共济失调，轻至中度偏瘫。 ③A1级截肢，残肢长于正常的1/2。 ④双上肢短小畸形，为正常的2/3，伴A2级截肢。 ⑤一侧上肢麻痹，伴同侧重度的下肢功能障碍。
SB7级	191—215分	①腰4—5脊髓损伤，或类似的儿麻。 ②轻度的双肢瘫；躯干功能轻度受累；轻度偏瘫；轻度四肢痉挛。 ③A5级截肢；A3级截肢，残肢短于正常的1/2；一侧肘上和对侧膝上截肢，A9级。 ④重度的下肢关节功能障碍。
SB8级	216—240分	①可行走，下肢功能障碍的截瘫。 ②儿麻，一侧下肢无功能。 ③轻度四肢协调功能障碍或单肢瘫，轻度的偏瘫。 ④A7级截肢；A6级截肢或功能类似的臂神经损伤；A3级截肢，残肢长于正常的1/2；A2级截肢；A4级截肢，残肢短于正常的1/4；A8级截肢，残肢短于正常的1/4。 ⑤部分下肢关节功能障碍，一侧较重。
SB9级	241—265分	①儿麻；下肢轻微功能障碍和骶1—2马尾综合征。 ②特殊检查时，有明显体征的轻度痉挛，或共济失调的脑瘫。 ③A4级截肢，残肢长于正常的1/4；A8级截肢，残肢长于正常的1/4；足截肢，手截肢，残肢短于正常的1/3。 ④不完全性腿部麻痹或臂丛神经损伤。 ⑤髋关节骨关节病导致运动受限。 ⑥重度髋关节功能障碍伴一肢功能受限。 ⑦双下肢僵硬，伴轻度下肢肌无力。

（七）乒乓球项目

残疾人乒乓球运动，是为有肢体运动性功能障碍的残疾人开设的体育运动项目。参加乒乓球比赛的运动员共分为10个级别，即TT1—TT10，其中TT1—TT5级为坐姿运动员，TT6—TT10级为站姿运动员，如表2-21所示。

表 2-21　残疾人乒乓球运动员分级标准

级别	医学分级、运动功能
TT1 级	①颈 6 脊髓损伤,躯干功能丧失,执拍上肢肘的伸展、腕的屈曲、手的抓握功能丧失,残疾人上肢运动的协调性明显不同于正常上肢。 ②脑瘫运动员对称性或非对称性四肢瘫,严重躯干平衡功能障碍,上肢痉挛 3—4 级,相当于 CP2 级运动员。
TT2 级	①颈 7 脊髓损伤,躯干功能丧失,肘伸展功能正常,手指伸展肌力尚可,手的运动协调性好,但执拍上肢手的抓握和腕部肌肉功能减弱。 ②脑瘫运动员中的三肢瘫,严重的躯干平衡差,上肢痉挛 2—3 级,相当于 CP3 级运动员。
TT3 级	①颈 8—胸 7 脊髓损伤,躯干平衡差,躯干的下部需要靠椅背,躯干位置的改变需通过非执拍手来完成,由于躯干旋转功能丧失,上肢向后的运动功能障碍,不能随意地驱动轮椅。 ②脑瘫运动员中的严重双肢瘫,上肢有功能障碍,中度躯干平衡障碍,下肢严重痉挛 4 级,相当于 CP4 级运动员。
TT4 级	①胸 8—腰 1 脊髓损伤,上肢功能正常,坐位平衡功能好,躯干有前屈、后伸和旋转功能,但运动范围增大要借助非执拍手的帮助,躯干无非执拍手的帮助不能进行侧向的运动。能自如地驱动轮椅。 ②脑瘫运动员中的中度双肢瘫,躯干中度残疾障碍,下肢中度痉挛为 3 级,相当于 CP5 级运动员。
TT5 级	①腰 2—骶 2 脊髓损伤,躯干功能正常,可随意进行屈伸、旋转及侧方运动,轮椅操纵自如,也能用下肢驱动轮椅。 ②脑瘫运动员中的轻度双肢瘫,躯干轻度平衡障碍,轻度下肢痉挛为 2 级,相当于轻度的 CP5 级运动员。
TT6 级	严重的上下肢功能受累: ①严重的偏瘫,执拍手功能受累。 ②严重双肢瘫,执拍手功能受累。 ③严重手足徐动,动作迟缓不自主,挥拍动作不顺畅,平衡功能差,活动能力差。 ④执拍手的截肢合并有下肢的截肢或类似上述截肢情况的先天性肢体畸形。 ⑤双膝上截肢。 ⑥执拍手和下肢多发性关节功能障碍。 ⑦肢体和躯干的肌肉萎缩或其他神经肌肉的病变。 ⑧类似上述情况的不完全的脊髓损伤。
TT7 级	非常严重的下肢残疾,动态和静态平衡差: ①严重的双下肢麻痹。 ②单侧的膝上及另一侧的膝下截肢。 ③类似以上不完全的脊髓损伤。

续 表

级别	医学分级、运动功能
TT7 级	执拍手中重度的残疾： ①执拍手或双肘上截肢。 ②单肘下截肢，短于正常的 1/3。 ③先天性多发性关节挛缩症和上肢功能障碍。 ④类似的先天性肢体短缺性畸形。
TT7 级	中度脑瘫，执拍手受累： ①执拍手轻度受累，下肢中度受累。 ②执拍手中度受累，下肢轻度受累。
TT8 级	下肢中度残疾： ①单下肢无功能的儿麻。 ②单膝上的截肢。 ③膝、髋关节僵直。 双下肢中度受累： ①儿麻。 ②双膝下截肢。 ③类似不完全脊髓损伤。 执拍手中度残疾： ①单肘下截肢，残端长于前臂 1/3。 ②肘僵直，上臂内、外旋受限。 ③肩僵直或冻结肩。 中度偏瘫或脑性双肢瘫： 执拍手几乎正常，下肢有中度的残疾。
TT9 级	下肢有轻度的残疾： ①下肢儿麻但有较好的功能。 ②单膝下截肢。 ③膝关节僵直,髋关节僵直。 ④严重的髋关节或膝关节病变。 ⑤脊椎膨出并有部分功能障碍。 执拍手轻度残疾： ①经手或手指的截肢，但无抓握。 ②腕和手指僵直，手无抓握功能。 ③肩、肘关节运动中度受限。 非执拍手严重或中度残疾： ①单肘上截肢，残端不长于 1/3。 ②一侧臂丛神经完全损伤，上肢完全麻痹。 轻度的偏瘫或单肢瘫： 执拍手几乎正常，下肢有轻度问题。

续 表

级别	医学分级、运动功能
TT10 级	极轻的下肢残疾： ①单侧,僵直。 ②前足通过跖骨的截肢,至少切除 1/3 脚掌。 极轻的执拍手残疾： ①手指截肢或先天性畸形,有抓握功能。 ②腕僵直,有抓握功能。 ③手无力或一上肢某一关节无力。 中重度的非执拍手的残疾： ①单及下截肢,残端不长于前臂的 1/2。 ②臂丛神经损伤,但上肢有些残留的功能。 ③短肢或类似的障碍,短小的手臂不长于前臂 1/2 的畸形。

（八）轮椅网球项目

轮椅网球,是为有肢体运动性功能障碍的残疾人开设的体育运动项目。一般是在 2 名或 4 名下肢丧失运动能力的运动员之间进行。

运动员必须有医学诊断的永久性运动功能的残疾,具体分级标准如表 2-22 所示。

表 2-22　轮椅网球运动员分级标准

级别	医学分级、运动功能
一侧或双下肢的功能障碍	①骶 1 脊髓损伤并有功能障碍。 ②下肢髋、膝的僵硬或关节固定及人工关节置换。 ③跖趾关节的截肢。 ④类似上述三项的下肢残疾。
一侧或双上肢的功能障碍	①颈 8 脊髓损伤并有功能障碍。 ②上肢截肢。 ③上肢短肢畸形。 ④上肢的肌肉病变。 ⑤类似上述四项的上肢残疾。
无关的残疾	以下四项中最少有一项符合标准,包括上肢或躯干： ①不能连续协调地完成在头上方接击球的动作。 ②不能连续协调完成前后击球动作。 ③不能用手动方法完成驱动轮椅。 ④比赛的过程中持球拍而不用绑或辅助装置时的能力弱。

(九)射箭项目

残疾人射箭是由脊髓损伤、脑瘫和肢体残疾的残疾运动员参加的比赛项目。射箭需要根据肌力、协调功能障碍、关节活动度等几个方面进行综合评估,在赛前需要对肌力、协调功能障碍及关节活动度等进行测试,并根据测试结果进行相应等级评定。

1. 分级标准

射箭分两种姿势、五个级别进行比赛,即坐位:ARW1、ARW1-C、ARW2;站位:ARST、ARST-C,如表2-23所示。

表 2-23　射箭运动员分级标准

级别	医学分级、运动功能
ARW1	上肢:运动范围、肌力和控制能力明显受限。 ①躯干:平衡差或无平衡的能力。 ②下肢:无功能,由于截肢,运动范围受限,不能控制关节运动,包括不能长距离行走。 ③三肢瘫、四肢瘫或上肢痉挛严重的双肢瘫,痉挛2—4级。双膝下截肢并单侧人工髋关节置换或双膝残肢短于1/3,或双上肢截肢。运动和控制功能受限。依靠轮椅的四肢瘫或类似的残疾。 最低残疾标准:一上肢减少5分,且躯干至少减15分,双下肢减少35分,躯干减少8分,且双下肢减少20分。
ARW1-C: ARW1级中残疾较重的在特殊情况下放在ARW1-C级	最低残疾标准:一上肢减少20分,且躯干减少15分,双下肢减少35分,躯干减少8分,且双下肢减少20分。
ARW2	坐轮椅的截瘫或类似残疾。 ①上肢:功能正常。 ②躯干:功能从好到弱到不能控制平衡。 ③下肢:由于截肢或肌力差双上肢无功能。 ④截瘫,上肢功能好,躯干有部分达到完全功能;双侧膝关节以上截肢;或一侧膝以下截肢,一侧膝以上截肢,经过功能测试,站立平衡功能很差。

续 表

级别	医学分级、运动功能
ARST	①下肢:不能长距离行走。 ②最低残疾标准:一下肢减 10 分,双下肢减 15 分,整个肢体减 25 分,双下肢残缺相差 7 厘米。
ARST-C	①上肢有严重残疾的 ARST 级的运动员。 ②最低标准:每上肢减 20 分,拉弓手减 40 分。

2. 注意事项

(1)测试包括肌力、协调功能、关节活动度和截肢后功能的评估。

(2)多重残疾,根据最严重的功能障碍决定级别。

(3)如肩关节功能不完全,在级别的评价中占重要成分。

(4)脑瘫运动觉检查需注意:在测试有痉挛、徐动、共济失调时要做主动运动;在射箭测试时要观察上下肢体的协调动作,对抗肌的协调性和反射均可在上肢和躯干反映出来,射箭时反复的颈部的转动为姿势反射;评价躯干的协调运动主要在射箭测试时,因为有些不正确的动作姿势是由于技术水平或不当的装备或辅助用品造成的。

(十)轮椅篮球项目

轮椅篮球,是球类运动项目之一,运动员主要为下肢截肢、儿麻或脊柱损伤人员。凡符合国际轮椅篮球联合会运动员分级委员会颁发的分级规定的残疾人运动员均可参加比赛。运动员医学分级后的分值为:1 分、1.5 分、2 分、2.5 分、3 分、3.5 分、4 分、4.5 分。其中 1 分、1.5 分属于运动功能较低、残疾程度较重的低分队员;3.5 分、4 分、4.5 分属于运动功能较强、残疾程度较轻的高分队员。

1. 参赛最低残疾标准

(1)轮椅篮球运动员不能够像健全人一样跑、跳和旋转。

(2)轮椅篮球运动员下肢必须有永久性功能障碍,这些障碍是客观存在的,并且由各种医学手段所证明,疼痛和损伤不能视为永久性功能障碍。

2. 分级要求

(1)轮椅篮球的分级工作是在球场上进行的,要观察运动员投球、传球、篮板球、轮椅的驱动等运动的动态功能,并给予相应的级别,而不是肌力的测试。

(2)在比赛中以躯干的功能作为分级的基础。

(3)国际轮椅篮球联合会分级指南1983年首次使用时,将轮椅篮球运动员分为4个级别,随着该项目的发展,目前该系统将轮椅篮球运动员分为1、1.5、2、2.5、3、3.5、4、4.5共8个级别。

3.分级标准

轮椅篮球运动员的级别和分组依据如表2-24所示。

表 2-24 轮椅篮球运动员分级标准

级别	医学分级、运动功能
一级	①投篮:投篮时,从手臂举过头顶到完成整个投篮,手臂弧形动作的整个过程中,身体躯干都缺乏稳定性,投篮结束后经常需要手臂来支撑。双手投篮过程中,躯干会与轮椅的靠背发生接触。 ②传球:在一只手有力地传球的时候,需要另一只手抓住轮椅以保持身体的稳定性。只有在利用轮椅靠背支撑后,将双手置于双膝上的情况下,才能够进行双手的胸前传球。必须用一只手扶住轮椅或自己的腿来转动躯干,才能接住高于肩膀的传球。 ③篮板球:几乎每次用单手抢到篮板都需要另外一只手扶住轮椅来保持身体的平衡。 ④移动轮椅:身体不完全依靠轮椅的靠背,仍然能够移动轮椅。一些运动员主要是在每一次摇动轮椅、上肢做向前的运动时,腰部会出现不稳定,而这时下肢不运动。 ⑤带球:一般会在小脚轮边上运球,在开始时身体不太稳定。一些运动员会在小脚轮的正前方运球,并将自己的身体俯在膝盖上。 ⑥最理想的轮椅安置位置:膝盖高于臀部,双膝用皮带束在一起。轮椅的靠背和腰部同高或略高于腰,将躯干的下部束在轮椅的靠背上更舒服一点。 ⑦典型的残疾类型:T8—L1截瘫,儿麻累及双下肢无功能性运动。
二级	①投篮:在坐直的时候,特别是在进行投篮做手臂弧形动作的时候,躯干有非常好的稳定性。在躯干向篮筐方向移动的过程中,躯干不会失去稳定性。 ②传球:进行单手或双手传球的时候,可以不需要用手臂或后背的支持以保持身体的稳定性。传球的时候,能够借助躯干由收缩到伸展的力量。可以最大限度地转动身体来用双手接住同伴的高于自己肩膀的传球,而无需轮椅靠背的支持。

续 表

级别	医学分级、运动功能
二级	③篮板球:在争抢的时候,可以将自己的身体向前移动,然后用双手有力地在头上方争抢篮板,在争抢身体侧方的篮板球的时候,身体会有轻微的晃动,经常需要用另外一只手扶着轮椅来保持平衡。 ④移动轮椅:能够有力地驱动轮椅,并保持向前和向后的平衡。在驱动轮椅时,上肢和下肢能够协调运动。双腿经常会参加驱动轮椅的动作。 ⑤带球:可以用一只手在小脚轮的前面运球,同时另一只手能够有力地摇动轮椅,使自己很快地加速。身体能有力地在运球方向上收紧带球。 ⑥最理想的轮椅安置位置:膝盖稍稍高于臀部,轮椅的靠背低于腰部以便于身体的转动。 ⑦典型的残疾类型:髋可屈曲和内收,但不能后伸或外展的 L2—L4 截瘫,儿麻累及下肢仅存轻微的功能性活动,髋离断或双膝上截肢仅存短残肢。
三级	①投篮:投篮后,躯干能够有力地沿手臂弧形动作的方向移动。在举起双手并拿着球的同时,能够侧向倾斜或者至少向一方侧向旋转,不与对方防守队员接触。 ②传球:躯干能够最大限度地收缩、伸展和旋转。双手向身体的一侧传球的时候,躯干最少能够向同侧倾斜。 ③篮板球:能够将身体向前或向一侧倾斜,用双手争抢高于头顶的篮板球。 ④移动轮椅:能够以很大加速度使轮椅移动或停下,并且躯干能够最大限度地向前移动。双腿一般不参加驱动轮椅的动作。 ⑤带球:在用一只手驱动轮椅的同时,能够用另一只手在小脚轮的前面运球。能够在很好地保持身体平衡的同时高速运球并进行变向。 ⑥最理想的轮椅安置位置:将双膝固定在稍高于臀部的地方,这样有助于提高轮椅的灵活性和速度。或者可以将双膝固定在同高的地方,以便获得高度的优势。轮椅的靠背要低,以便身体能够充分地转动。戴腿支架或是假肢,或将身体束在轮椅上,以便更加稳定。 ⑦典型的残疾类型:髋至少一侧有外展和后伸的 L5—S1 截瘫,儿麻累及一下肢无功能,半骨盆切除,一膝上截肢,遗留短残肢,大部分双膝上截肢,一部分双膝下截肢。
四级	①投篮:躯干能够沿任意方向移动。保证双手抱球的情况下,投篮时能够进行侧向倾斜或者向两边侧向旋转。 ②传球:在传球的时候,躯干能够在保持平衡的情况下,很好地向任何方向移动。双手向身体的两侧传球的时候,躯干能够同时倾斜。

续　表

级别	医学分级、运动功能
四级	③篮板球:身体能够向前或两侧倾斜,将双手举起来争抢篮板球。 ④移动轮椅同 4 级。 ⑤带球同 4 级。 ⑥最理想的轮椅安置位置同 4 级。 ⑦典型的残疾类型:一膝下截肢,部分双膝下截肢,髋、膝或关节使用矫形器者,一侧或两侧的,或足的轻度儿麻。

4.注意事项

(1)有关半级的确定原则

为了体现公平竞争的原则,轮椅篮球的分级标准在近几年的运用中引入了半级的评定方法,其原则是:在基本级别上,半级的增加或减少只是在两个级别的临界处有疑问时应用。

(2)级别的分数和组队的要求

级别的分数:1级—1分、2级—2分、3级—3分、4级—4分。

注:两个级别的临界情况即给予增加或减少半分,最高分值为 4.5 分。

(3)组队的要求

比赛中,上场的运动员分值总和不得超过 14 分。

(十一)自行车项目

残疾人自行车项目比赛方式与健全人自行车比赛相似,同样分赛车场比赛和公路比赛。选手是由部分或全部视力损伤、脑瘫、肢体残疾或其他永久性身体残疾的运动员组成。盲人自行车赛使用双轮自行车,领骑员为退役的健全人运动员;肢残运动员下肢残疾较重者用一只脚来蹬踏自行车脚踏板;下肢障碍的运动员使用手摇自行车进行比赛;脑瘫较重的运动员使用三轮车进行比赛。

1.参赛资格

符合国际残疾人奥林匹克委员会(IPC)所规定的各个级别最低标准的残疾运动员均可以参加比赛。

2. 分级标准

残疾人自行车运动员的类别和分级依据如表 2-25 所示。

表 2-25 残疾人自行车运动员分级标准

类别	医学分级、运动功能	注意事项
盲人	最低标准等同于 IBSA 的 B3 级别。	分级时,测试的眼睛应为最佳已矫正的视力。凡使用隐形眼镜或其他视力矫正镜的运动员,在比赛时不论是否佩戴,在分级检查时均应佩戴。
肢体残疾	分为四个级别:LC1、LC2、LC3、LC4。 LC1 级:为最低下肢残疾或无下肢残疾的运动员所设。 ①足截肢,残肢短于 1/2。 ②一下肢肌力减弱,至少减 10—14 分,或僵直。 ③两下肢截肢,或一上肢肌力至少减 20 分。 ④单上肢截肢,或一上肢肌力至少减 20 分。 ⑤上肢最低残疾必须符合:一只手的所有手指截肢或抓握功能丧失,抓握功能丧失是指运动员不能用残疾的肢体操作车把、变速器和刹车。脊柱畸形,以至于不可能以通常的姿势骑车。 LC2 级:为一下肢残疾可用双下肢蹬踏板,有或没有假肢的运动员所设。 ①单侧膝上或膝下截肢,有假肢。 ②一下肢肌力减 15—24 分,或僵直。 ③两下肢长度相差 12 厘米以上。 ④膝关节屈曲在 51°—80°之间。 ⑤带有一个或两个假肢的双上肢截肢或麻痹,例如:肢具、矫形器或前臂叉形假手。 ⑥在 1—4 项所定义的残疾。 LC3:为有一下肢残疾,伴随或不伴随上肢残疾,用另一下肢蹬踩踏板。 ①单侧膝上或膝下截肢,无假肢。如果使用假肢,则假肢一侧的脚踏板转动半径不超过 6 厘米。 ②一下肢无正常的蹬踏功能,如膝盖弯曲小于 50°,一只脚踏板转动半径不超过 6 厘米。 ③双下肢肌力减 25—39 分,或僵直。 ④双膝下截肢,有假肢。	注意:在 IPC 混合自行车赛中,女子将和比她们更重一个级别的男子比赛,LC4 级除外。

续表

类别	医学分级、运动功能	注意事项
肢体残疾	LC4：为严重残疾以至于影响双下肢，伴随或不伴随上肢残疾的运动员所设。 ①带有一个或两个假肢的双膝上截肢。 ②单侧膝上截肢同时伴有上肢截肢，无假肢，并单手持车把。 ③膝上和膝下联合截肢，有一个或两个假肢。 ④双膝下截肢，一侧有假肢。 ⑤双下肢肌力至少减 40 分，或僵直。 ⑥髋关节僵直，弯曲不超过 30°，僵硬一侧的脚踏板转动半径不超过 6 厘米。	注意：在 IPC 混合自行车赛中，女子将和比她们更重一个级别的男子比赛，LC4 级除外。
脑瘫	在 IPC 的自行车比赛中，脑瘫的自行车运动员分为 4 个级别。级别相同的男子和女子在一起比赛。 CP1：为最重残疾的运动员所设，使用三轮车。其级别标准相当于 CP-ISRA 级别中的 1、2、3、4。 CP2 和 CP3：使用自行车比赛为 3 级，使用三轮车比赛为 2 级。是为 CP-ISRA 级别中的 5、6 级运动员设立。 CP4：为最低残疾的运动员所设。使用自行车。其级别标准相当于 CP-ISRA 级别中的 7、8。	注意：参加 2 级或 3 级比赛，运动员只能选择一个级别，更改级别是不允许的。

（十二）手动自行车

在 IPC 的自行车比赛中，手动自行车分为两个级别，即 HC4/3 和 HC2/1，男子和女子都有各自的单独比赛，如表 2-26 所示。手动自行车是为日常行动需要轮椅的和因为严重下肢残疾无法使用常规自行车的运动员所设。

表 2-26　残疾人手动自行车运动员分级标准

级别	医学分级、运动功能
HC4/3	①躯干稳定的截瘫或下肢截肢者。 ②下肢功能差。
HC2/1	①四肢瘫或躯干不稳定截瘫。 ②上肢功能障碍。 ③体温调节系统缺陷。

(十三)盲人门球项目

盲人门球是根据视力障碍特点而专门设计的一种集体球类运动,需要运动员根据触觉来确定自己在场上的位置、方向;根据听觉来判断球的方向、速度,从而迅速作出反应。盲人门球起源于欧洲。1976年,在加拿大多伦多举行的残奥会上,盲人门球首次被列为比赛项目。

1. 参赛资格

所有B1、B2、B3级盲人运动员均可参赛。

2. 分级标准

盲人门球运动员的级别和分级依据如表2-27所示。

表2-27 盲人门球运动员分级标准

级别	医学分级、运动功能
B1级	双眼无光感,或仅有光感但在任何距离、任何方向均不能辨认手的形状。
B2级	视力为从能识别手的形状到0.03和/或视野小于5°。
B3级	视力从0.03以上到0.1和/或视野大于5°并小于20°。

3. 注意事项

分级时,测试的眼睛应为最佳已校正的视力。凡使用隐形眼镜或其他视力矫正镜的运动员,在比赛时不论是否佩戴,在分级检查时均应佩戴。

(十四)坐式排球项目

坐式排球是一项双下肢残疾者进行的排球运动。参赛者需要通过坐在场地平面上移动来进行比赛。

1. 参赛资格

表2-28中的残疾运动员具备参加坐式排球比赛的资格。

表2-28 残疾人坐式排球运动员分级标准

类别	标准
截肢	除ISOD手册中确定的截肢残疾外,有下列补充: ①上肢:双手拇指和食指截肢;双手7个或7个以上手指截肢;一手在掌指关节和腕关节之间的截肢。 ②下肢:一足在跗趾关节的截肢;一足在跗中关节的截肢。

续　表

类别	标准
其他肢体残疾	除 ISOD 手册中确定的最低残疾标准外,有下列补充标准: ①上肢:一上肢功能性短缩大于正常的 1/3,从肩峰到最长手指末节;双上肢肌力减低最少 20 分,每一上肢总分 70 分,包括前臂旋前、旋后肌力检查;肩关节外展和屈曲不大于 90°。肘关节固定最少屈曲在 45°位置。 ②下肢:一下肢缩短 7 厘米以上;双下肢肌力最少减 5 分。关节活动度,被动活动时,使用量角器测量:髋屈曲减少 45°;髋外展减少 30°;膝屈曲减少 45°;膝伸直减少 45°;膝不稳定,膝内翻或外翻最少 15°;趾屈和背屈不超过 5°。
脑瘫	参赛的最低残疾:符合脑瘫运动员 CP-ISRA 所规定最低标准。
脊髓损伤	参赛的最低残疾:符合脊髓损伤运动员国际轮椅运动联合会(ISMWSF)所规定最低标准。
其他永久性残疾	①髋关节脱位。 ②髋或膝关节全人工关节置换术后。 ③下肢血液循环功能障碍。 ④下肢有假关节。 ⑤膝关节不稳,向前或向后移动范围达 1.5 厘米。 ⑥肩锁关节脱位。

表 2-29 中列出了不具备参加坐式排球比赛资格的情况。

表 2-29　不具备参赛资格的标准

类别	标准
上肢肌力的丧失	①一侧前臂旋前肌力丧失 5 分; ②一侧前臂旋后肌力丧失 5 分; ③一侧肩关节内收肌力丧失 5 分; ④一侧手及腕部肌力减少 20 分。
下肢肌力的丧失	①一侧踝关节背屈肌力丧失 5 分; ②一侧膝关节屈曲肌力丧失 5 分; ③一侧髋关节屈曲肌力丧失 5 分; ④一侧髋关节内收肌力丧失 5 分。

2.注意事项

(1)上述残疾必须有 X 光片或医学报告证实,在比赛开始前报告分级人员。

(2)分级标准中其他永久性残疾所列举残疾类型的运动员在正式排球比

赛时每队只能允许有两人,并且比赛时只能有一人上场。

(十五)轮椅击剑项目

轮椅击剑项目是根据下肢残疾运动员(包括截肢、脊髓灰质炎、脑瘫和截瘫)的特点而专门设计的一项运动。

轮椅击剑最早起源于第二次世界大战,1953年,格特曼博士在斯托克·曼德维尔医院首次创立了轮椅击剑运动。1960年,在罗马举行的首届残疾人奥林匹克运动会上,轮椅击剑运动被列为正式比赛项目。

1. 参赛资格

参加轮椅击剑比赛的运动员均为类似A4级的截肢残疾。

2. 测试方法

(1)功能测试:指在轮椅上评价躯干在不同位置的伸展和侧屈的能力,包括使用或不使用剑的情况。测试包括反复地做特殊的动作,如:手持剑在肘伸直的刺出动作和突然停止时躯干的侧方运动,以及快速恢复原始位置的能力,根据动作完成情况给予相应的分数。

(2)躯干功能的评价:对轮椅击剑运动员的躯干功能,分为四个级别进行评价,如表2-30所示。

表2-30 轮椅击剑运动员功能评价

级别	功能评价
0	无功能,不能完成动作。
1	非常勉强完成,小范围运动。
2	完成差,运动尚可。
3	正常。

试验1:评价背伸肌,运动员坐在轮椅上躯干前屈位,回到直立位,背伸肌有收缩,保持上肢向前。

试验2:上肢外展,身体的重心向左右侧方移动,直到要失去平衡,评价躯干腰主肌、腹肌和腰肌肌力。

试验3:与试验1类似,手放在颈后部,主要测试腰伸肌。

试验 4：与试验 2 类似，但要持剑完成。

在完成试验 2 和试验 4 的测试时，对偶肢体不把持轮椅或扶立的，要避免对测试准确性产生影响。

对痉挛、肌张力低下或徐动，根据程度给予评分。

对关节运动受限的情况，根据以下分级标准评分。

3. 分级标准

根据测试结果确定级别，如表 2-31 所示。

表 2-31 轮椅击剑运动员分级标准

级别	医学分级、运动功能
1A 级	无坐位平衡，持剑的上肢无肘功能，手无功能，因此剑用带子固定，类似 C5、C6 完全脊髓损伤。
1B 级	无坐位平衡，持剑的上肢受影响，有伸肘功能，手指无屈曲功能，剑用带子固定。类似 C7、C8 完全脊髓损伤或高位的不完全脊髓损伤。
2 级	坐位平衡差，持剑上肢正常，相当于 T1—T9 截瘫的运动员，测试 1 和测试 2 总分不多于 4 分，或者不完全四肢麻痹，持剑上肢基本正常，能保持坐位平衡的运动员。
3 级	坐位平衡一般，不用脚支撑，持剑上肢正常，相当于 T10—T12 截瘫，测试 1 和测试 2 总分 5—9 分，或 T10 以上不完全截瘫或双膝上短残肢截肢运动员。
4 级	坐位平衡好，脚支撑，持剑上肢正常，相当于 L4 以下的截瘫，测试 3 和测试 4 总分最少 5 分。

4. 注意事项

（1）最低标准：类似于膝下截肢的下肢残疾。大脑怀疑病变的运动员，必须在击剑比赛时观察评定。

（2）新的级别划分为 2 个级别：A 级，相当于 3 级和 4 级；B 级，相当于 1A—1B 级和 2 级。

（十六）常见术语和测评方法

1. 常用的术语

（1）四肢瘫：包括颈、躯体和四肢均有运动功能障碍。

（2）三肢瘫：主要是指三肢运动功能障碍，有时也包括非对称的四肢瘫。

(3)双肢瘫:主要是指下肢运动功能障碍,上肢障碍较轻,也可表现为非对称性瘫痪。

(4)偏瘫:指同侧躯体及上、下肢运动功能障碍。截瘫脊髓损伤使两下肢瘫痪。

(5)单肢瘫:指一个肢体的运动功能障碍,通常为痉挛性。

(6)痉挛:指肌肉或肌群持续或间断地不随意收缩。

(7)手足徐动:主要表现为手足发生缓慢和不规则的扭转动作。

(8)共济失调:指由于神经系统损伤而引起的运动不协调和平衡障碍。

2.常用的测评方法及标准

(1)肌力测评标准。

(2)采用徒手肌力测试法,评分标准如表2-32所示。

表2-32 肌力测试评分标准

评分	测评标准
0分(级)	肌肉完全无力。
1分(级)	肌肉可见或触摸到蠕动,但不能带动关节运动。
2分(级)	肌肉收缩能带动关节运动,但不能对抗重力。
3分(级)	肌肉收缩能对抗肢体重力,但不能对抗阻力。
4分(级)	肌力较好,能部分对抗阻力。
5分(级)	肌力正常,能完全对抗阻力。

(3)关节活动度测评。通常采用测角器测量关节的被动运动,残疾人运动员关节活动度每减少25%,相当于肌力检测减1分。评分标准如表2-33所示。

表2-33 关节活动度评分标准

评分	测评标准
0分	无运动。
1分	非常小的运动范围。
2分	仅25%的运动范围。

续　表

评分	测评标准
3分	仅50%的运动范围。
4分	可达75%的运动范围。
5分	正常运动范围。

（4）功能障碍（协调障碍、痉挛、手足徐动、共济失调）的测评标准，如表2-34所示。

表 2-34　功能障碍评分标准

评分	测评标准
0分	功能性运动完全丧失。
1分	严重的肌张力增高、僵硬和/或运动的协调性非常小，运动范围极度受限（小于45%）。
2分	严重的痉挛性肌张力增高、僵硬和/或严重的运动协调障碍，运动范围严重受限（45%—70%）。
3分	中度的肌张力增高、限制肢体运动和/或中度的运动协调障碍，运动范围受限（70%—90%）。
4分	轻度的痉挛、肌张力增高和/或轻度的运动协调障碍，运动范围基本正常（大于90%）。
5分	正常。

第三章　残疾人体育锻炼

　　经常运动不仅可以提高身体素质,提高人体免疫功能,有助于抵抗各种疾病的发生,还可以减轻焦虑、舒缓压力。适当地进行体育锻炼不仅可以提高运动素质,还可以做到劳逸结合,使智力水平得到充分发挥。对于残疾人来说,可以进行身体功能"补偿",通过体育锻炼,使得另外的器官或未受损的肢体能够更加灵敏或健壮,从而弥补身体上某些缺陷,降低或减轻身体残疾对残疾人的综合影响。然而,并不是所有人都能正确锻炼,不科学的锻炼方法、不规范的锻炼动作,反而会引起各种损伤,所以科学锻炼尤其重要。

　　根据运动分级,不同类型的残疾人可以开展不同的运动项目。了解自身状况,结合适宜的体育运动,进行适当的体育锻炼,可以获得身体健康和运动补偿,使自己更好地融入社会生活。

　　新中国成立以来,残疾人体育事业不断发展。近几年,在党和政府的大力支持下,残疾人体育运动项目更是得到更多的开拓和发展。

　　视力残疾人适宜参加的体育活动有:健身操、棋类、田径、游泳、盲人门球、盲人乒乓球、柔道、盲人足球等。其中竞赛项目有田径、游泳、盲人门球、柔道、盲人足球等。

　　听力残疾人适合参加的体育活动与健全人基本相同,健全人接触到的运动项目,听力残疾人都可以参加,只是受听力限制,在反应上要较健全人延后一些。适宜开展的项目主要有:篮球、排球、足球、羽毛球、乒乓球、网球、水球、田径、游泳、自行车、体操、柔道、射击、射箭、滑雪、摔跤、飞镖等。其中竞赛项目有篮球、排球、足球、羽毛球、乒乓球、网球、水球、田径、游泳、自行车、体操、柔道、射击、射箭、飞镖等。

肢残人根据残疾情况分为截肢和其他残疾、脊髓损伤、脑瘫三种类型。截肢和其他残疾型的肢残人参加的体育活动有举重、健身操、棋类、田径、游泳、射箭、射击、轮椅篮球、轮椅击剑、乒乓球、轮椅网球、坐式排球、跆拳道、自行车等，其中竞赛项目有田径、游泳、举重、射击、射箭、轮椅击剑、乒乓球、轮椅篮球、坐式排球、跆拳道、羽毛球等。脊髓损伤型的肢残人参加的体育活动有举重、健身操、棋类、田径、游泳、射箭、射击、轮椅篮球、轮椅击剑、乒乓球、轮椅网球、轮椅竞速等，其中竞赛项目有田径、游泳、举重、射击、射箭、轮椅击剑、乒乓球、轮椅网球、轮椅篮球、轮椅竞速等。脑瘫型的残疾人参加的体育活动有健身操、棋类、田径、游泳、射箭、射击、自行车、硬地滚球、轮椅网球等，其中竞赛项目有田径、游泳、射箭、射击、自行车、硬地滚球、轮椅网球等。

智力残疾人参加特殊奥林匹克比赛，主要竞赛项目有水上项目、高尔夫球、田径、体操、篮球、举重、保龄球、轮滑、自行车、垒球、马术、网球、足球、排球、乒乓球、羽毛球、硬地滚球等，其中较为普及的项目是硬地滚球、羽毛球、手球、帆船等。

第一节 体育锻炼的误区

随着生活条件的改善，各级政府对残疾人的帮扶力度加大，越来越多的残疾人由过去对温饱问题的重视逐渐转为对身体健康的重视，残疾人走出家门进行锻炼者也逐渐增多，运动健身蔚然成风。但有些人对自身身体状况不了解，看别人练什么自己也练什么，导致了各种意外状况的发生。

一、缺乏科学的体育锻炼常识

（1）对自己身体状况不了解（盲、聋、肢体、智力等残疾类型各不相同，身体状况相差很大，能进行的运动也各不相同），并缺乏正确的运动能力评估。

（2）缺乏正确的锻炼知识，如锻炼时间、锻炼时长、锻炼强度、锻炼频次等。

（3）缺乏运动损伤防护的基本知识，如扭伤、中暑、肌肉痉挛、韧带损伤、骨折等。

(4)缺乏正确的运动技能和体能训练(残疾人参与运动比率较低,运动技能形成较差、体力较差)。

(5)运动损伤发生后,不懂得寻求正规医疗途径,延缓治疗,导致伤病发生。

(6)接受治疗后,缺乏耐心,不积极配合治疗,导致伤病久治不愈等。

二、常见体育锻炼误区

人体是个精密的系统,视自身情况进行适量的、循序渐进的锻炼,才能达到事半功倍的效果。久坐不动的人突然进行大运动量锻炼,会导致心血管、心肺等系统功能跟不上,容易出现"猝死"等悲剧的发生。残疾人因身体某些部位缺损,大多运动量较少,如盲人因看不见,运动范围小,活动半径也很小,运动量自然就小;再如肢体残疾人坐在轮椅上或拄着拐杖,行动不便,也会造成活动半径及范围变窄,总体上也是静多动少。因此,锻炼开始前应注意以下常见锻炼误区。

(一)不恰当的减肥

减肥是很多人在尝试的,但是很多减肥方法是不得当的。比如有些人为了减小肚子,每天拼命做仰卧起坐;有些人觉得大腿粗,就拼命练习抬腿运动;有些人为了让身材苗条,不吃饭,或者只吃蔬菜和水果;等等。更有甚者,有些人通过吃大量减肥药来减轻体重,造成对身体健康的损害,得不偿失。

(二)早上练习比晚上好

很多健身者都热衷于早上练习,起得很早,尤其是视力障碍学生普遍有早起的习惯,也更愿意早上进行锻炼。据相关医学研究,早晨人体的血液黏稠度高,血栓形成的危险相应增加,是心脑血管疾病发作的高峰期,尤其不建议年龄偏大的残疾朋友早起锻炼。而且早上6点左右悬浮在空中的有害物质浓度最高,此时进行体育锻炼会吸入较多有害物质,从而影响呼吸系统,对身体造成不良影响。相反,黄昏是体育锻炼的理想时间。黄昏时分人体的血小板含量比清晨高20%左右,血液黏稠度降低6%,心脏病的发生率比其他时段低;经过大半天时间的活动人体对运动已经适应,此时人体的吸氧量最大;黄昏时分人体的心跳、血压最为平稳,最适应运动时心跳、血压的改变;黄昏时嗅觉、听觉、视觉、触觉最敏感,人体应激能力是一天中的最高峰。所以,下午锻炼比早上锻炼好。视力残疾人尤其喜欢在早上进行锻炼,需要注意更改锻炼时间。

(三)运动时要克服身体各种不适和酸疼

一般运动后会产生身体肌肉的酸痛,但也会在几天后自行消失。听力障碍者对于身体运动后产生的乳酸堆积造成的肌肉酸疼不是很能理解,较多的听障人士会认为身体"生病了",从而对运动后产生的各种酸疼产生抗拒,不愿意进行体育锻炼。这种认识是错误的,需要体育支持者进行疏导,加强运动常识灌输。如果在运动中出现眩晕、胸闷、胸痛、气短等症状,应立即中止运动,必要时应到医院进行诊治,尤其是听障人士,出现严重状况不能及时呼救,会导致不必要的意外发生。如出现上述状况应立即停止运动,或结伴运动,防止意外发生。如极度不适仍强行继续运动,尤其是不经常锻炼的残疾人士,会出现不良后果。

(四)肌肉疼痛需天天练才能锻炼得好

许多人在力量训练时常常用较重的器械,采取较大的强度,认为只有感到肌肉疼痛了才能锻炼得好,而且天天练习,肌肉才能越来越发达。健身运动会产生轻微的肌肉酸痛,但会在一定时间内缓解消失,这与疼痛不一样,疼痛只能说明锻炼过度或训练不当,意味着损伤,需要停止锻炼进行治疗。肌肉锻炼会消耗大量的营养物质,运动结束后,经适当的休息,肌肉中的营养物质会得到补充,而且补充的量会比所消耗的还要多,这种现象在生理学上叫作"超量恢复"。"超量恢复"使肌肉获得更多的营养物质,越练越发达。有研究认为,以肌肉再次具备上次运动能力为标准计算,一般需要2—3天。

(五)任何锻炼都是可以的

不是所有的运动方式都适合每个人,如膝关节有骨性关节炎及退行性改变者,不适合爬山、爬楼梯、深蹲、太极拳等活动;高血压、心脏病患者不适宜进行剧烈的运动;视力残疾学生不适宜选择倒立等能造成眼压升高的体育运动；听力残疾学生不适宜选择旋转类的运动项目，前庭损伤使得听力残疾学生平衡能力较差。锻炼者选择锻炼项目的依据是生理健康状况及生理阶段，做运动一定要根据自己的身体条件量力而行，尤其是慢性病受试者在运动前最好咨询下专科医生。

（六）只要运动，就会伤膝关节

随着年龄增长，膝关节会产生退行性变化，这是自然现象，但是因此停止运动是错误的。人不运动容易患骨质疏松症，肌肉萎缩，身体也会缺乏敏捷性和协调性，体能下降。膝关节有病变的人并非不能运动，但应尽量减少负重、长距离行走、长时间站立，不要练习跑跳、深蹲等，最好选择对膝关节没有损伤的运动，如游泳、骑自行车、散步、垫上运动等。有研究表明，适量的体育运动，可以改善膝关节疼痛。

（七）运动前不需要热身

不论哪种运动项目，都需要先做热身运动，这样就能积极调动心血管系统、心肺系统、呼吸系统、运动系统等尽快适应接下来的运动，不会发生一些不必要的运动损伤。如跑步前，先慢跑一圈，做5—10分钟的拉伸练习，等身体微热，再进行高强度、大运动量的锻炼；散步之前，可以先做一下关节的准备活动及肌肉拉伸，以有助于提高锻炼效果，防止运动损伤。

（八）运动后不需要放松

有较多的锻炼者只注重开始，不注重结束。锻炼完了，就地坐下或躺下，觉得这样的休息才是最舒服的，殊不知这样的休息方式是消极的休息。运动后，身体各器官处于亢奋状态，若此时突然停下来，可能会造成心血管系统负担过重，严重的会造成"猝死"。此时应该再继续慢跑，等呼吸慢下来后再停下来。运动后的拉伸和运动前的拉伸一样重要，运动后身体发热，此时的韧带、肌肉等是柔软的、有韧性的，进行适当拉伸有利于保持韧带、肌肉的弹性。听障学生尤其要注意，运动时记得要放松，适当拉伸肌肉和韧带，或采取慢跑的运动方式。

(九)月经期间不能运动

经常会听到女孩子说"月经来了不能运动",上课期间也有很多女生以来月经为由请假不参与运动,这种观点是错误的。月经期间可以做适当运动,如散步、慢跑、打乒乓球、做广播操、有氧运动等,可以加速新陈代谢,有利于经血的排出,但不能做剧烈运动。月经期间,要避免运动过度,要注意保暖,生冷食品应少吃或不吃。听障学生应注意每月一次的月经是正常的生理现象,可以做适量的小运动量的运动,而不能一味地当成生病不参加任何活动。

(十)吃饱饭可运动

有些人经常吃完饭就去锻炼了,尤其是晚饭后没一会儿就下楼锻炼了,这样的锻炼方法可取吗?吃完饭后,食物在胃里需要进行消化,这需要较长的时间,而消化的过程需要大量的血液参与,此时身体的其他部位供血的能力就要差一些了,而吃完饭马上就参与运动,长期如此容易引起胃下垂,不利于身体健康,也会引起腹部疼痛等症状。一般来说,吃完饭后30—60分钟再去锻炼,会比较好一些。

(十一)运动后可以大量饮水

平常在运动场所,可以见到运动后大口喝水、畅饮饮料之类的行为,这是不可取的,要坚决杜绝。在运动后,大量饮水或者喝饮料,会增加肠胃负担,甚至易产生胃部肌肉痉挛、抽搐;过多的水分渗入细胞和细胞间质中,会引起脑血压升高,出现心率缓慢、头疼、嗜睡等水中毒症状;运动后出汗多,盐分容易流失,大量饮水后,会使血液中盐的含量进一步稀释降低,导致钠代谢平衡失调,甚至出现肌肉抽筋等现象。残疾学生在运动的时候需要注意,可以少量、多次喝水,慢慢补充水分。

三、常见日常锻炼方法误区

(一)平板支撑练习

错误的方法:当肘关节弯曲支撑时,耸肩低头塌腰或者撅屁股。其后果是:核心肌群得不到锻炼,塌腰时脊柱压力增大。

正确的方法:肘关节弯曲让前臂紧贴地面,同时手肘和手掌都放平在地面,手肘在肩膀的正下方;保持肩膀和肘关节垂直于地面,双脚踩地,允许脚趾弯曲,让躯干伸直,使头部、肩部、背部、胯部和踝部保持在同一水平面上;收紧腰腹和臀部,保持匀速的呼吸。不能塌腰是关键。肢体残疾学生需要注意:上肢一侧残疾的学生,可以用垫子抬高残侧肢体,维持身体平衡;下肢一侧残疾的学生在练习该动作时,可以用膝盖撑地,代替残侧肢体,进行平板支撑练习。视力残疾学生,可以在教师或同伴的帮助下,掌握正确的动作姿势。

(二)仰卧起坐练习

错误的方法:抬起上身,下巴向胸部下压,动作做得太猛时,腹部会被挤压,双手使劲牵拉脖子,未能展开胸肌。其后果是:腹部肌肉没有绷紧,而脊柱变弯曲,颈椎受重力牵拉,易造成眩晕。

正确的方法:颈部放松,头放在两手上,手肘向外。只将上部脊背(从胸部起)提起,而肩胛骨不要收缩。做任何腹部练习时,都要将腹肌轻微绷紧。

注意:上肢一侧残疾的学生可以做不抱头的仰卧起坐;下肢一侧残疾的学生,可以双脚交叉在一起固定或伸直来做仰卧起坐。视力残疾的学生,如眼压比较高的同学,建议不要做仰卧起坐这类需要屏气的动作。

(三)靠墙下蹲练习

错误的方法:上体前倾幅度很大或者后倾背靠在墙上,臀部后翘,膝盖超出脚尖,未收紧腹部肌肉。其后果是:膝关节疼痛。

正确的方法:人靠前站立,离墙2—3厘米的距离,屈膝下蹲,双手自然垂于体侧,当膝盖没有超过脚尖时,停止下蹲,上体不要前倾,抬头挺胸,眼平视前方,收紧腹部肌肉。

注意:肢体残疾学生不要做该动作,身体不平稳易造成损伤。视力残疾学生下蹲不要太深,稍屈膝下蹲即可。

(四)跑步练习

错误的方法:双脚尖着地跑步,双手臂左右摆动,小腿肌肉缩短。其后果是:易造成小腿肌肉痉挛。

正确的方法：保持头部和肩部稳定，眼睛盯着前方。摆臂要以肩为轴前后移动，左右移动幅度不要超过身体中线，全脚掌着地，跑步时从脚后跟过渡到前脚掌，增大与地面的接触，减轻膝盖压力。

注意：听力残疾学生可以根据正确动作慢跑；视力残疾同学最好在熟悉的环境下或者在别人的带领下一起慢跑；肢体残疾学生可以推扶轮椅进行慢跑，通过轮椅的支撑获得身体的平衡，或者借助拐杖进行较平时速度要快一点的走路，或者不借助任何助行器，加快步伐进行锻炼。

(五) 俯卧撑练习

错误的方法：双臂完全伸直，两手关节往外扭，背部完全下弯，塌腰明显。这种俯卧撑易对脊柱，包括臂关节、手关节和足关节造成劳损。

正确的方法：初练者应首先采取猫弓背姿势练习俯卧撑（锻炼臂部和肩部肌肉）。两手和两前脚掌撑地，身体俯卧，全身绷紧。重量移至两臂，两臂弯曲，连续平起平落。在平起时，两臂切不可完全伸直，指尖朝外，头颈背臀腿成一直线。

注意：肢体残疾学生可以稍弯曲肘关节，不要求屈臂完全，上体有起伏即可。视力残疾学生要求尽量标准，如手臂力量较差，屈臂幅度也可小一些，上体有起伏即可；眼压较高的学生不要做该动作，以免眼压升高。

(六) 头部旋转练习

错误的方法：许多人喜欢以头部旋转练习作为放松和健身的良方。现今，人们已发现，这种放松练习反而会使颈椎负荷过重。

正确的方法：为使痉挛颈肌得以放松，最重要的是将头部尽量保持挺直和将颈伸长。从此姿势出发，可做各种不同的练习。例如，将头部轻柔地扭转至一侧和轻轻地点头。

注意：听力残疾学生尽量不要做旋转类运动，头部运动旋转部分可以改成前屈、后屈、左侧、右侧等动作，以免因前庭损伤造成眩晕等症状，引发不必要的运动损伤。视力残疾学生在做旋转类动作时，需注意方位，尽量不要频繁移动位置，注意安全防范。

（七）跳跃练习

错误动作：原地向上跳跃开始时，上体前倾过大，头向前伸，双手臂摆臂向前，屈膝下蹲不明显，全脚掌着地。其后果是：重心不稳，双脚全脚掌着地，造成膝关节和脚踝受力过大，易损伤。

正确动作：上体稍前倾，幅度不宜过大，同时屈膝下蹲，双手臂自前向后预摆1—2次，脚尖用力向上屈膝团身，膝盖向胸部靠近，落地时脚尖先着地，以此反复向上屈腿跳练习。

注意：肢体残疾学生应根据自身情况，判断是否可以练习，如可以练习，跳跃高度可降低，或可向前连续跳跃。视力残疾学生可以听着同伴指挥进行练习，环境需安全，跳跃高度可降低一些，尽量做到大腿向上靠近胸部，脚尖着地缓冲。

第二节　体育锻炼的注意事项

日常健身运动计划的三个关键部分是：准备活动、主要身体活动和整理活动。

一、选择合适的体育锻炼内容

体育锻炼内容的选择完全可以根据锻炼者个人的实际情况灵活进行。首先，可以根据锻炼者的兴趣爱好选择锻炼内容，如听力残疾大学生喜欢篮球、排球、足球、网球、羽毛球等团队运动项目或者有对抗的运动项目；视力残疾大学生因视力问题，对体育运动项目的选择会狭窄一些，游泳、篮球、盲人足球、瑜伽、跑步、跳绳、太极拳等是他们比较喜欢的运动项目；肢体残疾大学生因肢体残疾类型较复杂，对游泳、轮椅篮球、坐式排球、羽毛球、跑步等参与得比较多；智力残疾学生可选择的运动项目较多，参与面也更广，如游泳、羽毛球、篮球、排球、手球、健身操等。大多数女生比较喜欢健美操、瑜伽、太极等塑身类和美体类运动项目。其次，残疾锻炼者也可以根据健身的目的来选择锻炼内容，如为了减肥，就应该选择长时间的有氧练习；而为了保持身材和形体，就应该选择健美操或者健美运动。

在长期的体育锻炼中,残疾锻炼者也应该根据季节、气候的变化合理安排体育锻炼内容。例如,春季应该以有氧练习为主,同时预防损伤,防止感冒;夏季锻炼应该选择慢跑、散步、游泳、羽毛球等项目,最好在傍晚锻炼,运动中和运动后注意补充水分,防止脱水和中暑;秋季锻炼应选择球类、武术、长跑等项目,注意增减衣服,多补充水分;冬季锻炼可选择长跑、跳绳、拔河、滑雪、溜冰等项目,注意做好准备活动和锻炼时的呼吸方式等。

残疾大学生正值生长发育的黄金时期,宜多做如跳绳、篮球、羽毛球、游泳、跑步等运动。运动既能促进骨骼生长,又能健脑益智,增强机体敏感度与思维能力。女生还可多做一些健身操和瑜伽,以保持形体健美。此外,还应配合加强腹肌、骶肌和防肥减胖的项目,如卷腹、抬腿扩胸、体操、跳绳等。但在月经期等特殊生理时期不宜多锻炼。听障学生可选择大多数健全人的体育健身项目,如跑步、打球、游泳、自行车等;视障学生可以选择危险不大、场地不大、就地可执行的运动项目,如太极拳、瑜伽、垫上运动、跳绳等;肢体残疾学生可选择快步走、慢跑、轮椅篮球、轮椅太极拳、轮椅羽毛球、康复器材训练等;智力残疾学生可选择自行车、篮球、足球、羽毛球、游泳、跑步等项目。

二、运动前的准备

准备活动俗称"热身",是为了使人体逐步地从安静状态过渡到紧张的肌肉活动状态。在进行体育锻炼前做好充分的体育活动,对于体育锻炼者来说是非常重要的,但广大残疾朋友容易忽略。热身有利于增加肌肉的血液供应、降低血液黏滞性,有利于关节滑液渗出、增加关节灵活性及提高肌肉和关节韧带的弹性、增强抗拉能力,使运动健身的效果更明显。每次体育锻炼前应进行充分的准备活动,逐步提高中枢神经和机体各系统的兴奋性,克服机体的生理惰性,使各系统在体育活动时发挥最大的效率,并减少伤害。

准备活动分为一般性准备活动和专门性准备活动。一般性准备活动是在练习前进行的活动量较小的全身性练习,如慢跑、徒手操等,主要目的是让全身各器官为即将开始的锻炼做好准备。其活动时间一般为5—10分钟,并可随季节变化而适当延长或缩短活动时间。专门性准备活动是指做与练习专项动作结构、用力顺序相似的模仿练习,其有利于专项动作的习得。

(一)准备活动中应注意的问题

1. 内容

一般的体育锻炼只需进行一般性准备活动,如慢跑、关节活动、踢腿、弯腰下压、活动脚踝及手腕等。

2. 时间和量

运动的时间和量主要随体育锻炼的内容而定。如半小时的体育锻炼,其准备活动的时间一般为10分钟左右。气温较低时,准备活动的时间可适当长一些,量可稍大一些;气温较高时,时间可短一些,量可以小一些。准备活动要做到身体微微出汗、脸颊微微发热为好,即使在寒冷的冬天也应如此,准备活动要更加充分。此外,开始一项自己从未参加过的体育运动之初,持续活动的极限在15分钟,以后可以隔一天增加一些运动量。

3. 时间间隔

一般人参加体育锻炼时,准备活动后接着进行锻炼即可,中间不必休息,否则会降低准备活动的效果。如果要参加正式运动或比赛,准备活动后要休息几分钟才能进入正式运动或比赛。

(二)运动中的注意事项

1. 正常环境中运动负荷的控制

进行一次体育锻炼时必须掌握适宜的运动负荷,运动负荷要遵循循序渐进的原则,在运动开始后的负荷变化要遵循人体生理机能和活动能力变化的规律,使负荷有一个逐步上升、相对稳定和暂时下降的过程。

每次锻炼的时间应该至少在30分钟,同时注意负荷量和负荷强度的合理搭配。一般情况下,每天锻炼1小时的效果最好,但同时也应该因人而异,身体机能好的人,时间可以长一些;身体机能差的人,时间相对可以短一些。

残疾人体育锻炼者在锻炼过程中应该学会监测运动负荷的方法,最常用的主要是通过身体出汗、自我感觉疲劳度等来判断运动负荷的适量与否。

2. 测运动时的脉搏

在体育锻炼过程中或者锻炼后即刻测 10 秒的心率和脉搏,一般锻炼者不超过 25 次/10 秒。脉搏次数过高,主要是发展无氧代谢能力,对提高生理健康水平的意义不大,且会增加心脏负担,导致意外事故发生。即使是特殊需要,锻炼者的运动心率也不要超过 30 次/10 秒。有效的锻炼心率应保持在 120—140 次/分钟为宜,此时锻炼效果最佳,心血管系统和呼吸系统都能得到锻炼。

3. 根据年龄控制运动负荷

锻炼负荷与人体年龄有密切的关系,随着年龄的增加,人体的运动能力逐渐下降,运动负荷也应该相应减小。残疾人体育锻炼者还应根据自身残疾状况,较健全体育锻炼者降低一些标准,不宜盲目追求运动量。

4. 根据"晨脉"调节运动负荷

"晨脉"是早晨醒后的脉搏,具体测法是:每天早晨清醒后(静卧床上)用自己的右手食指、中指、无名指三根手指搭在左手桡骨外侧,稍加用力按在桡动脉上,计时一分钟数动脉跳动的次数。一般情况下,每个人的晨脉是相对稳定的。如果锻炼后,第二天晨脉不变,说明运动负荷适宜;如果第二天的晨脉较以前增加 5 次/分钟以上,说明前一天的负荷偏大,应适当调整运动负荷。此方法简单、便捷、科学,可随时监测自己锻炼的运动负荷,进行运动量调整。

5. 自我本体感觉

锻炼时感觉轻松自如,并保持浓厚的兴趣,锻炼后有适宜的疲劳感,但心情愉悦,说明运动负荷适宜;如果锻炼时呼吸困难、情绪低落,运动后感到极度疲劳,甚至厌恶运动,则说明运动负荷过大,应及时调整负荷。若运动后第二天早上起床感觉全身酸疼难以忍受,或不能下床,或行动困难等,那说明前一天的运动量偏大,可以适当降低运动强度或运动量。

(三)湿热环境中运动的注意事项

1. 根据实际情况适当减少运动负荷或暂停运动

一般来说,人体在二十六七摄氏度气温以下进行健身运动是相对安全的,若气温继续升高,就应该适当减少运动负荷或暂停运动,并加强热防护措施,避开烈日下运动,防止热辐射病。

2. 及时补水

在运动前(2杯或160毫升)和运动中(每15—20分钟1杯或50—100毫升)及时补充水,在运动后也要根据减轻的体重补水(每减轻0.4536千克体重约补充160毫升的水),直观的做法是在大量流汗后喝水补充水分。对于持续1个小时以上的运动,补充体液的饮料需包含单糖、碳水化合物和电解质,也可用淡盐水来补充身体水分,这对提高运动成绩和身体降温都有利。

3. 适宜的着装

在湿热环境中进行健身运动需要穿着适宜的服装,有孔隙的服装便于空气带走身体的多余热量,以全棉或者速干的衣服为宜。另外,运动后不要急于换下被汗液湿透的运动服,干燥的运动服不利于身体散热,可以用干燥的毛巾洗擦身体,等身体温度降下来再更换衣服。鞋子应选择专业的跑鞋或者鞋底不会过厚、过硬的运动鞋,鞋底较厚易引发扭伤,或抓地不稳固,影响体育锻炼,也会造成身体损伤。

4. 适当地安排运动休息间歇

运动过程中需适当地安排休息间歇。每次强度较大或持续时间较长的运动,都要安排5—10分钟的休息,以保证机体能迅速恢复体力。

5. 注意观察练习中的身体状态

观察身体状态的变化,在湿热环境下如果出现运动不适应的征兆或症状,如胸闷、虚汗、气急等,应立即停止运动。

(四)寒冷环境中的注意事项

1. 根据情况安排健身计划

气温在0℃以下、皮肤暴露的情况下,30分钟以内即导致冻伤,应该限制或暂时取消健身运动。

2. 适宜的着装

穿着重量轻的多层服装。贴身的一层衣服需要是有助于散发皮肤水分的吸水性强的材料。不要穿着有孔隙的、不利于保暖的衣服。手、脚、鼻子、耳朵极易发生冻伤,需要特别加以覆盖和保护。

3. 保持身体干燥

在寒冷和多风的环境中进行运动时,尽量不要把身体弄湿,以保持热量。

三、运动后的饮食

(一)不要急于进食

激烈运动会引起内脏器官血流量减少,胃酸分泌减少,消化功能下降。运动后若立刻用餐,会导致胃胀、腹痛,严重的甚至会引起十二指肠炎、急性胃炎、阑尾炎等疾病。

体育锻炼后,要使心肺功能稳定下来,胃肠道机能逐渐恢复后才可用餐。这段时间一般为半小时,如果是下午较剧烈的体育锻炼,间隔的时间应相对更长。

(二)运动后的补水是可行的

与体育锻炼后进食不同,体育锻炼后的补水是可行的,只要口渴,在运动后即可补水,甚至在运动中也可补水。在天气较热的情况下,大量排汗会引起体内缺水,不及时补水可能会造成机体脱水、休克等症状。所以,运动中丢失的水分必须及时补充。最近的研究发现,中等强度的体育锻炼后,胃的排空能力有所加强,因此,运动后或运动中的补水是可行的。马拉松比赛途中设有饮水站,也说明运动中补水是非常必要的。

补水要注意科学性,不可暴饮。运动过后,又渴又累,很多人就迫不及待地端起了大杯,狂饮一顿,这样也是不对的。在正常的情况下,人体摄入的水量应与排出的水量平衡。运动时因出汗多,需水量较大,必须补充水分,但是不能等感到口渴口干才大量饮水。运动中和运动后大量饮水易导致胃膨胀,影响呼吸,增加心脏和肾脏的负担,造成腹痛。

运动刚结束时内脏的活动还很剧烈,此时更不宜大量饮水,大量饮水会造成排汗量增大,体内盐分随汗液排出,会发生抽筋等现象。正确的做法是用水漱口或者饮少量的碘盐水。运动刚结束时,也不宜大量饮用冰冻饮料,否则,会刺激胃、肠、血管突然收缩,减少供血,导致胃痉挛、腹痛、恶心等现象。

体育锻炼后补水的原则是少量多次,可以在运动后每 20—30 分钟补水一次,每次饮水量在 250 毫升左右,夏季时水温在 10℃ 左右,其他季节最好补充温水,但每小时的总饮水量不应超过 600 毫升。运动后饮入量大于身体排泄量时,水会在体内积蓄,过多时还会引起水中毒。此外,运动后最好选用橙汁、桃汁等原汁稀释饮料,不要饮用含糖量过高(大于 6%)的饮料,尽可能不饮用碳酸类汽水。

(三)运动后应吃碱性食物

人们在剧烈的体育运动后,会感到腰腿或全身肌肉酸痛,疲惫不堪,有的还会感觉饥渴难耐。此时,有的人端起可乐大饮特饮,有的大嚼巧克力,有的大吃鸡、鱼等肉类。他们哪里知道,越是这样食用,肌肉的酸痛感和疲劳感就越是加重。原因在于,体内的酸碱平衡不但不能正常维持,相反,身上的体液会偏酸而使疲劳症状加重。平常我们的食物可分为酸性食物和碱性食物。判断食物的酸、碱性,并非根据人们的味觉,也不是根据食物在水中的化学性质,而是由食物进入人体后所生成的最终代谢物的酸碱性而定。蛋白质、脂肪、精面类食物含氮、磷等非金属元素较多,为酸性食物;而蔬菜、水果、豆制品等含钠、钾、钙、镁等金属元素较多,为碱性食物。这些食物在体内代谢后生成碱性物质,能阻止血液向酸性方面变化。水果虽然吃着酸,却是碱性食物;鱼、肉、蛋、糖等的味道虽不酸,却是酸性食物。

一般正常人的体液呈弱碱性。人在体育锻炼后,感到肌肉、关节酸胀和精神疲乏,其主要原因是体内的糖、脂肪、蛋白质被大量分解,在分解过程中,产生乳酸、磷酸等酸性物质。这些酸性物质会刺激人体组织和器官,使人感到肌肉、关节酸胀和精神疲乏。此时应多食用牛奶、豆制品、蔬菜水果等碱性食物,中和体内的酸性成分,缓解疲劳。

四、运动过后莫忘放松

运动过后的"放松",如同健身之前的"预热"一样不可忽视。人体在运动之后,需要逐步恢复到相对安静的状态,这一过程不仅是处理锻炼时的身心紧张与锻炼放松的手段,也是连接锻炼和日常生活、工作的重要一环。从心理学角度看,欲求放松的方法,首先是心境上的放松。良好的心境对人的行为具有促进作用,而消极的心境也可能使原先感觉很有兴趣的事情变得索然无味。从生理学角度看,只有在心情舒畅的状态下,才能及时地解除运动中所形成的身体机能的紧张状态,让呼吸系统、心血管系统及肌肉、关节、韧带等都能得到运动后的松弛与养息;循环系统及时恢复生理活动常态,运养料、补氧气,从而消除疲劳;转移大脑皮层相应的兴奋中心,让兴奋与抑制互为调节,从而达到强身健体、健脑益智的目的。

然而,剧烈运动后不宜马上洗浴。剧烈运动后人体为保持体温的恒定,皮肤表面血管扩张,汗孔张大,排汗增多,以方便散热,此时如洗冷水浴,会因为突然受到刺激,使血管立即收缩,血液循环阻力加大,同时机体抵抗力降低,人就容易生病,而洗热水澡则会继续增加皮肤内的血液流量,血液过多地流进肌肉和皮肤中,导致心脏和大脑供血不足,轻者头晕眼花,重者虚脱休克,还容易诱发其他慢性疾病。所以,剧烈运动后一定要休息一会儿再洗浴。

整理活动对心血管系统也很重要。在运动中,心脏泵压出大量的血液,为工作的肌肉群输送保持运动所必需的氧,肌肉挤压静脉帮助血液回流心脏,静脉中的瓣膜能够防止血液倒流。只要运动持续,血液就能够借助肌肉的挤压作用流回心脏,再由心脏泵压到身体各个部位。如果运动骤然停止,血液就会滞留在工作的肌肉中无法再流回心脏。例如,在跑步中突然停下来,血液就会大量滞留在腿部,由于回流心脏的血液减少,就会引起血压下降、头晕,甚至昏迷。所以,预防这些问题的最好方法就是在练习后逐渐减小运动负荷。针对心血管系统的整理活动一般可以包括2分钟走、慢跑,或对在运动中使用过的肌肉群进行一些放松的活动。

第三节 常见运动损伤与防治

运动损伤多见于年轻人,他们热爱运动,积极参加各项体育活动,但常常因为缺乏一定的训练知识和运动损伤处理知识,而造成不必要的痛苦,严重者甚至导致终身遗憾。

一、常见运动损伤

（一）擦伤

即皮肤的表皮擦伤。如果擦伤部位较浅，只需涂红药水即可；如果擦伤面较脏或有渗血，应用生理盐水清洗创伤后再涂上红药水或紫药水。

（二）肌肉拉伤

肌肉拉伤指肌纤维撕裂而致的损伤。它主要由运动过度或热身不足造成，可根据疼痛程度判断受伤的轻重，一旦出现痛感应立即停止运动，并在痛处敷冰块或冷毛巾30分钟，以使毛细血管收缩，减少局部充血、水肿。切忌搓揉及热敷。

（三）挫伤

挫伤是指身体局部受到钝器打击而引起的组织损伤。轻度损伤不需特殊处理，可冷敷24小时后用活血化瘀制剂，局部可贴伤湿止痛膏。挫伤后第一天冷敷，第二天热敷，约1周后伤口可愈合。稍重的部位可用云南白药加白酒调敷伤处并包扎，隔日换一次药，加理疗。

（四）扭伤

扭伤指关节部位突然扭转过猛而扭伤了关节外面的韧带及肌腱。扭伤多发生在踝关节、膝关节、腕关节及腰部。不同部位的扭伤，其治疗方法也不同。腰部扭伤时，应仰卧在垫得较厚的床上，或腰下垫一个枕头，先冷敷，后热敷；关节（踝关节、膝关节、腕关节）扭伤时，将扭伤部位垫高，先冷敷24小时再热敷；如果扭伤部位肿胀，皮肤青紫和疼痛，可用250克陈醋加以热敷。如果扭伤部位肿胀，可用毛巾贴敷伤处，每天2—3次，每次10分钟。

（五）脱臼

脱臼即关节脱位。一旦发生脱臼，应立即停止活动，更不可揉搓脱臼部位。如果脱臼部位在颈上，可用一条宽带缠过胸部，在对侧胸部作结。如果脱臼部位在髋部，则应立即躺在软床上送往医院处理。

(六)骨折

骨折通常分为两种：一种是皮肤没有伤口，断骨不与外界相通，称为闭合性骨折；另一种是骨头的尖端穿过皮肤，有伤口与外界相通，称为开放性骨折。对开放性骨折不可用手回拉，以免引起骨髓炎，应用消毒纱布对伤口进行初步包扎、止血后，再用平木板固定送医院处理。

骨折后肢体不稳定，容易移动，会加重损伤和疼痛，可找木板等将肢体骨折部位的上下两个关节固定起来。昏迷者应俯卧，头转向一侧，以免伤者呕吐时将呕吐物吸入肺内。怀疑颈椎骨折时，须在头颈两侧置一枕头或扶持受伤者头颈部，避免在送往医院的途中发生晃动。

二、常见的运动性病症及其处理

运动性病症是指因机体对运动应急因子不适应或锻炼安排不当，而造成体内紊乱所出现的一类疾病、综合征或机能异常。常见的运动性病症有以下几种。

(一)肌肉痉挛

肌肉痉挛指人体某一部分肌肉发生强直性收缩，引起局部疼痛和活动障碍，多发生在小腿等部位。游泳时，大腿、脚趾、手指甚至腹部肌肉也可能发生痉挛。痉挛的原因一般是与准备工作不充分、过度疲劳和强烈的冷刺激有关。若游泳运动中发生肌肉痉挛，要注意保持镇静，不可慌乱，要对抽筋部位的肌肉做牵引、伸展动作，千万不要有勾腿等弯曲身体的动作。小腿抽筋时可足尖上翘，足跟用力蹬，并用力揉捏小腿肚子，一般即可解除抽筋。同时要及时上岸休息、保暖。

(二)运动中腹痛

这种腹痛多在右上腹部出现，有的人在上腹中部或左部出现刺痛，个别有绞痛。运动中的腹痛一般不是疾病，而是机体不适应的表现。腹痛时应减少运动量或停止运动，按压疼痛部位并结合做深呼吸运动即可缓解，必要时要做进一步检查，同时注意饭后不可立即进行剧烈运动。上腹绞痛多为游泳时水温过低、准备活动不充分、运动量过大等引起的胃痉挛。此时可做上腹部热敷20—30分钟,用于按压内关穴与足三里穴各3—5分钟。要预防胃痉挛的发生,运动前应做好充分的准备活动。忌过饱,忌食豆类及地瓜、土豆等食品,少食冷饮。运动时脐带部周围或下腹部钝痛、胀痛,多数是肠痉挛,此时只要停止运动疼痛即可减轻。用手按揉双侧合谷穴,每穴5分钟,或用热水敷脐区10—20分钟,亦可止痛。为防止肠痉挛的发生,在运动前应做好充分准备活动,忌进食生冷食品。

此外,在运动过程中还可能突然腹部胀痛,多是因大量出汗丢失水分和盐分以致腹直肌疼痛。发生该类腹痛时应平卧休息并做腹式呼吸20—30次,同时轻轻按摩腹直肌5分钟左右即可止痛。在运动中出汗过多时,及时补充盐水200—300毫升是预防的关键。

（三）运动中出现头痛

少数心脏病受试者在发病时不会感到胸部有异常,但在运动时会感到头痛。多数人只以为自己没有休息好或得了感冒。因此,提醒那些参加运动的朋友,如果在运动中感到头痛,应尽早去医院。

（四）运动时出现肝区痛

在运动时出现肝区胀痛,多发生在长跑或中距离跑时,此刻在背部右侧肝区按揉5分钟即能止痛。在运动过程中应注意呼吸方法,不张口呼吸,用鼻呼吸是预防的关键。

（五）运动性贫血

血液中红细胞数和血红蛋白量低于正常值,称为贫血,而因为运动导致的贫血被称为运动性贫血。导致运动性贫血的原因主要是蛋白质和铁的摄入量不足和消耗增加,其主要症状为头昏、眼花、乏力、食欲不振、体力活动差、运动中心悸、气短、心跳加快等。

出现上述症状时应减少运动负荷,注意合理膳食和营养,并合理安排作息时间。

（六）关节扭伤、肌肉拉伤

在系统的健身锻炼过程中,发生肌肉和韧带拉伤、扭伤等小伤不足为奇,但出现严重伤痛时就必须立即请医生处理。一旦有轻度损伤发生,以下的紧急自我处理方法可以帮助减轻痛苦和加快恢复。具体步骤如下。

1. 休息

在受伤初期应该立即休息。休息和静止状态下肌肉和肌腱等软组织急性损伤的恢复效果最好,休息还可以防止它们进一步受伤。

2. 冰敷

迅速对轻度损伤处采用冰敷(冰块或冰水)或冰疗系统处理,可以减少肿胀和加速恢复。应该对尽可能大的皮肤面积进行冷处理,最好完全湿透。如果采用冰块,应该用布包住,避免与皮肤直接接触以防止冻伤。冷处理过程一般 20—30 分钟,一天 3 次,可以连续坚持几天。

3. 包扎

对受伤部位进行包扎或加压,可以减轻肿胀和加快恢复。采用弹性绷带是理想的加压工具。如果是踝关节扭伤(俗称"崴脚"),应该穿系带的高帮鞋,把缠绕的绷带包上。有弹力的袜子也可以用来包扎受伤部位。需要注意的是包扎不宜太紧,以保证受伤部位血液循环的畅通。手部受伤时的包扎也类同此方法。

4. 固定

受伤包扎后,有的需要将受伤部位固定,如腿部、上肢受伤。可采用木条、纸板等硬质的长条形物体进行加固,注意移动受伤者的过程中,需要保持稳定,不要碰撞受伤部位,以免二次受伤。

三、运动损伤的预防

预防运动损伤,不仅应该采取综合性措施,而且要强调思想因素和创造好的外界条件。一般来说,在体育锻炼中预防运动损伤应做好以下几方面的工作。

(一)加强锻炼,全面提高身体素质

首先要加强科学合理的训练,全面提高身体素质和专项素质,这对预防运动损伤的发生有重要的意义,特别是要加强易伤部位及相对薄弱部位的训练,提高机能。

(二)使机体处于良好的运动状态

在锻炼中要克服麻痹思想,树立运动安全意识,充分认识到准备活动的重要性,认真做好准备活动,这是防止运动损伤的重要措施。锻炼后应注意放松活动,以防止运动引起的肌肉酸痛,使机体尽快恢复,消除疲劳,缓解精神压力。可以根据不同运动项目进行有针对性的放松活动。

(三)加强医务监督

定期进行体格检查和机能评定,以便全面、清晰地掌握锻炼者自身的健康状况和运动基础,为科学而有针对性的锻炼活动提供参考。锻炼者也应该加强锻炼的自我监督,根据自己锻炼后的脉搏、体重、食欲、睡眠、疲乏感等情况判断自身的健康状况,也可根据不同运动项目的特点及常见的外伤发生规律,特别注意运动器官的局部反应,及早发现运动损伤的早期症状,以便于早发现、早治疗、早康复。

(四)加强运动中的自我保护

体育锻炼受试者应学会自我保护的方法,如自高处落地时必须双腿屈膝进行缓冲减压;重心不稳即将摔倒时应立刻低头,屈肘团身,以肩背着地顺势滚动,切忌直臂撑地等。在运动前还应该注意对锻炼场地、器械等进行卫生安全检查,穿适合运动的服装进行活动等。

第四章 残疾大学生体育项目

第一节 听力障碍大学生体育项目介绍

听障大学生的器质性损伤,对平衡、快速变换动作方向及身体的空间控制能力等方面会产生影响,但他们在参与运动时与健全人差异较小,本节将介绍听障学生经常参与的运动。

一、聋人篮球

聋人篮球运动发展历史较为长久,在世界各国的聋人群体中开展较为广泛,聋人篮球过去一直由国际聋奥会组织和管理。为了对聋人篮球运动进行更专业化的组织和管理,进一步普及和推广聋人篮球,提高运动水平,1998年成立了世界聋人篮球联合会。2001年,世界聋人篮球联合会成功举行正式会议,并吸纳了许多新会员国家。世界聋人篮球联合会负责统一管理世界聋人篮球运动,其宗旨是"积极组织聋人篮球竞赛,提高聋人篮球水平"。世界聋人篮球锦标赛是聋人篮球最高级别的赛事,每四年举办一届。第一届世界聋人篮球锦标赛于2002年在希腊雅典举行。世界聋人篮球联合会坚持与国际聋奥会聋人篮球比赛间隔两年举办的原则。

据统计,我国目前大约有2000万聋人,占全国残疾人总数的1/4。我国于1959年在北京举办了全国首届聋人篮球赛。1985年,天津举办了八省市"自强杯"聋人篮球比赛。1986年成立了中国聋人体育协会,聋人篮球运动比赛相继增多。我国全国性聋人篮球比赛仅有残运会、锦标赛和邀请赛三种形式,与发达国家相比有较大差距。

聋人篮球运动与健全人篮球运动的规则是一样的,是在特定规则的限制下,将球投入对方球篮得分,并阻止对方获球或得分的一项集体性运动项目,是在听力障碍群体中开展得非常普遍的运动之一。

聋人篮球运动的基本技术主要包括移动、传接球、运球、持球突破、投篮、抢篮板球、个人防守对手;基本战术包括传切配合、突分配合、掩护配合和策应配合等(见表 4-1、图 4-1)。

表 4-1　聋人篮球技战术

篮球技战术	技战术名称	技战术介绍
基本技术	移动	基本站立姿势 急停:跨步急停、跳步急停 跑:变向跑、侧身跑 跳:双脚起跳、单脚起跳 转身、滑步、后撤步
	传接球	接球:双手接球、单手接球 传球:双手胸前传球、双手头上传球、单手肩上传球
	运球	高运球、低运球、体前变向运球、后转身变向运球
	持球突破	交叉步突破、顺步突破、前转身突破、后转身突破
	投篮	原地投篮:单手肩上投篮、双手胸前投篮、跳起投篮 行进间投篮:高手上篮、低手上篮
	抢篮板球	抢进攻篮板球、抢防守篮板球
	个人防守对手	个人防守有球队员、个人防守无球队员
基本战术	传切配合	无球进攻队员向篮下切入,接同伴的传球取得投篮机会,多用于半场阵地进攻
	突分配合	进攻队员利用突破吸引防守队员,或在突破时遇到对方协防时,及时将球传给处在有利位置的同伴,取得进攻机会
	掩护配合	掩护队员利用身体挡住防守同伴对手的移动路线,使同伴借以摆脱防守,或利用同伴的身体和位置使自己摆脱防守的一种配合方法
	策应配合	进攻队员背对或侧对球篮站立,其他队员移向防守空档或利用其身体做掩护摆脱防守、切入篮下以取得投篮机会的一种配合方法

第四章 残疾大学生体育项目 87

篮球单手投篮：	双手投篮：
三步上篮：	擦板球：
篮板球：	运球：
转身运球：	交替运球：
变向运球：	双手胸前传球：

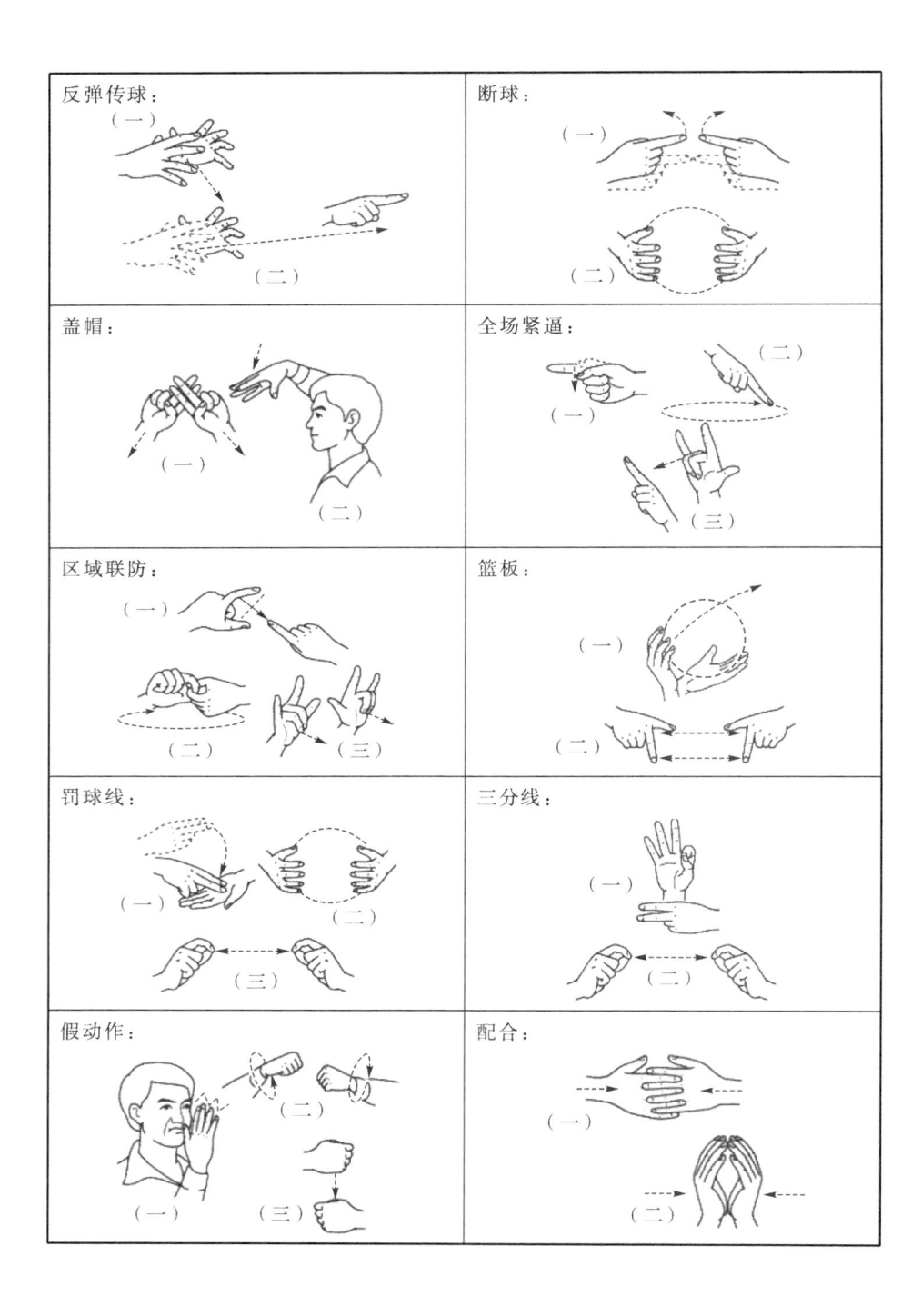

88　高职院校残疾人体育锻炼理论与实践指导

反弹传球：(一)(二)	断球：(一)(二)
盖帽：(一)(二)	全场紧逼：(一)(二)(三)
区域联防：(一)(二)(三)	篮板：(一)(二)
罚球线：(一)(二)(三)	三分线：(一)(二)
假动作：(一)(二)(三)	配合：(一)(二)

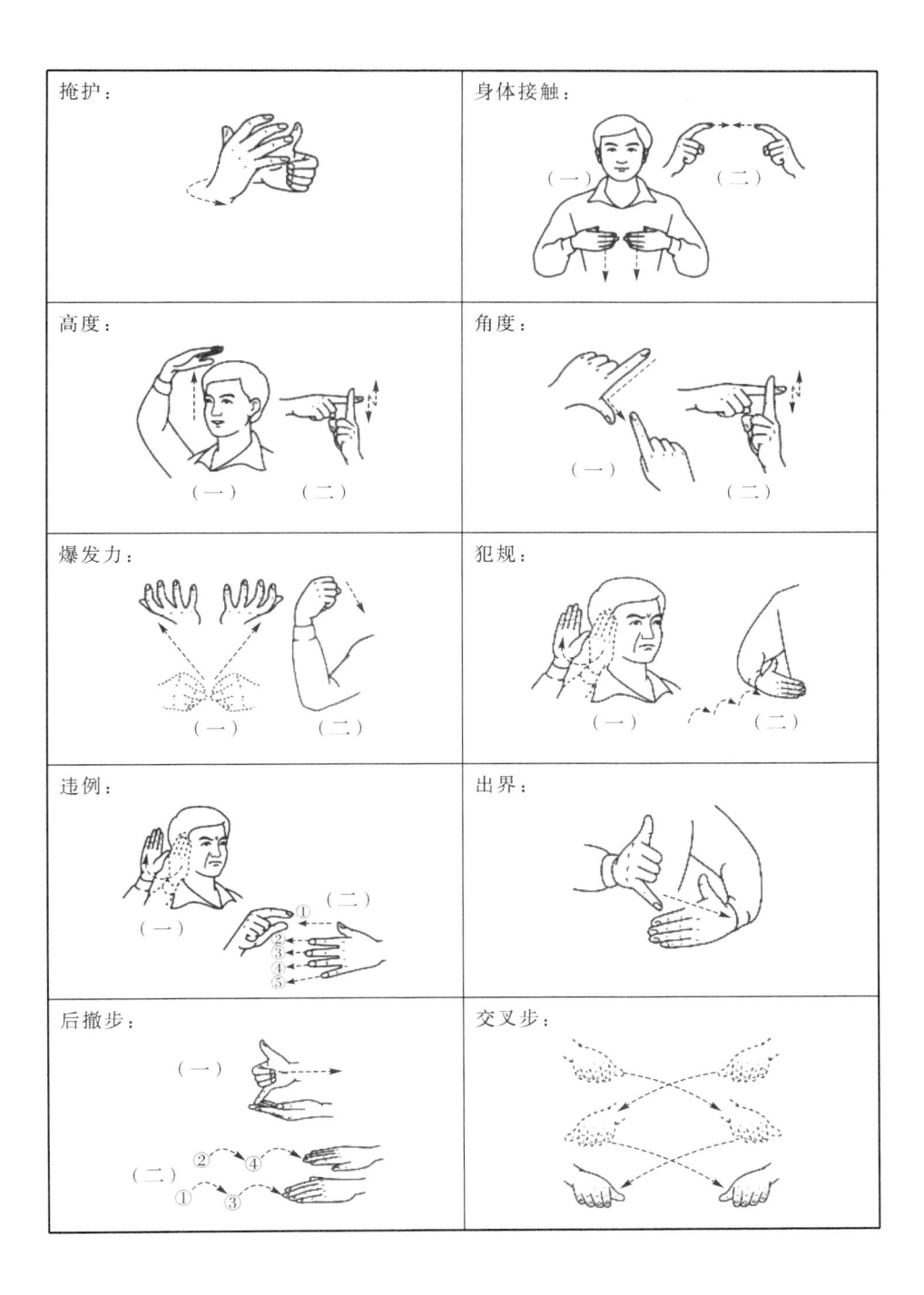

掩护：	身体接触：
高度：	角度：
爆发力：	犯规：
违例：	出界：
后撤步：	交叉步：

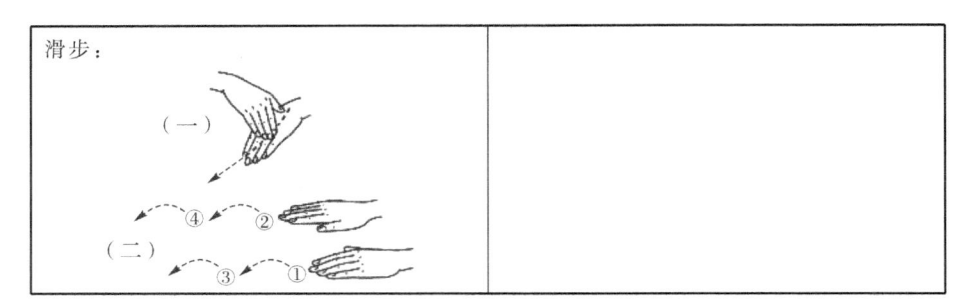

图 4-1　聋人篮球运动基本手语图示

二、聋人排球

聋人排球是一项充满魅力的运动。它以其熟练、准确、细腻的技巧性,快速、激烈、反复的对抗性,形式多样、广泛的群众性,成为听力障碍群体喜闻乐见的现代运动项目之一。

聋人排球运动和健全人排球运动规则一样,比赛双方围绕使球在对方场区落地或使对方击球失误的竞技目的而展开激烈的争夺。其基本技术主要包括准备姿势和移动、发球、垫球、传球、扣球;基本战术包括阵容配备、个人战术、集体战术(见表 4-2、图 4-2)。

表 4-2　聋人排球技战术

排球技战术	技战术名称	技战术介绍
基本技术	准备姿势和移动	准备姿势:半蹲准备姿势、稍蹲准备姿势和低蹲准备姿势 移动:滑步、交叉步、跨步和跨跳步、跑步
	发球	发飘球:正面上手发飘球、勾手发飘球和跳发飘球 发旋转球:正面上手发球、勾手大力发球、跳发球、正面下手发球、侧面下手发球、侧旋球和高吊球
	垫球	正面、体侧、背向、滚动和单手垫球等
	传球	顺网传球、调整传球、背传、侧传、跳传等
	扣球	正面、勾手、单脚起跳扣球
基本战术	阵容配备	"四二"配备、"五一"配备
	个人战术	发球、二传、扣球、一传、拦网、防守战术
	集体战术	集体进攻阵型、集体防守阵型

第四章 残疾大学生体育项目 91

排球:	主攻手:
副攻手:	二传手:
自由人:	一传:
背传:	前排:
后排:	一号位:

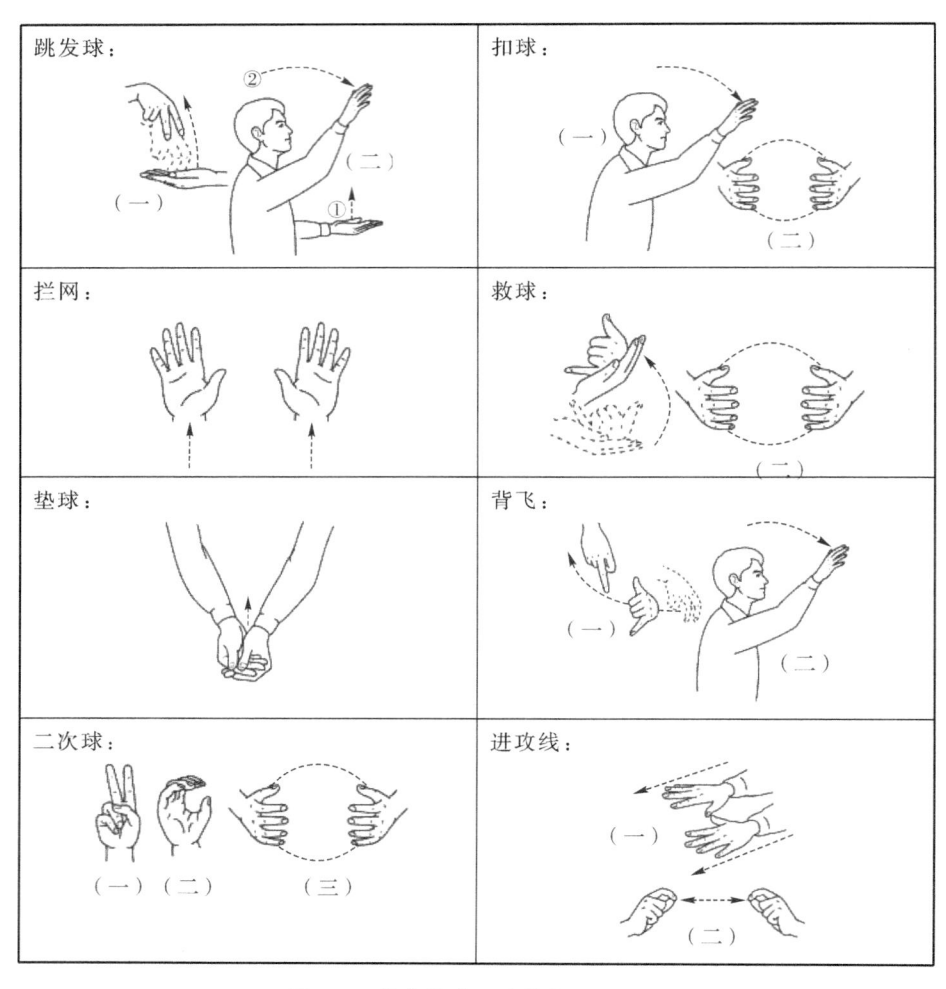

图 4-2　聋人排球运动基本手语图示

三、聋人足球

随着我国和谐社会的构建,发展残疾人体育是体现人文关怀的一项影响深远的社会文明工程。足球项目被称为"世界第一运动",残疾人足球是残疾人体育的一个重要组成部分。在残疾人中,聋人占很大比例,聋人足球运动还是残疾人足球的重要分支。

1924年法国举行聋人运动会的时候,残疾人体育运动还是一片空白。

1958年8月,中国聋人体育协会筹备委员会和中国聋哑人福利会,向聋人地方组织发布了《关于建立各级聋人体育协会的通知》。各地聋人组织接到这一通知后,在当地党政部门的领导下与体委协作,积极开展了聋人体育运动。随着1983年我国第一个国家级残疾人体育组织——中国伤残人体育协会的成立,中国残疾人体育运动开始步入规范化进程。全国聋人足球锦标赛始于2001年,2005年第五届全国聋人足球锦标赛在北京市门头沟区举行,这是参赛球队最多的一届,共有23个省市区派出代表队参赛。

聋人足球运动与健全人足球运动的规则是一样的,是一项两队围绕争夺控球权而进行激烈、勇猛的拼抢和竞争的极富战斗性的球类运动。聋人足球比赛时不能口头交流,只能完全靠视力,因此队员必须全神贯注,看清每个队友的位置、眼神和手势,这种默契是决定聋人足球比赛胜败的最关键因素。聋人足球比赛每场应由两队参加,每队上场队员不得多于7人,其中有1人必须为守门员。比赛前任何一队队员少于5人,包括在比赛中队员被罚出场致使场内队员少于5人时,则这一队被判为弃权,比赛时间为上下半场各30分钟。在每半场比赛,因各种原因损失的所有的时间应被扣除。比赛用球使用经中国足球协会批准的五号足球。聋人足球竞赛规则及分级规定,执行的是中国足球协会最新审定的《七人制足球规则》和中国残疾人体育协会听力残疾检测规定。

聋人足球的基本技术主要包括踢球技术、停球技术、运球、头顶球、抢截球、假动作、抛界外球和守门员技术;基本战术包括比赛阵型、进攻技术和防守战术(见表4-3、图4-3)。

表4-3 聋人足球技战术

足球技战术	技战术名称	技战术介绍
基本技术	踢球技术	脚内侧踢定位球、脚背正面踢球、脚背内侧踢球和脚背外侧踢球
	停球技术	脚内侧停地滚球、脚内侧停反弹球、挺胸式停球
	运球	脚内侧运球、正脚背运球、外脚背运球、拨球、扣球
	头顶球	前额正面顶球、前额侧面顶球
	抢截球	正面跨步抢截球、侧面合理冲撞抢截球、铲球

续 表

足球技战术	技战术名称	技战术介绍
基本技术	假动作	踢球假动作、接球假动作、运球假动作
	抛界外球	原地掷界外球
	守门员技术	接滚地球、接平直球、接高球、鱼跃扑球
基本战术	比赛阵型	4—4—2阵型,3—5—2阵型,5—3—2阵型
	进攻战术	个人进攻战术:每个参赛队员在场上运用个人技术进行跑位、传球、运球突破、协同进攻等技术的总称,是足球比赛的基础 局部进攻战术:比赛中二人或三人有组织地进行配合进攻 全队进攻战术:边路进攻、中路进攻
	防守战术	个人防守战术:选位与盯人、保护与补位 全局防守战术:盯人防守、区域防守和混合防守

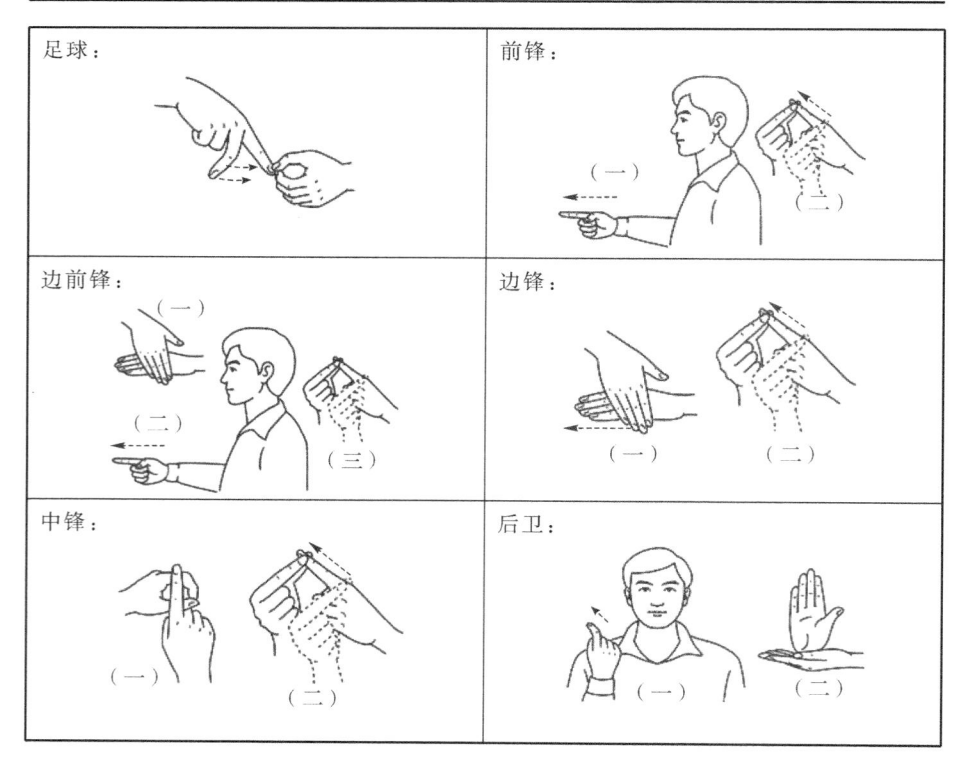

足球:	前锋:
边前锋:	边锋:
中锋:	后卫:

第四章 残疾大学生体育项目 95

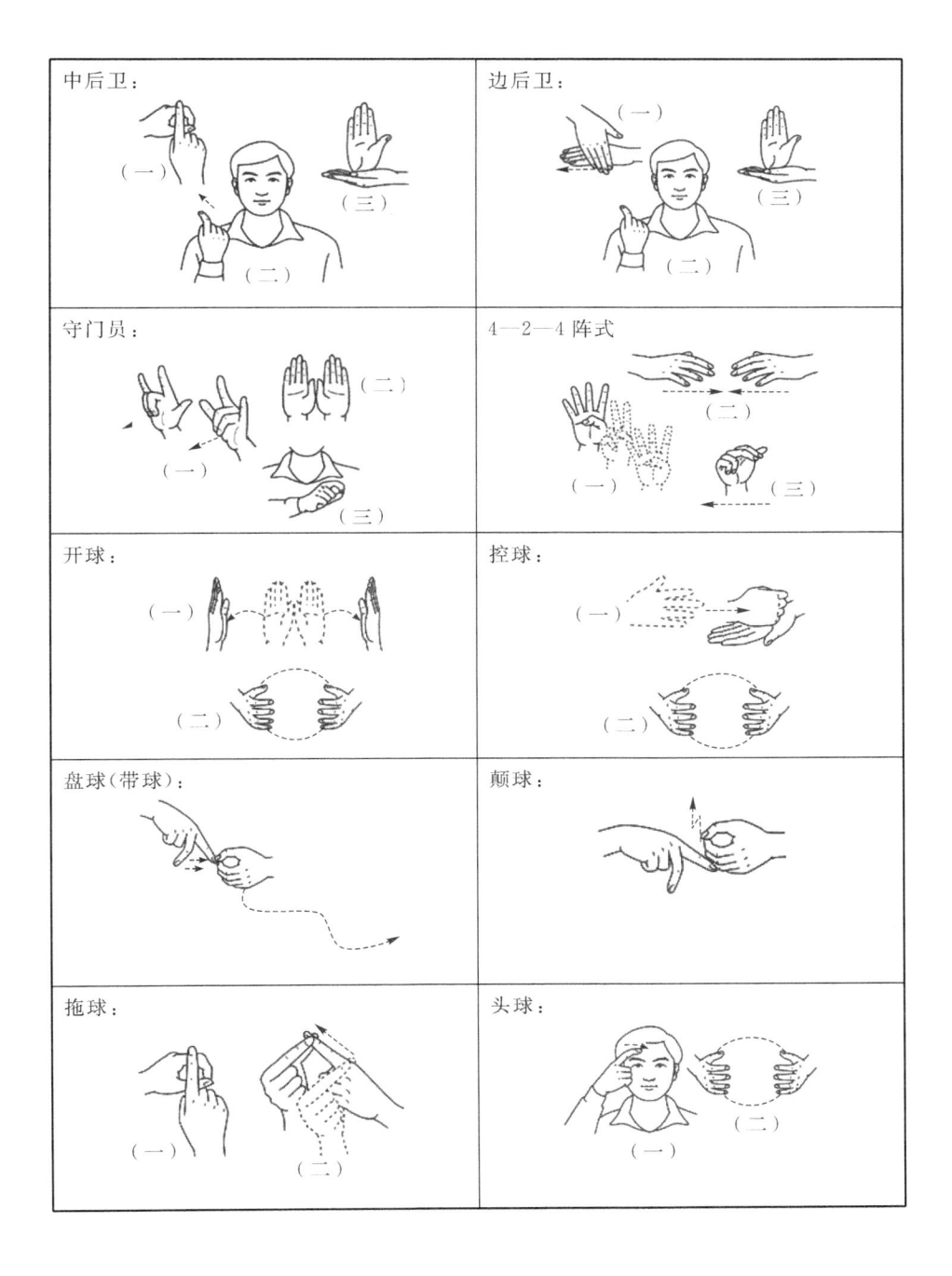

96　高职院校残疾人体育锻炼理论与实践指导

跳起顶球：(一)(二)	铲球：(一)(二)
地滚球：(一)(二)(三)	腾空球：
平直球：(一)(二)(三)	停球：(一)(二)
胸部停球：	掷界外球：
倒钩球：	平胸球：(一)(二)

第四章 残疾大学生体育项目 97

短传球：	长传球：
（一）　（二）	（一）　（二）
连续传球：	高吊传球：
（一）（二）	（一）（二）
交叉传球：	三角传球：
（一）（二）	（一）（二）
过顶传球：	边线球：
	（一）（二）（三）
任意球：	点球：
（一）（二）	（一）（二）

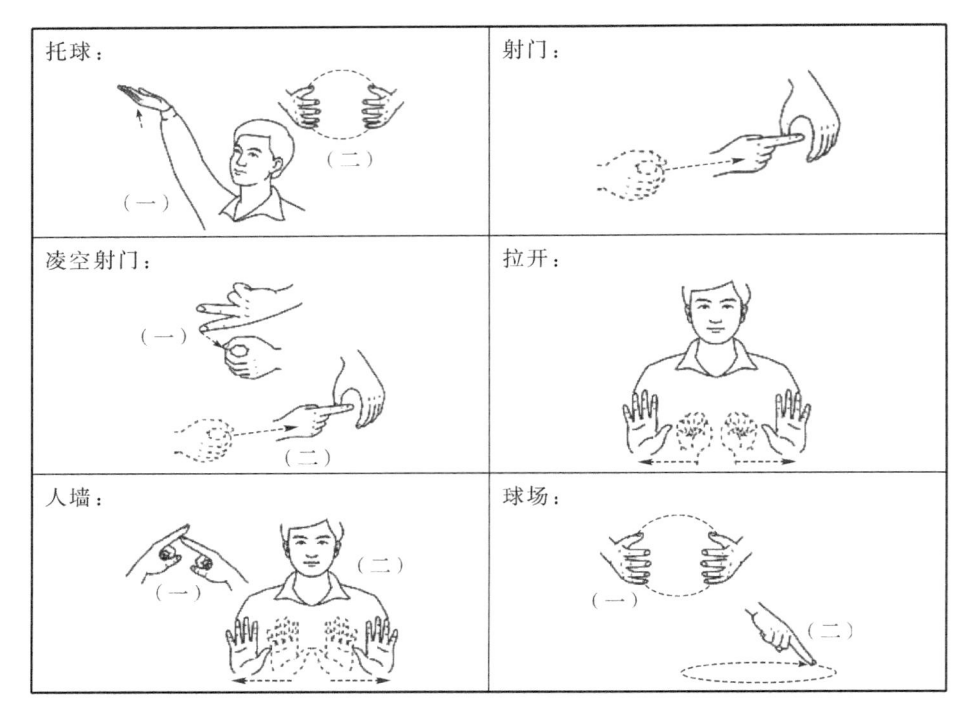

图 4-3 聋人足球运动基本手语图示

四、聋人羽毛球

羽毛球运动是学生们喜爱的运动,其动作简单,对于场地和身体素质要求较低,且具有较高的趣味性和观赏性。聋人羽毛球运动与健全人羽毛球运动无差异,其基本技术包括握拍、步法、发球和接发球;基本战术包括发球抢攻、进攻后场、防进攻前场、攻四方球和杀吊上网(见表 4-4、图 4-4)。

表 4-4 聋人羽毛球技战术

羽毛球技战术	技战术名称	技战术介绍
基本技术	握拍	正手握拍、反手握拍
	步法	上网步法:跨步上网、垫步上网、蹬步上网 后退步法:正手后退、头顶交叉步后退 两侧移动步法
	发球	正手发球:发高远球、发平高球、发平快球和发网前球 反手发球:反手发网前球、反手发平快球

续表

羽毛球技战术	技战术名称	技战术介绍
基本技术	接发球	高手击球：高远球、吊球、杀球 网前击球：搓球、推球 低手击球：正手挑高球、反手挑高球
基本战术	发球抢攻	从发球开始就争取主动攻杀而得分。它一般以发网前球结合发平快球、平高球开始，当对方接发球质量较差时第三拍就主动进攻
	进攻后场	当对方技术不熟练、后场力量差、回球线路和落点盲目性大、后退步法较慢时，多采用这种技术
	防进攻前场	对网前技术较差者，可攻对方前场两角，乘机取胜
	攻四方球	当对手步法较慢，体力较差，技术又欠全面，可以以平高球压对方后场线两角和吊对方网前两角调动对方，进而伺机进攻
	杀吊上网	以杀球配合吊球，若对方还击网前球，可迅速上网搓、勾、推球，创造机会大力扣杀

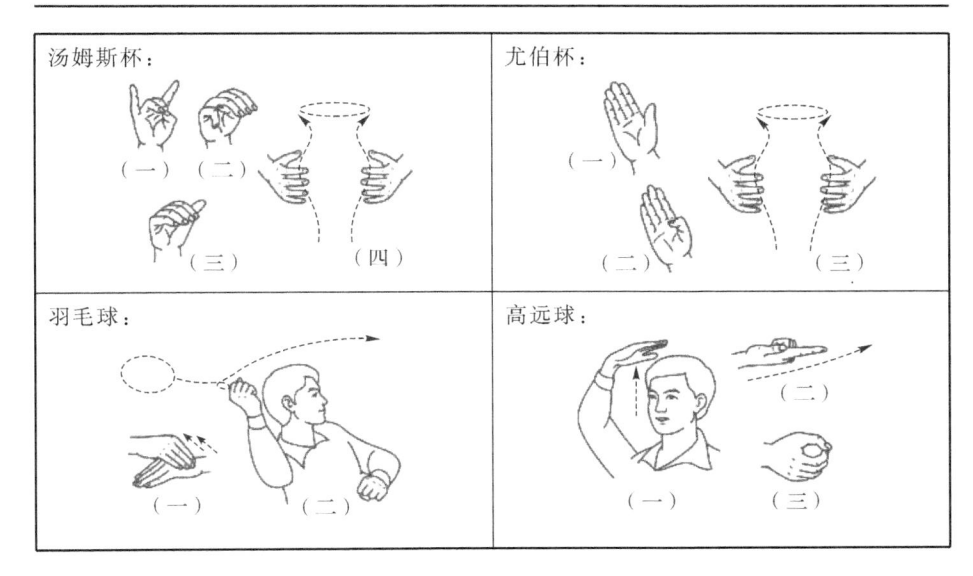

汤姆斯杯：
（一）（二）（三）（四）

尤伯杯：
（一）（二）（三）

羽毛球：
（一）（二）

高远球：
（一）（二）（三）

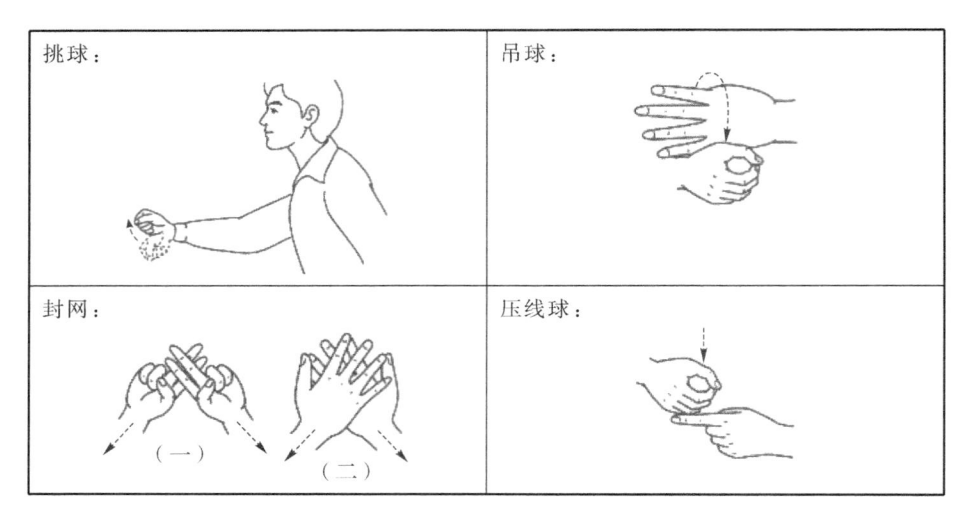

图 4-4　聋人羽毛球手语图示

五、聋人网球

聋人网球运动规则与健全人网球运动规则是一样的。聋人网球运动是隔网进行的对抗项目,参加者没有身体接触,可以自由地使用击球方法,体现安全与优雅、勇猛与随意。其基本技术包括握拍、网球准备姿势、击球、发球、接发球、截击球、高压球、挑高球、发短球和步法;基本战术包括网球单打战术、网球双打战术(见表 4-5、图 4-5)。

表 4-5　聋人网球技战术

网球技战术	技战术名称	技战术介绍
基本技术	握拍	东方式正拍握拍法、大陆式握拍法、双手反拍握拍法、半西方式握拍法
	网球准备姿势	面对球网,两脚自然开立略宽于肩宽,双膝弯曲,重心落在前脚掌上,左手扶住拍颈,拍面与地面垂直,拍头指向对方,注意来球方向,做好击球准备。
	击球	正手击球、反手击球、双手反手击球
	发球	高手击球:高远球、吊球、杀球 网前击球:搓球、推球 低手击球:正手挑高球、反手挑高球

续 表

网球技战术	技战术名称	技战术介绍
基本技术	接发球	接发球是比较难掌握的技术,要接好发球必须掌握比较全面的基本技术,因为接发球之前无法判断对方发球的方向、旋转、力量和速度
	截击球	截击球是一种在网前进行的攻击性击球方法,即当球在落地前将来球击回对方场区。可以在网前截击,也可以在场地内任何地方截击空中球
	高压球	高压球的动作与发球动作相似,只是没有向后拉拍的挥拍动作,而是直接把球拍引向头后。高压球要求及时侧身,早举拍,看准来球,找准击球点
	挑高球	还击的球越过对手方头顶落入对方场区
	发短球	放短球一般是在网前突然回击近网短球,使活动在底线的对手来不及还击
	步法	准备击球步法、击球步法 移动步伐:交叉步和垫步 上网技术:发球后上网,随球上网
基本战术	网球单打战术	发球战术、接发球战术、上网战术、底线结合上网战术、底线战术
	网球双打战术	发球战术、接发球战术、网前比赛战术、底线比赛战术

网球:
(一) (二)

直线球:
(一) (二) (三)

斜线球:
(一) (二) (三)

旋转球:
(一) (二)

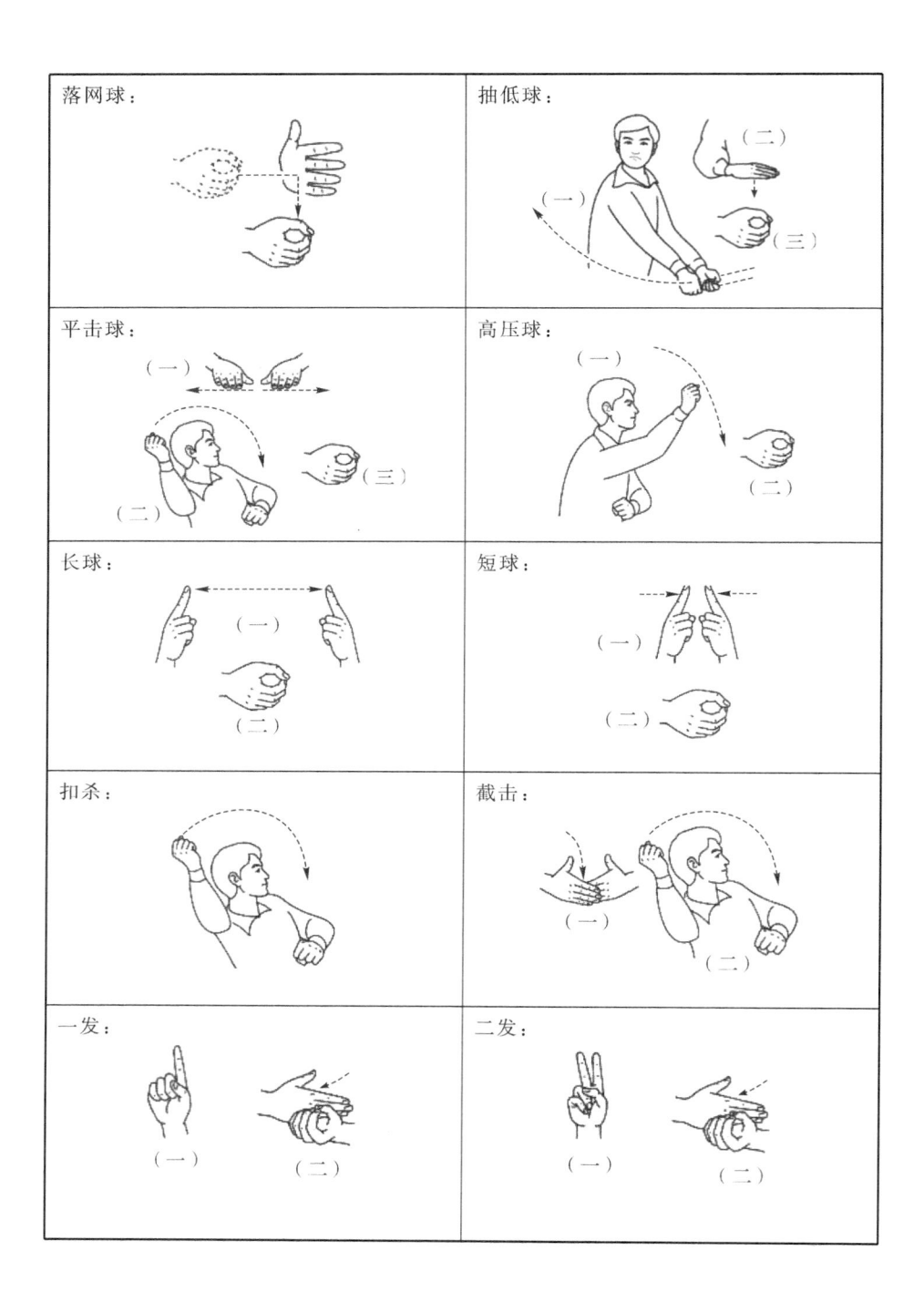

落网球：	抽低球：
平击球：	高压球：
长球：	短球：
扣杀：	截击：
一发：	二发：

第四章 残疾大学生体育项目 103

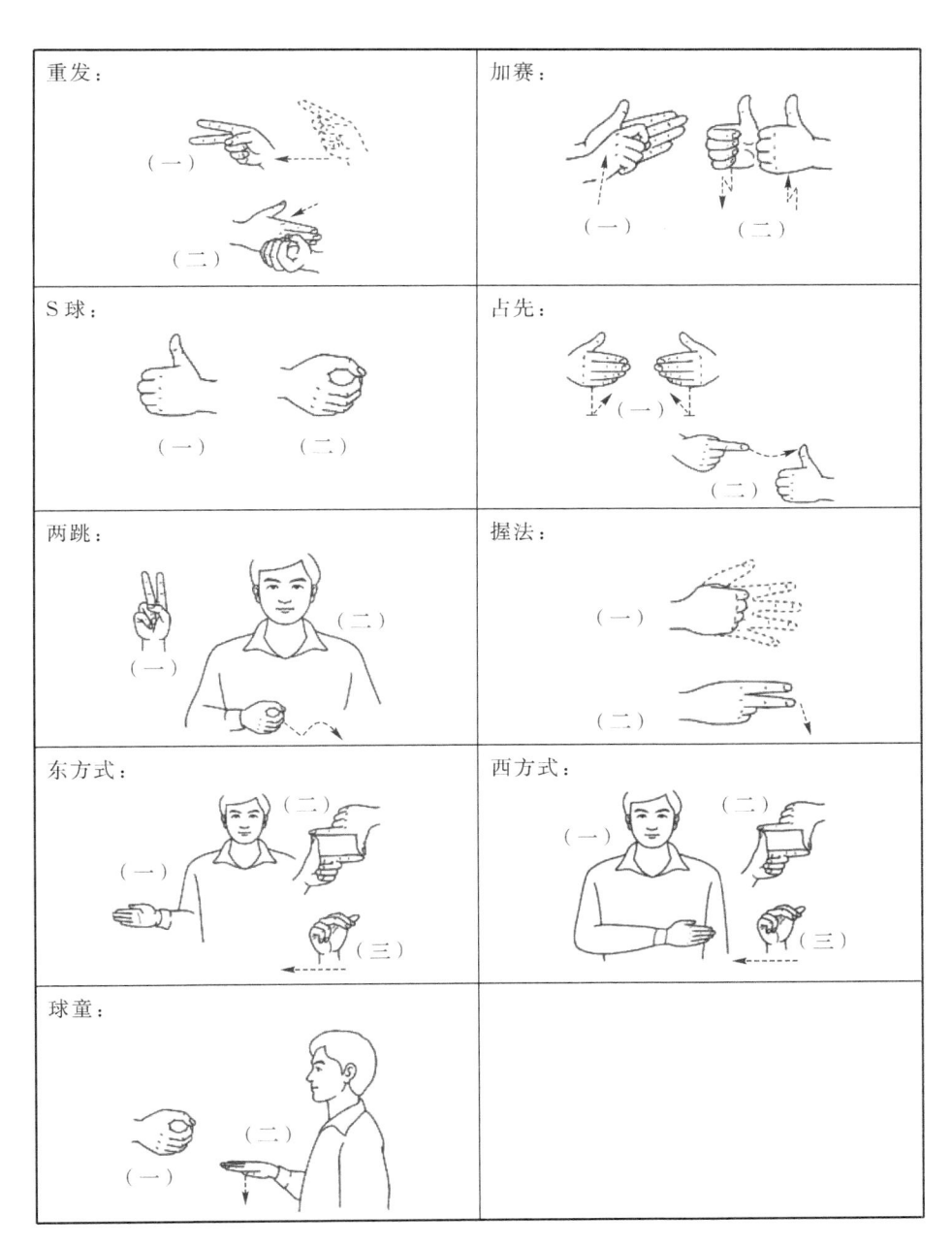

图 4-5 聋人网球运动基本手语图示

第二节　视力残疾大学生体育项目介绍

视力残疾大学生因视觉功能障碍，导致其参与运动时存在障碍，这不仅限制了其参与体育锻炼的机会，还会对其身体健康发展产生负面影响。因此视力残疾大学生比健全学生更需要参与体育锻炼，但也更有难度。所以，对于视力残疾大学生，应该使他们先学会正确的定向与行走，在学会基本的生活技能并在掌握2—3门体育运动项目的基础上，来促进视力残疾大学生的发展。

一、盲人定向行走

视力残疾大学生因视力功能受损，定向和行走能力较弱，而这两项能力却与其生活息息相关，如家务劳动、乘坐交通工具及休闲娱乐活动，因此对视力残疾大学生进行定向训练和行走训练尤为重要。定向训练包括定向训练前的准备，如概念准备、感觉训练，以及各种定向技能，如方向方位辨别、阳光定向法、时钟定向法、路标线索定向法、建筑物定向法、应用地图等。行走训练包括行走训练前的准备，如心理训练、身体姿态与步态的训练、避险与应急防卫训练，以及各种行走技巧，如导盲随行技巧、独行技巧、盲杖技巧等（见表4-6）。

表 4-6　聋人定向训练与行走训练

	盲人定向行走	内容介绍
定向训练	方向方位辨别	方向辨别是指盲生以自己为基点确定方向。首先要学会在不同场所（如在家中、单位）判断东、南、西、北、中等；然后再练习在不同场所判断东南、西北、西南、东北等；再学习将简单方位进行组合后进行判断，如左上、左后、右前等
	阳光定向法	课堂上，迎面和背面教学中，需要对盲生指出，让他们感觉光线的不同，告诉他们此时的站位，来辨别上课场所的地理位置，以此掌握上课环境

续　表

盲人定向行走		内容介绍
定向训练	内时钟定向法	先从简单的12点、3点、6点、9点四个方位入手,然后再学习诸如1点、2点等方位。运用简单定向法可以不受东西南北固定方向的限制,随时随地都可以用,但在使用时要注意内时钟确定起始点位的依据
	外时钟定向法	是盲人常用的定向方法之一,指盲人和自己面前的事物按照时钟钟点的位置确定方位,通常将自己定位在6点钟位置上
行走训练	导盲随行:盲人在别人带领下行走的过程	一人导一盲、一人导多盲、换边随行、向后转向 过狭窄通道、导盲上下楼梯
	随行技巧:指盲人不使用助行用具,在相对熟悉的环境中独立行走的方法	上部保护法、下部保护法、沿物行走、穿越空间 独行上下楼梯、寻找失落物
	盲杖技巧:盲杖的实质作用是将盲人的手臂感觉进行延伸,帮助他们了解自己身体周围的情况	两点式技巧、斜杖技巧、触地辨别、探索障碍物、持杖上下楼梯、持杖上下滚梯、持杖进出门

二、盲人田径

田径运动是所有运动的基础,主要由走、跑、跳、投等身体技能组成,这些也是人们生活必需的技能。视力残疾人在田径项目上和健全学生并没有什么不同,唯一不同的是,根据残疾人残疾程度的不同,可配备领跑员进行分级别比赛与练习。

在体育教学中,视障学生参与100米、200米、400米、800米等距离项目时,应安排陪跑员(健全或低视力学生)进行练习,陪跑员与视力障碍学生各站一条跑道,以声音指导形式进行方向引导。视力障碍学生在参与铅球运动时,首先需要进行场地适应,此时引导员应带领视障学生适应投掷场地,并通过声音提示,引导其进行投掷练习。视力障碍残疾人的铅球动作与健全人的铅球动作完全一致,但是学习铅球投掷项目时,应提示视障学生注意练习安全,一切投掷活动听从教师指令,避免意外损伤事件发生。视力障碍大学生在参与跳远项目时由于难度相对较大,学生存在恐惧心理,且难以准确地进行起跳练习,可先进行立定跳远和单脚起跳练习(见表4-7)。

表4-7 盲人田径

田径	项目	注意事项
短距离跑	100米、200米、400米	①配备引导员 ②声音引导方向
投掷	铅球	①引导员带领适应场地 ②教师管控练习场地,提高安全意识 ③声音引导投掷方向
跳跃	跳远	可先从单脚起跳和立定跳远进行练习

三、盲人足球

5人制(盲人)足球是专门为视力障碍的运动员设立的项目。比赛分为上下半场,各20分钟,中场休息时间为10分钟。5人制(盲人)足球比赛场地一般为一个无遮盖场地,长32—42米,宽18—22米,硬质地面。球场边界有1米高的围栏,可帮助运动员确定当前方位和加快比赛节奏。在比赛过程中运动员不可以故意碰所戴的眼罩或头罩,也不可以用语言故意迷惑对方、不可以随意打破比赛时的安静,否则均被判为犯规。其基本技术主要包括踢球技术、停球技术、运球、头顶球、抢截球、假动作、抛界外球和守门员技术;基本战术包括进攻技术和防守战术(见表4-8)。

表4-8 盲人足球技战术

盲人足球	技战术名称	技战术介绍
基本技术	踢球技术	脚内侧踢定位球、脚背正面踢球、脚背内侧踢球和脚背外侧踢球
	停球技术	脚内侧停地滚球、脚内侧停反弹球、挺胸式停球
	运球	双脚敲击球运球、拖拉球运球
	头顶球	前额正面顶球、前额侧面顶球
	抢截球	正面跨步抢截球、侧面合理冲撞抢截球、铲球

续　表

盲人足球	技战术名称	技战术介绍
基本技术	传球	听声辨位传球(盲人队员击掌或发出特有的声音来进行传球)
	抛界外球	原地掷界外球
	守门员技术	接滚地球、接平直球、接高球、鱼跃扑球
基本战术	进攻战术	个人进攻战术:个人运球与突破(是盲人足球进攻的主要战术手段)、射门技术(脚背射门、脚尖捅门、外脚背射门) 局部进攻战术:比赛中二人或三人有组织地进行配合进攻全队进攻战术:边路进攻、中路进攻
	防守战术	个人防守战术:抢球与断球技术(是盲人运动员用得最多的防守手段)、封堵技术 全局防守战术:盯人防守、区域防守和混合防守

四、盲人门球

盲人门球运动是根据盲人视力障碍特点而专门设计的一项集体性球类项目,它需要运动员根据触觉来确定自己在场上的位置、方向;根据听觉来判断球的方向、速度,从而迅速做出反应。这项运动的形式适合于盲人视觉功能上的障碍,集安全性、竞技性、观赏性于一体,既突出运动员个人技术又强调团队配合。盲人门球比赛场地长18米、宽9米,一个半场从底线依次被分为防守区、着地区和中立区三个部分,比赛时采用重1250克、周长76厘米的橡胶球,球上有8个直径1厘米的圆孔,而且内置响铃。比赛中主要包括投球和扑挡技术,攻方队员持球,运用规则允许的各种投球技术,将球滚入对方的大门;而防守方队员在防守区域内采用扑挡技术,并在比赛中运用各种战术战胜对手(见表4-9)。

表 4-9　盲人门球技战术

盲人门球	技战术名称	技战术介绍
基本技术	投球技术	基本步骤:确定当前位置、助跑、引球与出手 包括:直线球、弧线球、左侧旋、右侧旋、前冲球
	扑挡技术	基本步骤:确定位置、扑挡、组织下次进攻

续 表

盲人门球	技战术名称	技战术介绍
基本战术	个人进攻战术	投球多样性：投直线球、投小斜线球、投中斜线球、投大斜线球 时间差进攻：进攻队员助跑投球时，突然急停，停顿1—2秒钟，又突然将球投出，打乱对方防守的节奏 快攻：防守队员接球节奏加快，抓住球后立刻反攻，打对方一个措手不及
	集体进攻战术	直线掩护：裁判员将球递给位于右侧的主攻手，这时，主攻手将球快速递给副攻手，主攻手递完球后伴装助跑投球，副攻手同时在左侧将球投出 移动进攻：主攻手从右侧控制球后，沿门楣尽快地移到左侧副攻手的位置，副攻手让开位置，主攻手在副攻手的位置进攻，球出手后，立刻回到自己的位置 交叉掩护：中间队员接球后，到主攻位置将球交给主攻手，然后直线助跑伴攻，掩护主攻手。主攻手斜线跑到中间队员的位置投球
	防守战术	"一、二"联防，"二、一"联防，"一、一、一"联防

第三节　智力残疾大学生体育项目介绍

智力残疾是指在智力功能和适应行为等方面存在实质性限制的一种障碍，主要表现在概念、社交和实用的适应能力方面。坚持参与体育锻炼不仅可以提高智力残疾大学生身体素质，还可以提升其社会适应能力和基本生活功能。本节主要介绍以下几项适合在学校体育教学中开展的智力残疾人体育运动项目：身体功能康复训练、田径和软式排球操。

一、身体功能康复训练

身体功能康复训练是康复医学的一个重要手段，通过身体功能康复训练可以使智力障碍大学生改善身体机能、提高身体素质。因智力残疾人身体功能障碍导致许多关节、肌肉退行性变化严重，在体育教学中应有针对性、专门性，有区分地对各类身体功能障碍不一样的智力残疾人进行身体功能康复训练。

二、田径

田径运动由走、跑、跳、投等基本的技能构成，这些也是人类在社会生存中必不可少的技能。田径运动是一种集力量、速度、耐力和技巧等素质于一体的综合性体育运动,也是所有运动的基础。智力残疾人根据残疾程度的轻重,可以适当地进行田径类项目的练习和比赛(见表4-10)。

表4-10 智力残疾人群主要田径项目

田径	项目	注意事项
径赛	短跑:100米、200米和400米 中长跑:800米、1500米、3000米	智力残疾人在快速跑时,要适当降低重心,并保障周围环境安全
田赛	投掷类:实心球、丢沙包	① 注意安全教育:练习场地安全、间隔距离安全、服装安全、器材安全等 ② 练习可以从实心球1千克过渡到实心球2千克的重量练习,逐渐过渡 ③ 做好充分的准备活动
	跳跃类:跳远	① 评估学生的身体状况,随时观察 ② 对练习场所进行评估,消除安全隐患 ③ 练习中需经常性询问学生身体情况,及时调整练习强度 ④准备活动要充分

三、软式排球操

球操是一项持轻器械或者在器械上完成的有氧运动。配合节奏轻快的音乐完成一系列的动作,它能很好地锻炼颈、肩、脊椎、腿等部位,特别对脊椎的矫正有很好的效果。它适合所有人包括需要康复治疗的人锻炼,健身效果良好,有很好的损伤恢复和康复功能。软球在锻炼时比较安全,不容易出现损伤;可以提高人的柔韧性、力量、平衡性、姿态、心肺功能。智力残疾人的智力明显低于一般人的水平,并显示适应行为障碍。由于神经系统的不稳定性,对物体的控制能力较弱,本体感受器较差。智力残疾人身体素质较差,根据长期实践教学经验,在难以胜任多数球类活动的前提下,应结合软式排球柔软、没有危险性等特点,以软式排球为媒介。浙江特殊教育职业学院体育教研室的教师编排了一套球操。通过球操的练习,来提高智力残疾人控制球的能力,提高身体各部分的协调性,完善智力残疾人的身体协调能力。在练习球操前,首先需要熟悉球感,提高对球体的控制力和把持力。

浙江特殊教育职业学院编排的球操共分七节,包括预备节。在此操中,将上肢从各个方向都进行了练习,对智力残疾人上肢肩关节的角度打开和功能训练有很大帮助,同时通过对球的控制,使得手指关节得到了锻炼,身体协调性也得到了提高。

(一)预备部分

第一个八拍:左手侧平举,直臂左右转腕。预备:左手握球,①腕向右转,②腕向左转,③—⑧同①—②。第二个八拍:右手侧平举,直臂左右转腕。预备:右手握球,①腕向左转,②腕向右转,③—⑧同①—②。第三个八拍:左手手臂屈伸运动。预备:左手握球,直臂手心向上,①向上屈臂,②还原成直臂,③—⑧同①—②。第四个八拍:右手手臂屈伸运动。预备:右手握球,直臂手心向上,①向上屈臂,②还原成直臂,③—⑧同①—②。

(二)球上举

1.动作要领

第一个八拍。预备:双脚并立,双手持球置于体前,①、③双脚并立,双手持球置于头顶,②、④还原成预备;⑤左脚向前一步,双手持球置于头顶,⑥还原成预备;⑦右脚向前一步,双手持球置于头顶,⑧还原成预备。第二个八拍。预备:双脚并立,双手持球置于体前,①左脚向左侧一步,双手持球上举于头顶,②双手持球身体左侧屈,③还原成①,④还原成预备;⑤右脚向右侧一步,双手持球上举于头顶,⑥双手持球身体右侧屈,⑦还原成⑤,⑧还原成预备。第三、第四个八拍重复第一、第二个八拍。

2.要点

双手握球两侧,左侧屈、右侧屈时,上体侧弯腰,双手尽量不要屈肘,脚后跟不能离地。

(三)球平举

1.动作要领

第一个八拍。预备:双脚并立,双手持球置于体前,①、③双脚并立屈膝,双手持球前平举,②、④还原成预备;⑤左脚向左侧一步屈膝,双手持球前平举,⑥还原成预备;⑦右脚向右侧一步屈膝,双手持球前平举,⑧还原成预备。第二个八拍。预备:双脚并立,双手持球置于体前,①左脚向左侧一步,双手持球前平举,②双手持球左侧平举,③双手持球前平举,同①,④还原成预备;⑤右脚向右侧一步,双手持球前平举,⑥双手持球右侧平举,⑦双手持球前平举,同⑤,⑧还原成预备。第三、第四个八拍重复第一、第二个八拍。

2. 要点

平举球转体,双手同时持球,手臂要伸直,握球两侧。弓步要做到位,左弓步、右弓步要明显。

(四)球侧举

1. 动作要领

第一个八拍。预备:双脚并立,双手持球置于体前,①、②左脚前点地,右手持球右侧举,左手叉腰,③、④右脚前点地,左手持球左侧举,⑤—⑧重复①—④。第二个八拍。预备:双脚并立,双手持球置于体前,①、②左脚后点地,右手持球右前平举,左手叉腰,③、④右脚后点地,左手持球左前平举,右手叉腰,⑤—⑧重复①—④。第三、第四个八拍。预备:双手持球置于体前,①、②左脚左侧点地,右手持球右侧举,左手叉腰,③、④右脚右侧点地,左手持球左侧举,右手叉腰,⑤—⑧重复①—④。

2. 要点

侧举球时,要五指张开,尽可能大地包裹住球,控制住身体,尽量不要倾斜。

(五)球绕环

1. 动作要领

第一个八拍:身体直立,球顺时针腰部绕环。第二个八拍:屈膝摆胯,球逆时针腰部绕环一周。第三个八拍:双手或单手左腿绕环。第四个八拍:双手或单手右腿绕环。

2.要点

绕环时,持球手一定要主动送球,腰部要灵活转动。左右弓步要大,上体前倾,手臂持球送至大腿前下方,另一只手快速接过。

(六)球下拍

1.动作要领

第一个八拍。预备:双手持球置于体前,双脚开立,与肩同宽,双手向下拍球8次。第二个八拍。预备:双手持球置于体前,双脚开立,与肩同宽,①、②双手向右侧拍球2次,③、④双手向左侧拍球2次,⑤—⑧重复①—④。第三个八拍:左脚弓步,双手或单手右侧拍球8次。第四个八拍:右脚弓步,双手或单手左侧拍球8次。

2.要点

拍球落点要在脚内侧,不能将球落到脚背上。拍球要用手臂向下推送,手腕灵活,五指张开用力。

(七)球上抛

1.动作要领

第一个八拍。预备:双手持球置于体前,双脚开立,与肩同宽,①、②双手向上抛球1次,双手体前击掌接球2次,③—⑧重复①—②。第二个八拍。预备:双手持球置于体前,双脚开立,与肩同宽,①、②双手向上抛球1次,双手体前交叉拍击双肩接球2次,③—⑧重复①—②。第三个八拍。预备:双手持球置于体前,双脚开立,与肩同宽,①、②双手向上抛球1次,双手腹前击掌接球2次,③—⑧重复①—②。第四个八拍。预备:双手持球置于体前,双脚开立,与肩同宽,①、②双手向上抛球1次,双手拍击胯部接球2次,③—⑧重复①—②。

2.要点

抛球的时候,需要将球笔直向上抛得高一些,再接下来的动作就容易做些。双手体前交叉要快,双手拍击肩膀要"嗒嗒"连拍不停顿。

第四节 肢体障碍大学生体育项目介绍

肢体障碍大学生根据残疾情况分为截肢、脊髓损伤、脑瘫三种类型。对残疾程度轻者，可参与大部分体育活动，包括健美操、射箭和足球等，然而中、重度肢体残疾大学生能参与的运动项目相对有限，因此，本节主要介绍中、重度肢体残疾大学生可以参与的项目，如田径（轮椅竞速、轮椅实心球）、轮椅篮球、坐式排球、轮椅太极拳等。

一、肢残田径

在田径项目中，主要介绍轮椅竞速、轮椅实心球两个项目。

（一）轮椅竞速

轮椅竞速是使用轮椅在跑道或公路上进行的比赛。轮椅竞速比赛用的轮椅，是经过特制的稳定性强、不易翻车的竞速轮椅。在轮椅竞速比赛中，运动员必须使用特制的轮椅在田径跑道上进行比赛，这个特制的轮椅就是竞速轮椅，竞速轮椅至少必须有两个大轮子和一个小轮子，包括充气轮胎在内，大轮子直径最大不得超过70厘米，小轮子直径最大不得超过50厘米。为了使轮椅不易翻车，竞速轮椅的后两轮必须呈八字形，此外，轮椅椅子的主体距离地面的最大高度不得超过50厘米。不允许有任何用于驱动轮椅的机械装置或杠杆，只能靠运动员驱动轮子或转动摇把前进。比赛中轮椅竞速运动员还需佩戴安全头盔、专用手套、风镜等。发令前，小轮子的最外沿切线不得超过起跑线内沿，到达终点时，用小轮子的轮毂最外沿切线触及终点线内沿时停表。在轮椅竞速中，运动员为了最大限度地减小身体正面所受到的空气阻力，以最大的速度前进，常常会将头埋到与椅子同样的高度，使得头、胸、腰、臀处于与地面平行的水平面上，在埋头的同时，为了保证行进方向不偏离规定的赛道，每前行一段距离后，运动员必须抬头辨识一下方向，确定方向之后再迅速地埋下头继续驱轮前行。

在学校学习的残疾学生，部分学生因身体损伤或下肢截肢，只能通过轮椅参与社会活动,虽然他们无法在操场上跑步,但他们也可以通过轮椅竞速在跑道上展示自身风采。因此,在体育教学时可以将轮椅竞速作为教学内容。利用学生自己的普通轮椅开展轮椅竞速活动,根据距离长度可分为 100 米、200 米、400 米、800 米和 1500 米等。它能有效地增强肢体残疾学生参与运动的兴趣,使其上肢力量和心肺能力得到提升(见图 4-6)。

图 4-6　轮椅竞速

(二)轮椅实心球

轮椅实心球改编自重度肢体残疾人铅球。运动员坐在特制的坐投的铁凳子上,四周由铁链拉住铁凳子,将凳子固定在厚重铁板上,以此达到稳固投掷的目的。轮椅一侧有一铁杆作为扶手,可以稳定运动员投掷时的身体,又可以借力来达到投掷得更远的目的,体前插一横杆是为了防止运动员身体滑落。轮椅实心球和坐式投铅球这两个项目的比赛规则相同,但是在投掷器材上存在较大差异,轮椅实心球选用 2 千克(或 1 千克)实心球,其重量相对较轻,可以满足更多的肢体残疾学生参与运动的需要,在学校体育教学中较适用各类坐轮椅或双侧肢体障碍或一侧肢体障碍(包含手臂)的学生。轮椅实心球的动作主要包括握球、持球、预摆和最后发力。轮椅实心球的投掷动作,如图 4-7 所示。

图 4-7　轮椅实心球的投掷动作

二、轮椅篮球

轮椅篮球作为一种残疾人特有的运动项目,备受残疾人欢迎,尤其是下肢行动不便的残疾人,它是根据残疾人的特点而专门设计的一项群体类运动项目。近些年,随着国内残疾人体育事业的发展,轮椅篮球也开始被越来越多的肢体残疾人所接触。轮椅篮球的运动员大多患有脊髓疾病、接受过截肢手术,或者有其他原因造成的残疾,该项运动为这些人提供了一个运动的平台,让他们在锻炼的过程中,增强了个体的体魄,愉悦了身心,同时还为这些缺乏运动的群体提供了交际的场所。

轮椅篮球的基本技术主要包括移动、传接球、运球、投篮;基本战术包括传切配合、突分配合、掩护配合和策应配合等(见表 4-11)。

表 4-11　轮椅篮球技战术

轮椅篮球	技战术名称	技战术介绍
基本技术	移动	启动、急停、行进间变向、单手推动轮椅、转身
	传接球	持球 接球：双手接球、单手接球 传球：双手胸前传球、双手头上传球、单手肩上传球
	运球	基本运球姿势 高运球、低运球、运球急停急起、行进间运球
	投篮	原地投篮：单手肩上投篮、双手胸前投篮、行进间投篮、高手上篮、低手上篮
基本战术	传切配合	无球进攻队员向篮下切入，接同伴的传球取得投篮机会，多用于半场阵地进攻
	突分配合	进攻队员利用突破吸引防守队员，或在突破时遇到对方协防时，及时将球传给处在有利位置的同伴，取得进攻机会
	掩护配合	掩护队员利用身体挡住防守同伴的对手的移动路线，使同伴借以摆脱防守，或利用同伴的身体和位置使自己摆脱防守的一种配合方法
	策应配合	进攻队员背对或侧对球篮站立，其他队员移向防守空档或利用其身体做掩护摆脱防守、切入篮下以取得投篮机会的一种配合方法

三、坐式排球

据相关资料记载，20世纪50年代，荷兰军队伤员协会为了增加伤残人员体育活动的项目，发明了一项适合伤残人员的项目，即坐式排球（Sitting volleyball），而在随后的20年里，坐式排球也逐渐发展成为一个国际性的比赛项目。坐式排球除了具有传统排球运动要求的技术的全面性、技巧的准确性、严密的集体性、激烈的对抗性、良好的观赏性外，还有坐式排球的特殊性，首先，它是为特殊群体设置的体育运动项目，从事者主要为肢体残疾人（尤其是下肢残疾人）；其次，运动中要求运动员坐在比赛场地中，运动员主要是靠双臂支撑身体，并在场地上进行移动，同时要完成各种技战术动作的组合（见表4-12）。

表 4-12　坐式排球技战术

坐式排球	技战术名称	技战术介绍
基本技术	准备姿势和移动	准备姿势：身体稍微前倾、身体中度前倾和身体深度前倾 移动：左右、前后和侧向移动
	发球	正面上手发球、正面下手发球、侧面下手发球
	垫球	正面、体侧、背向和单手垫球等
	传球	正面传球、背传、侧传等
	扣球	正面、勾手、单脚起跳扣球
基本战术	阵容配备	"四二"配备、"五一"配备
	个人战术	发球、二传、扣球、一传、拦网、防守战术
	集体战术	集体进攻阵型、集体防守阵型

四、轮椅太极拳

太极拳是中国武术的一部分。经常进行适当的太极拳锻炼可以使练习者身体舒适，气血通畅，心旷神怡。轮椅太极拳又称为坐式太极，是专门为下肢活动不便或下肢伤残者创编的太极拳，共有 16 个动作。轮椅太极拳不仅可以在轮椅上练习，还可以在板凳、床榻及地板上演练，通过重复练习，可以达到体育锻炼的效果。残疾人练习太极拳，多以健身健心为主要目的。本部分主要介绍轮椅太极拳的基本技术动作。

预备姿势：身体自然直立坐于轮椅上，两腿分开，两脚放于轮椅脚踏板处（无脚或一只脚作相应调整），头颈正直，下颌内收，胸腹放松，肩臂松垂，两手轻放于大腿上侧；精神集中，眼向前平视，呼吸保持自然。

（一）起势

1. 动作要领

（1）下肢不动，两手慢慢向前平举，手指微屈，手心向下，举至与肩同高，两臂距离约同肩宽，肘微下垂。

（2）上体保持正直，两掌轻轻下按，落至腹前，手心向下，掌心相对。

2. 要点

沉肩、垂肘、松腰；手指自然微屈，两臂下落要缓缓进行。

（二）倒卷肱

1. 动作要领

（1）上体右转，右手翻掌，手心向上、向下经腹前向后上划弧平举，肘微屈，左手随即翻掌使手心向上，眼看右手。

（2）右臂屈肘折向前，右手由耳侧向前推出，掌心向前，手指向上，左臂屈肘后撤，手心向上至左肘外侧，眼看右手。

（3）上体微向左转，同时左手随转体向后上划弧平举，手心向上，右手随即翻转使手心向上，眼看左手。

（4）与（2）相同，唯动作相反。

2. 要点

动作要以腰带动，身体转动要自然。

（三）搂膝拗步

1. 动作要领

（1）左手向体前下落，再由下向左后方划弧举至左肩外，手与耳同高，手心斜向上；右手由右下向上、向左划弧至左胸前，手心斜向下；同时上体先微向右再向左转，眼看左手。

（2）上体右转，左手回屈由耳侧向前推出，指尖高与鼻平，右手向下由右膝前搂过落于右胯旁，指尖向前。

（3）右手向右后方摆出，右臂外旋翻掌，右手向右后上方划弧至右肩外侧，肘微屈，手与耳同高，手心斜向上；左手随转体向上、向右下划弧落于右胸前，手心斜向下，眼看右手。

（4）上体左转，右手回屈由耳侧向前推出，指尖高与鼻平，左手向下由左膝前搂过落于左胯旁，指尖向前，眼看右手。

2. 要点

身体转动时，上体不可前俯后仰，要松腰松胯；推掌时要沉肩垂肘。

(四)手挥琵琶

1. 动作要领

身体微右转,右掌下落随腰微右转,屈肘回带,掌心转下;左掌向上、向前上方划弧挑举,然后两臂松沉屈臂合于胸前,左手成侧立掌停于面前,指尖与眉心相对;右掌也成侧立掌停于左臂内侧,掌心与右肘相对,眼看左掌。

2. 要点

完成合手动作时,两肩要松沉,两臂要有合劲;整套动作中身体要保持自然协调。

(五)野马分鬃

1. 动作要领

(1)上体微向左转,左臂收于胸前平屈,手心向下;右臂外旋,右手经体前向左划弧合于腹前,手心向上,两手心相对成抱球状,眼看左前方。

(2)上体微向右转,左右手随转体慢慢分别向左下、右上分开,右手高与眼平,肘微屈,手心斜向上;左手落于左胯旁,肘微屈,手心向下,指尖向前,眼看右手。

(3)身体微右转,右臂内旋于胸前平屈,手心向下,左臂外旋,左手向右上划弧合于腹前,手心向上,两手心相对成抱球状,眼看右手。

(4)上体左转,同时左右手随转体分别慢慢向左上、右下分开,左手高与眼平,手心斜向上,肘微屈;右手落于右胯旁,肘微屈,手心向下,指尖向前,眼看左手。

2. 要点

上体不可前俯后仰,身体转动时必须以腰为轴,两臂保持弧形。

(六)白鹤亮翅

1. 动作要领

(1)上体微向左转,左臂内旋,手心向下,平屈于胸前,右臂外旋,右手向左上划弧合于腹前,两掌心上下相对成抱球状,眼看左手。

(2)上体右转,面向前方,两手相交错,随转体慢慢向右上、左下分开,右手上提停于右额侧前,手心向左,左手落于左胯前,手心向下,指尖向前,眼看前方。

2.要点

身体重心后移时,左手上提,右手下按要与腰部转动协调一致;完成姿势时,胸部不要挺出,两臂上下都要保持半圆形。

(七)云手

1.动作要领

(1)上体右转,右手由上向右、向下划弧至平举,手心斜向下;左手向下经腹前向右上划弧至左肩前,手心斜向内,眼看右手。

(2)上体慢慢左转,左手经脸前向左侧运转,手心渐渐向左,右手向下经腹前向右上划弧至右肩前,手心斜向内,眼看左手。

(3)上体再向右转,同时左手向下经腹前向右上划弧至右肩前,手心斜向内;右手向右侧运转,手心翻转向下,眼看右手。

(4)重复(2)中的动作。

(5)重复(3)中的动作。

2.要点

身体转动要以腰为轴,腰、胯放松,不可左右摇摆;两臂随腰的转动而运动,要自然圆滑,速度要缓慢均匀;眼的视线随左右手而移动。

(八)单鞭

1.动作要领

(1)身体右转,右掌变成勾手,左手划弧至右肩前,眼看左手。

(2)上体微向左转,左臂随上体继续左转慢慢内旋,左手翻转向前推出,手心向前,手指与眼齐平,肘微屈,眼看左手。

2.要点

上体保持正直,左手向外翻掌前推时,要与转体动作配合协调一致;完成姿势时,两肩下沉,右臂肘部稍下垂,左肘尖与右膝尖上下相对。

(九)掩手肱捶

1 动作要领

(1)右手由勾变掌,两手相合于胸前交叉,左手在内,右手在外,目视两掌。随即,两手向下分掌,经两侧向外划弧分开,略与肩平,两掌掌心斜向前,目视前方。

（2）上体微右转,两臂外旋,肘内合,左掌摆至体前,掌心向上,高与肩平,右掌变拳,屈肘合于胸前,拳心向上,目视左掌。

（3）重心左移,上体左转,转腰顺肩,右拳旋转向前方用力冲打,拳心转向下,左掌后收,掌心贴于左腹部,指尖向右,目视右拳。

2. 要点

出拳前全身处于放松状态,出拳时螺旋向前击出。

（十）玉女穿梭

1. 动作要领

（1）上体左转,身体重心微向左移;同时左臂内旋翻掌向上划弧平屈于左胸前,手心向下;右手向下、向左划弧至腹前,手心向上,两手掌心上下相对呈抱球状,眼看左手。

（2）身体右转,右手向上经脸前翻掌举于右额前,手心斜向上;左手先向下,再经胸前随身体右转向前推出,掌心向前,手指与鼻尖齐平,眼看左手。

（3）身体重心略向后移;同时两手左下右上在右胸前呈抱球状,眼看右手。

（4）身体左转,左手向上经脸前翻掌举于左额前,手心斜向上;右手先向右下再经胸前随身体左转向前推出,掌心向前,手指与鼻尖齐平,眼看右手。

2. 要点

完成姿势面向斜前方约30°,上体不可前俯或左右倾斜;手向上举时要防止引肩上耸。

（十一）海底针

1. 动作要领

上体微向右转,右手下落经体前向后、向上提抽至右肩上耳旁,再随身体左转,由右耳旁斜向前下方抽出,掌心向左,指尖斜向下;左手向前、向下划弧落于左胯旁,手心向下,指尖向前,眼看前下方。

2. 要点

身体要先右转再左转,上体不可太前倾,避免低头弓腰和臀部凸起。

(十二)开合手

1. 动作要领

(1)两掌上提翻转,掌心相对,指尖向上,屈收至胸前,两掌左右分开,约与头同宽;接着两掌缓缓向外略分开,与肩同宽,目视前方。

(2)两掌相合,与头同宽,掌心相对,目视两掌中间。

2. 要点

收掌要缓慢,配合两脚动作,上下协调。

(十三)如封似闭

1. 动作要领

(1)上体微后坐,重心后移;两掌分开并屈臂内旋,收至胸前,与肩同宽,手掌斜相对。

(2)两掌翻转向下,落至腹前,目视前方。

(3)重心前移,两掌向前按出,与肩同宽,掌心向前,腕高与肩平,目视两掌。

2. 要点

两臂分开与肩同宽,回收于胸前;身体后坐,后坐时上体不要后仰。

(十四)揽雀尾

1. 动作要领

(1)上体微向左转,身体重心微向左移至左侧;同时左臂内旋于胸前平举,右手下落,臂外旋收于腹前,两手心上下相对成抱球状,眼看左手。

(2)上体微向右转;同时右臂平屈,用前臂外侧和手背由下向前上弧形崩出,高与肩平,虎口向上,手指向左;左手向左下落按于左胯旁,手心向下,指尖向前,眼看右前臂。

(3)身体微向右转,右手随即前伸翻掌,手心向下;左手翻掌,手心向上经腹前向上、向前伸至右前臂下方;然后两手下捋,上体左转,双手经腹前向左后上方划弧,直至左手手心向上,高与左肩平;右臂平屈于左胸前,手心向内;同时身体重心微向左移,眼看左手。

(4)上体微向右转,左臂屈肘折回,左手附于右手腕里侧,随即上体继续向右转,双手同时向前慢慢挤出,右手心向内,左手心向前,右前臂呈半圆形;同时身体重心逐渐前移,眼看右手腕部。

(5)右手翻掌,手心向下,左手经右腕上方向前、向左伸出,高与右手齐平,手心向下,两手左右分开,与肩同宽;然后身体重心后移;同时两手屈肘经胸下落于腹前,手心均向前下方,眼向前看。

(6)上势不停,身体重心慢慢前移,两手向前、向上弧形按出,掌心向前,手指向上,眼向前平视。

(7)上体慢慢后坐,身体重心向左后移;然后身体左转,身体重心再向右移;同时右手向左屈臂平举于胸前;左手向左划弧至左侧,再向下、向右划弧至右肋前,使两掌心上下相对呈抱球状,眼看右手。

(8)与(2)相同,唯左右相反。

(9)与(3)相同,唯左右相反。

(10)与(4)相同,唯左右相反。

(11)与(5)相同,唯左右相反。

(12)与(6)相同,唯左右相反。

2.要点

蹦出时,两臂前后均保持弧形;分手、松腰要协调一致。

(十五)十字手

1.动作要领

(1)身体重心微向右移,然后再向右转体;右手随转体向右摆划弧,与左手呈两臂侧平举,掌心向前,肘部微屈,眼看前方。

(2)两手向下经腹前向上划弧交叉合抱于胸前,两臂撑圆,腕高与肩平,右手在外,呈十字手,两手心均向内,眼看前方。

2.要点

整个动作要上下相随,同时开始,同时结束,务求协调一致。

(十六)收势

1.动作要领

两手向外翻掌,手心向下,两臂慢慢下落,停放于两膝上方,眼看前方。

2.要点

两臂左右分开下落时,要注意周身放松,气沉丹田。

下 篇
残疾大学生体育锻炼实践

第五章　听力残疾大学生体育锻炼实践

第一节　听力残疾大学生身体健康评定

社会的不断发展和物质水平的不断提高,导致许多"富贵病",如高血压、高血脂和高血糖等年轻化。听力残疾大学生是高等教育阶段中特殊且重要的组成部分,其健康状况也往往被高度关注。听力残疾大学生的生理缺陷导致其言语表达能力较弱,沟通存在障碍,可能使其身体健康状况被忽视。因此有必要对听力残疾大学生进行身体健康评定,通过测试了解当前听力残疾大学生的身体健康状况,并通过有效的手段提高其健康水平,这对改善学生心理健康状况和提高其社会适应能力均有重要的意义。

一、听力残疾大学生身体健康评定

国内学者谭思洁等对听力残疾大学生的身高、体重、胸围、肺活量、握力、台阶实验、简单反应时、50 米、1000/800 米跑、立定跳远、仰卧起坐和立位体前屈等指标进行测试,从身体形态、身体机能和身体素质三个维度评价听力残疾大学生的身体健康水平,研究结果显示:听力残疾大学生在肺活量和长距离跑两个项目上的成绩低于健全学生,且结果具有统计学意义。此外,国家学生体质健康测试方法简单,且成本低,也适用于听力残疾大学生,其测试指标主要包括 50 米跑、坐位体前屈、立定跳远、引体向上、1 分钟仰卧起坐和 1000/800 米跑。国外学者温尼克(Joseph P. Winnick)和肖特(Francis X. Short)在《布尼克波特体能测试手册》(Brockport Physical Fitness Test

Manual,BPFT)上记载了可适用于普通青少年的测试项目选择指南,其通过测试、评价有氧能力、身体成分和骨骼肌功能等三个方面情况来反映受试者身体的健康水平:有氧能力测试可在 1 英里走/跑、20/15 米渐进式有氧心肺耐力跑(Racer)及目标有氧运动测试(TAMT)几项测试中选择一项进行。身体成分测试可在体脂百分比、皮褶厚度及身体质量指数(BMI)三个测试中选择一个进行,而骨骼肌功能测试包括三个部分:第一部分测试卷腹和伏地起身;第二部分在 90°俯卧撑、引体向上、修正式引体向上和曲臂悬垂四个项目中选择一个进行;第三部分在单脚坐位体前屈和摸背测试两个项目中选择一个进行。听力残疾人群其身体运动能力与健全人群相近,且因身体活动受限较少,国内外对其身体评定标准和评定方法的研究较少,目前相关研究对听力残疾人群的测试以参考健全人群的测试方法为主(见表 5-1)。

表 5-1　听障人群体质健康测试相关研究

	测试方面及测试指标
谭思洁等	身体形态:身高、体重、胸围
	身体机能:肺活量、握力、台阶实验、简单反应时
	身体素质:50 米、1000/800 米跑、立定跳远、仰卧起坐和立位体前屈
国家学生体质健康测试	身体形态:身高、体重
	身体机能:肺活量
	身体素质:50 米跑、坐位体前屈、立定跳远、引体向上(男)、1 分钟仰卧起坐(女)和 1000/800 米跑(男/女)
温尼克和肖特	有氧能力(选择一项):1 英里走/跑(推荐)、20/15 米渐进式有氧心肺耐力跑(推荐)及目标有氧运动测试(备选)
	身体成分(选择一项):体脂百分比(推荐)、皮褶厚度(推荐)及身体质量指数(备选)
	骨骼肌功能 第一部分(必选):卷腹(推荐)、伏地起身(推荐) 第二部分(选择一项):90°俯卧撑(推荐)、引体向上(备选)、修正式引体向上(备选)和曲臂悬垂(备选) 第三部分(选择一项):单脚坐位体前屈(推荐)、摸背测试(备选)

二、听力残疾大学生身体健康评定标准

国家学生体质健康测试(大学生部分)主要测试以下指标:身体质量指数、肺活量、50米跑、坐位体前屈、立定跳远、引体向上(男)、1分钟仰卧起坐(女)和1000/800米跑(男/女)。各指标根据评定标准转化为项目得分,各项目分数满分100分。根据学生学年总分评定等级:90.0分及以上为优秀,80.0—89.9分为良好,60.0—79.9分为及格,59.9分及以下为不及格。各指标评分情况如表5-2至表5-7所示。

表5-2 体质健康测试各项目得分分布

组别	测试指标	分值
大学	身体质量指数	15
	肺活量	15
	50米跑	20
	坐位体前屈	10
	立定跳远	10
	男生引体向上、女生1分钟仰卧起坐	10
	男生1000米跑、女生800米跑	20

表5-3 身体质量指数等级评定

等级	得分	大学男生	大学女生
正常	100	17.9—23.9	17.2—23.9
低体重	80	≤17.8	≤17.1
超重	80	24.0—27.9	24.0—27.9
肥胖	60	≥28.0	≥28.0

表 5-4 男大学生体测评分

等级	单项得分	肺活量/毫升 大一	肺活量/毫升 大二	肺活量/毫升 大三	肺活量/毫升 大四	50米/秒 大一	50米/秒 大二	50米/秒 大三	50米/秒 大四	坐位体前屈/厘米 大一	坐位体前屈/厘米 大二	坐位体前屈/厘米 大三	坐位体前屈/厘米 大四	立定跳远/厘米 大一	立定跳远/厘米 大二	立定跳远/厘米 大三	立定跳远/厘米 大四	引体向上/个 大一	引体向上/个 大二	引体向上/个 大三	引体向上/个 大四	1000米 大一	1000米 大二	1000米 大三	1000米 大四
优秀	100	5040		5140		6.7		6.6		24.9		25.1		273		275		19		20		3'17"		3'15"	
优秀	95	4920		5020		6.8		6.7		23.1		23.3		268		270		18		19		3'22"		3'20"	
优秀	90	4800		4900		6.9		6.8		21.3		21.5		263		265		17		18		3'27"		3'25"	
良好	85	4550		4650		7		6.9		19.5		19.9		256		258		16		17		3'34"		3'32"	
良好	80	4300		4400		7.1		7		17.7		18.2		248		250		15		16		3'42"		3'40"	
	78	4180		4280		7.3		7.2		16.3		16.8		244		246						3'47"		3'45"	
	76	4060		4160		7.5		7.4		14.9		15.4		240		242		14		15		3'52"		3'50"	
	74	3940		4040		7.7		7.6		13.5		14		236		238						3'57"		3'55"	
	72	3820		3920		7.9		7.8		12.1		12.6		232		234		13		14		4'02"		4'00"	
	70	3700		3800		8.1		8		10.7		11.2		228		230						4'07"		4'05"	
	68	3580		3680		8.3		8.2		9.3		9.8		224		226		12		13		4'12"		4'10"	
	66	3460		3560		8.5		8.4		7.9		8.4		220		222						4'17"		4'15"	
	64	3340		3440		8.7		8.6		6.5		7		216		218		11		12		4'22"		4'20"	
	62	3220		3320		8.9		8.8		5.1		5.6		212		214						4'27"		4'25"	
及格	60	3100		3200		9.1		9		3.7		4.2		208		210		10		11		4'32"		4'30"	

第五章　听力残疾大学生体育锻炼实践　131

续　表

等级	单项得分	肺活量/毫升 大一大二	肺活量/毫升 大三大四	50米/秒 大一大二	50米/秒 大三大四	坐位体前屈/厘米 大一大二	坐位体前屈/厘米 大三大四	立定跳远/厘米 大一大二	立定跳远/厘米 大三大四	引体向上/个 大一大二	引体向上/个 大三大四	1000米 大一大二	1000米 大三大四
及格	50	2940	3030	9.3	9.2	2.7	3.2	203	205	9	10	4'52"	4'50"
	40	2780	2860	9.5	9.4	1.7	2.2	198	200	8	9	5'12"	5'10"
不及格	30	2620	2690	9.7	9.6	0.7	1.2	193	195	7	8	5'32"	5'30"
	20	2460	2520	9.9	9.8	−0.3	0.2	188	190	6	7	5'52"	5'50"
	10	2300	2350	10.1	10	−1.3	−0.8	183	185	5	6	6'12"	6'10"

表 5-5　女大学生体测评分

等级	单项得分	肺活量/毫升 大一大二	肺活量/毫升 大三大四	50米/秒 大一大二	50米/秒 大三大四	坐位体前屈/厘米 大一大二	坐位体前屈/厘米 大三大四	立定跳远/厘米 大一大二	立定跳远/厘米 大三大四	1分钟仰卧起坐/个 大一大二	1分钟仰卧起坐/个 大三大四	800米 大一大二	800米 大三大四
优秀	100	3400	3450	7.5	7.4	25.8	26.3	207	208	56	57	3'18"	3'16"
	95	3350	3400	7.6	7.5	24	24.4	201	202	54	55	3'24"	3'22"
	90	3300	3350	7.7	7.6	22.2	22.4	195	196	52	53	3'30"	3'28"
良好	85	3150	3200	8	7.9	20.6	21	188	189	49	50	3'37"	3'35"
	80	3000	3050	8.3	8.2	19	19.5	181	182	46	47	3'44"	3'42"

续 表

等级	单项得分	肺活量/毫升 大一	大二	大三	大四	50米/秒 大一	大二	大三	大四	坐位体前屈/厘米 大一	大二	大三	大四	立定跳远/厘米 大一	大二	大三	大四	1分钟仰卧起坐/个 大一	大二	大三	大四	800米 大一	大二	大三	大四
及格	78	2900	2950	8.5	8.4	17.7	18.2	178	179	44	45	3′49″	3′47″
	76	2800	2850	8.7	8.6	16.4	16.9	175	176	42	43	3′54″	3′52″
	74	2700	2750	8.9	8.8	15.1	15.6	172	173	40	41	3′59″	3′57″
	72	2600	2650	9.1	9	13.8	14.3	169	170	38	39	4′04″	4′02″
	70	2500	2550	9.3	9.2	12.5	13	166	167	36	37	4′09″	4′07″
	68	2400	2450	9.5	9.4	11.2	11.7	163	164	34	35	4′14″	4′12″
	66	2300	2350	9.7	9.6	9.9	10.4	160	161	32	33	4′19″	4′17″
	64	2200	2250	9.9	9.8	8.6	9.1	157	158	30	31	4′24″	4′22″
	62	2100	2150	10.1	10	7.3	7.8	154	155	28	29	4′29″	4′27″
	60	2000	2050	10.3	10.2	6	6.5	151	152	26	27	4′34″	4′32″
不及格	50	1960	2010	10.5	10.4	5.2	5.7	146	147	24	25	4′44″	4′42″
	40	1920	1970	10.7	10.6	4.4	4.9	141	142	22	23	4′54″	4′52″
	30	1880	1930	10.9	10.8	3.6	4.1	136	137	20	21	5′04″	5′02″
	20	1840	1890	11.1	11	2.8	3.3	131	132	18	19	5′14″	5′12″
	10	1800	1850	11.3	11.2	2	2.5	126	127	16	17	5′24″	5′22″

表 5-6 听力残疾青少年健康体适能测试指标（一）

组别		有氧能力 VO²MAX/(毫升/千克/分钟) 渐进式有氧心肺耐力跑·1英里·走跑测试			体脂率/%				身体质量指数(BMI)			
		健康风险区	需要提高区	身体健康区	很瘦	身体健康区	需要提高区	健康风险区	很瘦	身体健康区	需要提高区	健康风险区
>17岁	男生	≤41.2	41.3—44.2	≥44.3	≤6.9	7.0—22.2	22.3	≥35.1	≤18.5	18.6—24.9	25	≥29.3
	女生	≤35.3	35.4—38.5	≥38.6	≤16.4	16.5—31.3	31.4	≥38.6	≤17.7	17.8—24.9	25	≥30.0

表 5-7 听力残疾青少年健康体适能测试指标（二）

组别(>17岁)	仰卧起坐/个	卷腹/个	90°俯卧撑/秒	修正引体向上/个	曲臂悬垂/秒	单脚坐位体前屈/厘米	摸背测试/分
男生	≥24	9—12	≥18	≥14	≥15	8	双手指尖可任背后触碰
女生	≥18	9—12	≥7	≥4	≥8	12	

三、指标测试方法

在介绍完测试指标和评价标准后,下面根据测试方法和类别介绍具体的操作方法。

(一)身体成分

1. 身高、体重

测试目的:评价学生生长发育的水平及营养状况

测试器材:身高体重计

测试方法:受试者赤足,以立正姿势站在身高体重计的底板上(上肢自然下垂,足跟并拢,足尖分开成 60°)。足跟、骶骨部及两肩胛区与立柱相接触,躯干自然挺直,头部正直,耳廓上缘与眼眶下缘呈水平位。电子身高体重测量计自动记录数据后,水平压板返回至原位,保留一位小数,身高单位为厘米(cm),体重单位为千克(kg)。

2. 胸围

测试目的:评价胸廓形态和呼吸功能发育

测试器材:软尺

测试方法:受试者两脚左右分开与肩同宽,上体正直,两臂自然下垂,保持自然呼吸。测试者用软皮尺围背部两肩胛骨下角,经腋下至胸前乳头上方第四肋骨处,测量所得数值即胸围,保留一位小数,单位为厘米(cm)。

3. 体脂百分比

测试目的:评价学生全身身体成分水平

测试器材:人体成分分析仪

测试方法:受试者身着运动短裤、背心,赤足站立于分析仪上,其中双脚分别站在左右脚电极上,依照电脑语音提示,输入个人资料。令受试者双手握左右手电极,手臂张开约 30°,保持静止姿势不动,直至测试结束。测试者按开始键,开始测试,如图 5-1 所示。

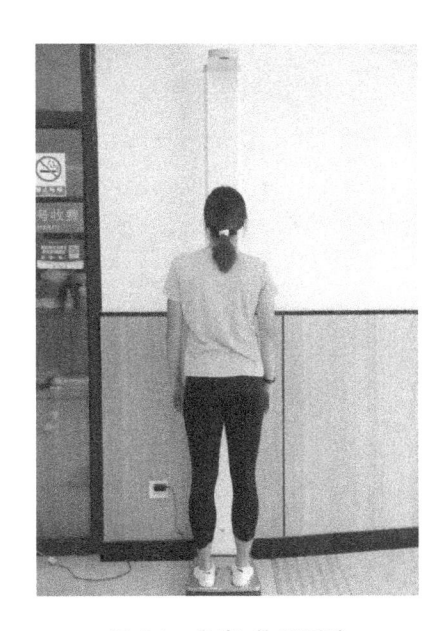

图 5-1　身高、体重测试

4.皮褶厚度

测试目的:评价学生体脂率水平

测试器材:皮脂厚度计

测试方法:受试者自然站立,暴露测试部位。测试者选准测量点,用左手拇指和食指、中指将皮褶捏起,右手持皮脂厚度计将卡钳张开,卡在捏起部位下方约1厘米处,待指针停稳,立即读数并作记录。测量 3 次取中间值或取其中两次相同的值。测量误差不得超过 5%。以毫米(mm)为单位,取小数点后一位记录。

(二)心肺素质

1.肺活量

测试目的:评价一次性呼吸时最大的吸气量

测试器材:电子肺活量计

测试方法:首先将吹嘴消毒,插入仪器中;其次要求受试者深吸一口气,然后用尽全力呼气(该过程缓慢而持久,不可中断),休息片刻后进行第二次测试;最后两次测试成绩选取最大值填在测试卡中,单位是毫升(mL)。

注意事项:呼气过程用力均匀;若发生漏气、中断、弯腰等情况则需重测,如图 5-2 所示。

图 5-2　肺活量测试

2. 20/15 米渐进式有氧心肺耐力跑

测试目的:评价学生有氧能力

测试器材:音频播放器、卷尺、记号笔、铅笔和记分表

测试方法:在步行测试中,受试者以特定的速度在 15 米或 20 米的距离间跑动,随着来回跑次数的增加,要求受试者来回跑的速度更快。当录音响起"哔"的声音时,受试者跑过指定的区域,到达端线。听到"哔"的一声,再转身跑回另一端。如果受试者在"哔"声响起前到达了端线,他或她必须等待下一声"哔"声,然后向另一个方向跑去。受试者尽最大努力完成每一个循环,当连续 2 次不能跟随节奏达到 15 米或 20 米端线时即视为测试结束,记录最后一个阶段的跑速,得到最大有氧速度,如图 5-3 所示。

3. 1 英里走/跑

测试目的:评价学生有氧能力

测试器材:秒表、记分卡、铅笔和剪贴板

图 5-3　20/15 米渐进式有氧心肺耐力跑测试

测试方法：受试者应该被要求以尽可能快的速度跑或走 1 英里，并记录完成时间，单位为秒(s)。

4.台阶测试

测试目的：评价学生有氧能力

测试器材：台阶(男 30 厘米，女 25 厘米)、节拍器、秒表

测试方法：受试者站在台阶前方，按节拍器的节律上、下台阶，频率 30 次/分钟，即从预备姿势开始，听到第一声响声时，一只脚踏在台阶上；听到第二声响声时，踏上台阶腿伸直，另一脚跟上台并立；听到第三声响声时，先踏台阶的脚下地；听到第四声响声时，另一只脚也下地还原成预备姿势。用每两秒上、下一次的速度(按节拍器的节律来做)连续做 3 分钟。做完后，受试者立刻坐到椅子上测量运动结束后的 1 分钟至 1 分钟 30 秒、2 分钟至 2 分钟 30 秒、3 分钟至 3 分钟 30 秒的 3 次脉搏数，进行计算，如图5-4 所示。

台阶指数＝运动持续时间(秒)×100/(2×恢复期 3 次 30 秒心率之和)

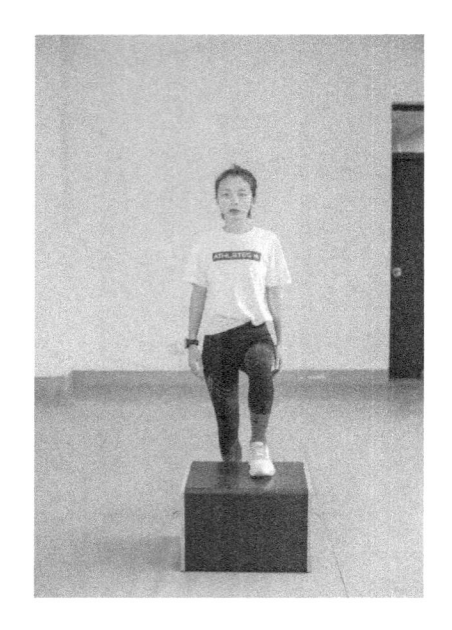

图 5-4　台阶测试

5.目标有氧能力测试(TAMT)

测试目的:测量受试者有氧能力

测试器材:心率带

测试方法:让受试者在目标心率(70%—85%最大心率)或以上进行 15 分钟运动的能力。

(三)身体素质

1.握力

测试目的:反映人体前臂和手部肌肉的力量。

测试器材:握力计

测试方法:测试时,受试者转动握力计的握距调节钮,调至适宜握距,然后用优势手持握力计,身体直立,两脚自然分开(同肩宽),两臂自然下垂,开始测试时,用最大力紧握上下两个握柄。测试两次,取最大值,记录以千克为单位,保留小数点后一位,如图 5-5 所示。

图 5-5　握力测试

2. 引体向上

测试目的：测试学生上肢肌肉力量的发展水平

测试器材：单杠

测试方法：受试者跳起双手正握杠，两手与肩同宽呈直臂悬垂。静止后，两臂同时用力引体（身体不能有附加动作），上拉到下颌超过横杠上缘为完成一次。记录引体次数，如图 5-6 所示。

3. 1 分钟仰卧起坐

测试目的：测试学生的腹肌耐力

测试器材：垫子

测试方法：受试者仰卧于垫上，两腿稍分开，屈膝成 90°角左右，两手指交叉贴于脑后。另一同伴压住其踝关节，以固定下肢。受试者坐起时两肘触及或超过双膝为完成一次。仰卧时两肩胛必须触垫。测试人员发出"开始"口令的同时开表计时，记录 1 分钟内完成的次数，精确到个位，如图 5-7 所示。

4. 90°俯卧撑

测试目的：评价学生上半身的力量和耐力

测试器材：垫子、秒表

测试方法：受试者采取前倾的姿势，双手在肩膀正下方，手臂伸直，整个身体在一条直线上，脚趾接触地板或垫子，这是俯卧撑正确的上升姿势。当

图 5-6 引体向上测试

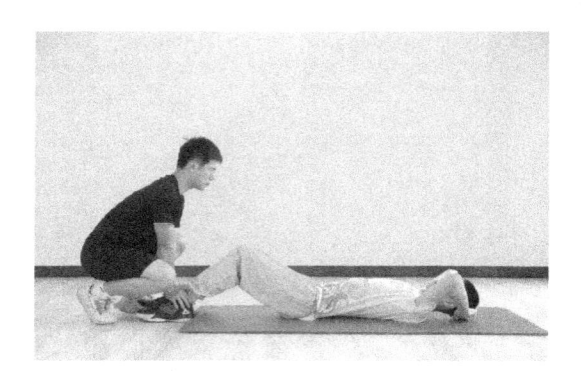

图 5-7 1 分钟仰卧起坐测试

肘部、肩膀、躯干或膝盖出现任何动作(如弯曲、下垂或摇摆)时,测试终止。换句话说,当俯卧撑的正确上升位置不再保持时,计时终止,如图 5-8 所示。

5. 曲臂悬垂

测试目的:手、手臂、肩膀的力量和耐力

图 5-8　90°俯卧撑测试

测试器材:单杠

测试方法:在这个测试中,受试者尽可能长时间地悬挂在杆子上,同时保持手臂弯曲的姿势。受试者应上手握杆,并在协助下达到身体靠近杆子、下巴明显越过杆子但不接触杆子的位置。受试者尽可能长时间地保持这个姿势。在执行任务时,身体不能摇摆,膝盖不能弯曲,腿不能踢,如图5-9所示。

图 5-9　曲臂悬垂测试

6.修正式引体向上

测试目的:测试上半身力量和耐力的发展水平

测试器材:单杠

测试方法:在这个测试中,受试者使用引体向上支架尽可能多地做引体向上。受试者躺在横杆下方,使横杆直接越过肩膀。受试者将身体抬高到足够高,用手(内、前)和拇指抓住横杆。引体向上从下向上开始,手臂、腿和身体伸直;臀部远离地板;只有脚后跟接触地板。上拉动作应该将身体提升到下巴超过单杠的高度,然后受试者降低到起始位置,并尽可能多地重复。运动只使用手臂进行,如图 5-10 所示。

图 5-10 修正式引体向上测试

7. 1000/800 米跑

测试目的:测试学生耐力素质的发展水平,特别是心血管、呼吸系统的机能及肌肉耐力

测试器材:秒表

测试方法:受试者至少两人一组进行测试,站立式起跑。当听到"跑"的口令后开始起跑。计时员看到启动开表计时,当受试者的躯干部到达终点线垂直面时停表。以分、秒为单位记录测试成绩,不计小数。

8. 卷腹

测试目的:测量腹部力量和耐力

测试器材:垫子

测试方法:受试者以仰卧的姿势躺在垫子上。膝盖弯曲约 140°,双脚平放在地板上,两腿微微分开。手臂保持笔直,与躯干平行,手掌朝下,手指伸展。受试者的位置要使其能够用伸出的手指触摸 11.5 厘米宽的平测量条的最近边缘。从开始的位置开始,受试者慢慢卷起身体,将手指滑动到测量条的另一侧,然后回到开始的位置。重要的是,受试者在卷起身体的时候要指尖移动11.5厘米的距离。测试者应呼叫节拍(大约每3秒卷腹一次)。受试者不停顿地继续运动,直到他或她不能保持速度或完成75次重复,如图5-11所示。

图 5-11 卷腹测试

(四)柔韧素质

1. 单脚坐位体前屈

测试目的:测量腘绳肌的柔韧性

测试器材:类似于坐位体前屈测试仪

测试方法:测试开始时,受试者脱掉鞋子(穿非常薄的鞋子也是允许的),坐在测试仪器前。一条腿完全伸展,脚平放在测试仪器的末端。另一个膝盖弯曲,这只脚的脚掌平放在抵挡板中线一侧5—8厘米处,伸直膝盖。手臂向前伸过测量尺,手掌向下,一只手放在另一只手上面。受试者双手沿着刻度直接向前伸4次,并保持第四次伸的时候至少保持1秒。在测量完这一侧后,受试者交换腿的位置并再次进行测量。当身体移动时,如果有必要,可以允许受试者弯曲的膝盖移向另一边,如图5-12所示。

2. 摸背测试

测试目的:测试上半身的柔韧性

测试器材:无

图 5-12　单脚坐位体前屈测试

测试方法:受试者用一只手臂越过肩膀,沿着背部向下,另一只手臂自下向上,从背部触摸背后第一只手的指尖,如图 5-13 所示。

图 5-13　摸背测试

3. 坐位体前屈

测试目的:测量躯干、腰、髋等关节、韧带和肌肉的伸展性和弹性及学生身体的柔韧情况

测试器材:垫子

测试方法:测试开始时,受试者脱掉鞋子,坐在测试仪器前。两腿完全伸直。受试者双手沿着刻度直接向前伸 2 次,双臂慢慢向前伸直到无法前伸为止,如图 5-14 所示。

图 5-14 坐位体前屈测试

4.伏地起身

测试目的:测量躯干的伸展、强度和灵活度

测试器材:垫子

测试方法:受试者以俯卧姿势躺在垫子上(面朝下)。脚趾后伸,手放在大腿下面。在垫子上可以放一枚硬币或其他标记,与受试者的眼睛保持一致。受试者将上半身抬离地面,高度不超过 30 厘米。这个动作应该以一种非常缓慢和受控制的方式进行,在整个测试过程中,受试者应该继续看着硬币或标记,以使头部正确对齐。这个姿势要保持足够长的时间,以让测试者测量受试者的下巴到地面的距离。为了安全起见,尺子应该放在受试者下巴前面至少 2.5 厘米的地方,而不是直接放在下巴下面。测试者完成测量后,受试者同样以可控的方式返回起始位置,如图 5-15 所示。

(五)其他测试

1.立定跳远

测试目的:测试学生下肢爆发力及身体协调能力的发展水平

测试器材:卷尺

测试方法:受试者两脚自然分开站立,站在起跳线后,脚尖不得踩线(最好用线绳做起跳线)。两脚原地同时起跳,不得有跨步或连跳动作。丈量起跳线后缘至最近着地点的直线距离。每人试跳三次,记录其中成绩最好的一

图 5-15　伏地起身测试

次。以厘米为单位,不计小数,如图 5-16 所示。

图 5-16　立定跳远测试

2. 反应时

测试目的:测试学生反应速度

测试器材:反应时测定仪

测试方法:令被测者右手食指轻触电键,在仪器发出预备笛声后,集中注意力观察刺激器的红灯。当被测者看到刺激器上的红灯亮时(同时计时器开始计时),迅速按下电键。此时计时器停止计时,记录测试结果。一共重复测试 10 次。

四、注意事项

听力障碍学生对于语言文字的理解能力较弱,容易出现测试时对规则不理解或者有误解的情况。因此,针对听力障碍学生应注重规则步骤和重点的传达,可通过示范和手语传达给学生,让学生能够更好地理解测试项目的要求,从而更有效、更准确地评价学生的健康水平。

第二节 听力残疾大学生体育锻炼实践指导

一、听力残疾大学生身心发展特点

(一)身体方面

听障学生由于听觉器官和前庭感受器受损,在平衡、协调、灵敏和控制等方面都存在不同程度的运动障碍。听障学生的感知觉能力弱于健全学生,感知空间位置和运动方向的能力较差,运动协调能力也相对薄弱,这些身心发展的特点都对其体育运动能力产生了不同程度的影响。

因听觉受损,听障学生获取信息的重要渠道受到影响,难以保证信息加工的完整性和精准性。研究表明,听障学生擅长发挥其视觉、触觉和动觉的优势来观察运动项目的外部特征,进行辨识、模仿,以掌握简单的运动技能。在注意力方面,听障儿童在学龄期的无意注意占优势地位。这一特征决定了他们在体育运动中对新颖事物有较高的兴趣。因为与外界交流的机会极少,他们更喜欢在自身群体间互动。听障学生对篮球等集体球类运动项目及接力跑这类既有合作又有竞争的体育运动具有较浓的兴趣。此外,听障学生的注意稳定性比健听学生弱,容易被鲜明的色彩、有趣的画面及突然出现的事物吸引。在记忆方面,听障学生大脑中存留的视觉、触觉和动觉表象多于听觉表象,对直观形象的记忆能力较强,但对语言材料的记忆能力较弱,一般采用机械记忆的方式,较少对材料加工进行意义记忆。其形象记忆占优势地位,运动中对技术动作的直观识记能力强,擅长对动作的模仿记忆。

（二）心理方面

听障学生因为自身生理缺陷容易产生自卑心理，内心敏感、脆弱。他们的社会适应能力弱，主要归因于其言语障碍导致的交流困难、知识面窄等，导致社会交往受到一定程度的限制。他们内心迫切地渴望被理解和交流，当这种需求长期被忽略或得不到满足时，易有较明显的固执、缺乏自信、冲动和爱发脾气等表现。参与团体体育项目就成为促进听障学生人际交往、提高社会适应能力的重要体育运动形式。

二、听障学生的适应性体育教育策略

（一）重视补偿训练

提高听障学生的运动技能，强调通过相关的平衡、协调练习，促进听障学生的功能补偿，为听障学生终身体育学习和健康的生活奠定良好的基础。教师可利用体操凳指导低年级学段听障学生进行凳上爬行、转体、慢跑和跳下等专门性运动康复，还可以组织学生开展斗鸡平衡、转身扶棒、双人背靠背下蹲后起立等康复性游戏。中年级学段听障学生适合开展"抱头闭目单足站立"练习来发展平衡能力，做连续钻、跳训练以提高灵敏性和反应能力。高年级学段听障学生的补偿训练应注重力量、速度、耐力、灵敏及柔韧等素质的全面发展，才能强健体魄，不断提高运动技能。

（二）教学方式多样化

培养听障学生的有意注意，使其高度集中注意力于课堂学习中，是教学取得良好效果的重要保证，因此教师要以多样化的教学方式来培养听障学生的有意注意。一是运用多媒体教学法。如教师可以在篮球教学中通过多媒体给学生播放优秀运动员的动作视频或者比赛视频，使学生直观、形象地掌握动作特征，加深理解与记忆。二是运用自主学习教学法。如在球类教学中，教师讲解技术要领并示范后，可以组织学生分组练习，教师巡视指导，练习后各组分别展示自学成果，教师做集体点评与纠错。三是运用情境教学法。如教师可以将立定跳远教学分为"小青蛙过河""小青蛙跳荷叶"及"小青蛙捉害虫"三个情境展开练习。四是运用游戏法或比赛法。根据听障学生不同生理阶段的外部动机和内在兴趣,以游戏的形式来设计、整合和组织体育动作技能的学习活动,让学生在轻松快乐的氛围中掌握运动技能。

(三)强化理论教学

促进听障学生语言发展。听障学生语言发展的迟缓影响其直接经验和间接经验的获得,其运用概念、判断和推理的能力弱,因此难以理解和掌握较为复杂的体育理论知识。体育理论教学内容应包括体育运动知识、基本运动康复保健知识和方法,以及基本的安全运动知识和方法等。学习能力较弱的听障学生应能够简单表达出动作的名称;了解课堂常规,认真完成广播操;能正确地使用体育器材等。学习能力一般的听障学生应能够了解一些奥林匹克运动的知识,知道快速跑、立定跳远、俯卧撑等动作名称的含义和特征;知道不在雾霾天和雨雪天进行户外锻炼;掌握简单的止血方法等。学习能力较强的听障学生应了解运动项目的知识、常见种类和数量;知道肌肉、骨骼、关节的简单知识,了解青春期的体育锻炼特点;学会一些运动损伤的预防及简易处理方法。在教学中教师可以带领学生一起朗读知识点,在强化记忆的同时促进学生口语的发展。

(四)促进合作交流

提高听障学生社会适应能力,关注听障学生的体育诉求和需要,保障听障学生的体育权利,提高听障学生的社会适应能力已成为当前特殊学校体育教育的重要任务。在体育活动中教师应利用集体活动增加与听障学生直接接触与交流的机会,增进友谊,提高他们对集体环境的适应能力;通过体育游戏或比赛,强化听障学生的人际交往,体验合作与竞争,理解并遵守规则,培养集体荣誉感与责任感。在合作学习中促进学生间、师生间的交流沟通,使听障学生在合作中学会悦纳自我与他人,从而提高与他人沟通协作的能力,增强社会交往能力,为今后更好地适应社会打好基础。

(五)渗透育人功能

培养听障学生心理品质。在体育活动中,教师应利用师生互动、生生互动等形式加强师生间和学生间的交流合作,使学生友好相处并乐于帮助同学。在足球、篮球、排球教学中采用教学比赛的形式,指导听障学生集体战术配合,培养团队合作精神。在体育比赛中树立听障学生的规则意识,形成公平、友爱、尊重等体育道德。在比赛失利或游戏失败时,教师应指导学生采用自我激励等方法来控制焦虑、烦躁等不良情绪,不气馁、不讽刺对方,正确看待胜负,保持积极稳定的情绪。培养学生承受挫折的能力,比如在肩肘倒立教学中,学生经过多次练习仍不成功,教师可以讲述自己经过反复练习后找到窍门的经历,引导学生积极应对挫折,形成坚强的意志品质。为听障学生提供适合的体育教育是提高其身体素质、形成终身体育学习能力的基础,是帮助其健康成长的重要途径,需要体育教师立足潜能开发和缺陷补偿,从适应性出发,不断探索、研究行之有效的教学策略。

三、听力残疾大学生体育锻炼注意事项

(一)体育教学中应重视听力残疾学生的补偿训练

听力残疾学生由于听觉障碍,与健全学生在生理上和心理上存在一定程度的差异,这种差异是客观存在的,但不是不可逾越的。研究结果表明,"各年龄组听力残疾学生的身体发育水平和运动能力,虽不同程度地低于同年龄组正常学生,但是两者总体发育规律和发展趋势却基本是一致的",这说明听觉器官残疾并不是影响听力残疾学生发育水平和运动能力低下的病理因素,也就是说,听力残疾学生生理和心理上的缺陷,可以通过训练进行补偿,使其逐步完善自己。

(二)注重老师的讲解

教师要把每个动作的名称、要领讲清楚。这不仅有利于听障学生提高体育动作的标准,更能增强听障学生的体育理念,为以后的体育教学打下坚实的基础。教师不只是用手语和听障学生说,还要把关键的词句写给听障学生看,因为手势语有其模糊性。教师在体育教学中,也要注意提高学生的语言表达能力和语言接受能力,这样在体育训练中,学生才能更好地弥补自身的生理缺陷及因生理缺陷带来的心理缺陷。听力残疾还影响了运动平衡的发展,特别是律动操之类节奏明显的运动,听障学生表现出明显的迟缓学习的

动作,做出来的动作也会缺少美感和平衡性。这就要在体育课中反复训练,让听障学生以动觉去补偿听觉的缺陷。努力能弥补一些先天不足,通过练习,有的听障学生能根据节奏,在老师的指导下跳出节奏很鲜明的舞蹈,令外行人大吃一惊,甚至认为学生有听力。听障学生的基本素质提高了,与健全人体育能力的差距自然就缩小了。

四、听力残疾大学生体育锻炼实践指导

（一）呼吸训练

听力残疾学生在体育课及平时的体育锻炼中,总是采用嘴巴呼吸方式,导致呼吸声特别重,疲劳的感觉也会出现得特别快,运动开始要让他们形成正确的呼吸方式,养成良好的运动习惯。

鼻吸嘴呼是我们生活中或者运动时都会采用的一种呼吸,一开始可以慢慢地将这种呼吸法运用到听障学生的慢跑上,让其身体逐渐适应,这样可以保持一定的节奏感。养成规律的跑步呼吸是很关键的,这样便于自己控制身体。在呼吸的时候,要想使呼吸得更舒适一点,可以将舌头抵住上颚。

呼吸频率过快时,听障学生最容易出现岔气,因为身体的通气效率在降低,而呼吸频率太慢,也会阻碍通气量的提高,所以跑步过程中要及时去调整听障学生的呼吸频率,这种规律性需要在跑步过程中慢慢去琢磨,建议呼吸的频率不超过一分钟30次,也就是大概2秒钟呼吸1次。

为什么说深呼吸是重点？因为气体是被压入肺部的,不是吸入的,前一口气呼出得越多,肺内的气体压力就会变得越低,当大气压形成压力差越大时,下一口气就有更多气体在压力差作用之下被压入肺部。所以呼气比吸气更重要,尽量让听障学生把呼吸的重点放在深呼气上面。

呼吸的节奏是根据每个人平常跑步中的习惯来养成的,如果想跑得更轻松、协调且有节奏,那么建议听障学生采用2步一吸、2步一呼的方法去尝试。在具体练习中,只要运动时觉得舒服就是最好的,这个没有一定的定义。在体育课教学中,教师可以有意识地给听障学生进行讲解并练习,让他们知道呼吸也是一门学问。

当然，技巧是一种方法，但是跑步时呼吸困难，出现不适不仅仅是呼吸出错，还有可能是有氧能力低、呼吸浅、吃饭或者喝水过多、肌肉僵硬紧张等因素所引起的。技巧的确可以帮助更好地呼吸，不过跑步时也要提醒听障学生跑前不要吃过饱，学会在跑步中放松自己，当肌肉感觉有压力时，可以做做热身拉伸再去跑步。

（二）柔韧训练

柔韧性就是指关节在其完整活动范围内移动的能力。关节活动范围，取决于关节周围的所有软组织的正常延展性。软组织的一个重要特性是，只有在整个关节活动范围内保持最优动作控制的情况下，才会实现高效的伸展。在整个关节活动范围内的最优动作控制被称为动态活动范围，动态活动范围综合了柔韧性和神经系统高效控制此活动范围的能力。很多因素都能影响柔韧性，包含基因、结缔组织的弹性、关节周围的肌腱或皮肤的构成、关节的结构、拮抗肌群的力量、身体成分、性别、年龄、活动水平、旧伤或者现有的健康问题。

1.柔韧性训练的科学依据

柔韧性训练是所有训练项目中的关键组成部分。进行它的原因包括以下几种：纠正肌肉不平衡、增加关节活动范围、减少肌肉的过度紧张、减轻关节压力、提高肌肉肌腱连接部位的延展性、保持所有肌肉的正常功能长度、提高神经肌肉效率、改善身体功能。

不良姿势和重复性动作会导致身体结缔组织出现功能障碍。身体将这种功能障碍视为一种损伤，因此，身体就会开启一个修复的过程，这个过程叫作累积性损伤循环，身体组织的任何创伤都会导致炎症。炎症反过来激活身体的疼痛感受器，使身体开启保护机制，增加肌肉张力或引起肌肉痉挛。肌肉特定部位的肌梭的活动增强会产生微小的痉挛，而痉挛会造成软组织内部开始形成粘连（或结节）。这些粘连进而形成一种薄弱、无弹性的基质（不能被拉伸），使软组织的正常弹性减小，导致长度—张力关系改变（导致交互抑制改变）、力偶关系改变（导致协同主导）和关节运动功能障碍（导致关节运动改变)。如果不进行处理,这些粘连在软组织内部会开始形成永久性结构改变。戴维斯定律(Davis's law)已经证实了这一点。

戴维斯定律指出,软组织会沿着应力线复制。如果软组织是由无弹性胶原基质以不规则的方式进行再复制(或重建)的,就意味着软组织通常与肌肉纤维的走向不一样。如果肌肉纤维被拉长,这些无弹性结缔组织纤维就像路障一样,阻碍肌肉纤维的正常移动,使得正常组织的延展能力被改变,并导致相对柔韧性变差。

如果肌肉长期维持在缩短状态(比如每天久坐时的屈髋肌群),其神经肌肉效率就会降低(由于长度—张力关系和力偶关系的改变)。这也就会影响关节运动(踝关节、膝关节、髋关节和腰椎)并改变动作模式(导致协同主导)。无弹性胶原基质会沿着改变动作模式所产生的应力线形成。由于肌肉长时间处于缩短的状态,并且以不同于预期功能的模式来移动,所以新形成的无弹性结缔组织会沿着这种改变后的模式形成,降低肌肉以正确方式伸展和移动的能力。因此,有必要运用综合柔韧性训练方案来恢复整个软组织的正常延展能力。

对于学校体育教师来说,通过综合体能评估和柔韧性训练方案来解决学生的肌肉不平衡问题是至关重要的。如果教师忽视了上述方案中的这些阶段,直接让学生开始抗阻训练或者心肺训练,就会增加他们关节和肌肉的压力,因为学生会继续采用不合理的发力模式和错误的肌肉模式。

2. 柔韧性练习实践指导

(1)自我肌筋膜放松

①比目鱼肌/腓肠肌(小腿)

准备:a. 将泡沫轴放在小腿中部下方。
　　　b. 右腿放在左腿上,以增加压力(可选),如图5-17所示。
动作:a. 缓慢滚动小腿区域,找到最疼痛的点。
　　　b. 一旦确定,压迫该点直到不适感减轻(至少30秒)。

②阔筋膜张肌/髂胫束

准备:侧卧,将泡沫轴压在大腿的前外侧。上面的腿与下面的腿交叉,上

图 5-17 比目鱼肌/腓肠肌放松

面的脚触地,如图 5-18 所示。

动作:a. 从髋关节下方缓慢滚动至膝关节上方外侧,找到最疼痛的点。

b. 一旦确定,压迫该点直到不适感减轻(至少 30 秒)。

图 5-18 阔筋膜张肌/髂胫束放松

③髋内收肌

准备:俯卧,其中一条大腿屈曲并外展,将泡沫轴放在大腿内侧的腹股沟区域,如图 5-19 所示。

动作:a. 在大腿内侧缓慢滚动,寻找最疼痛的点。

b. 一旦确定,压迫该点直到不适感减轻(至少 30 秒)。

图 5-19　髋内收肌放松

④梨状肌

准备：坐在泡沫轴上，髋关节后侧压住泡沫轴。一只脚交叉在对侧膝关节上方，如图 5-20 所示。

动作：a. 向着交叉腿的髋关节倾斜。在髋关节后侧缓慢滚动，找到最疼痛的点。

b. 一旦确定，压迫该点直到不适感减轻（至少 30 秒）。

图 5-20　梨状肌放松

⑤背阔肌

准备:a.侧卧在地板上,离地板最近的手臂向外伸出,大拇指朝上。

b.将泡沫轴放在手臂下方(腋下区域),如图 5-21 所示。

动作:a.前后缓慢移动,找到最疼痛的点。

b.一旦确定,压迫该点直到不适感减轻(至少 30 秒)。

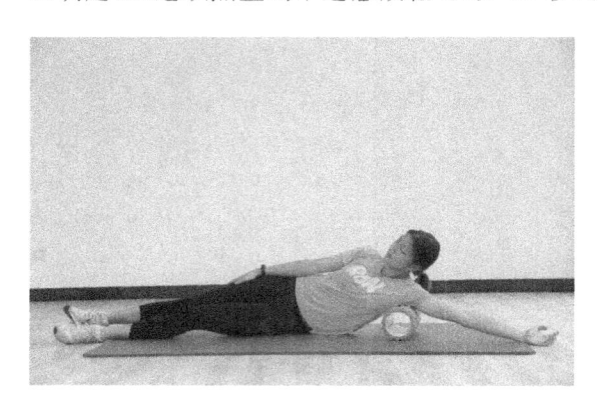

图 5-21 背阔肌放松

(2)静态拉伸

静态拉伸是被动地把肌肉拉到紧张的程度,并保持至少 30 秒的拉伸过程。这是目前在健身界最常见的传统拉伸形式,它结合了低强度的拉力和较长的持续时间。

通过长时间让肌肉保持拉伸状态,腱梭受到刺激,并对肌梭产生抑制作用(自主抑制)。这样就会使肌肉放松,并提供更好的肌肉延展性。另外,在保持拉伸的同时收缩其拮抗肌就可以交互抑制被拉伸的肌肉,让它得以放松,加强拉伸的效果。例如,在进行跪姿屈髋肌拉伸的同时,可以收缩伸髋肌群(臀大肌)来交互抑制屈髋肌群(腰大肌、股直肌),使这些肌肉可以在腓肠肌静态拉伸的同时收缩股四头肌。

①腓肠肌静态拉伸

准备:a.面对墙或者稳定的物体站立。

b.一条腿向后伸,保证膝盖和脚保持在一条直线上,足跟着地。

动作：a. 肚脐往脊椎方向缩紧。
　　　b. 后脚保持平放在地面上，脚尖指向正前方。不要让后脚的足弓变平。
　　　c. 屈臂，身体向前倾，靠近墙壁。保持臀肌与股四头肌紧张，确保足跟不离地。
　　　d. 保持 30 秒。
技术要领：臀肌和股四头肌一定要被激活，膝关节完全伸展。这样将增强腓肠肌的拉伸效果，如图 5-22 所示。

图 5-22　腓肠肌静态拉伸

②站姿阔筋膜张肌静态拉伸
准备：a. 两腿前后交错站立，前腿略微弯曲，后腿伸直。
　　　b. 后腿向外旋转。
动作：a. 肚脐往脊椎方向缩紧。
　　　b. 收紧臀肌，同时向后旋转骨盆。

c. 慢慢向前移动身体,直到被拉伸侧的髋关节前部达到中等紧张的程度。

　　　d. 进阶姿势:与后腿同侧的手臂举起并伸向对侧,同时保持骨盆的位置。

　　　e. 保持向侧面弯曲的姿势,慢慢向后转身。

　　　f. 保持 30 秒。

　　　g. 换另一侧后重复上述动作。

技术要领:在拉伸过程中,确保臀肌收缩。使用"交互抑制"原理让阔筋膜张肌可以拉得更长,如图 5-23 所示。

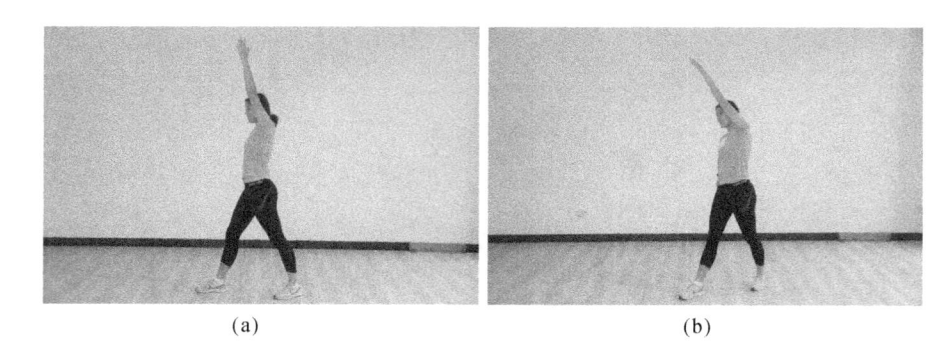

(a)　　　　　　　　　(b)

图 5-23　站姿阔筋膜张肌静态拉伸

③跪姿屈髋肌静态拉伸

准备:a. 跪下,前后腿均屈膝成 90°角。

　　　b. 以腰大肌为拉伸目标,后腿的髋关节向内旋转或以股直肌为拉伸目标,保持髋关节中立位。

动作:a. 肚脐往脊椎方向缩紧。

　　　b. 收紧被拉伸侧的臀肌,同时向后旋转骨盆。

　　　c. 慢慢向前移动身体,直到髋关节前部达到中等紧张的程度。

　　　d. 进阶姿势:举起手臂,向对侧弯曲,并向后旋转。

　　　e. 保持 30 秒。

技术要领:在地面比较硬的情况下,在膝关节下方放一块泡沫垫可以提升学生的舒适度,如图 5-24 所示。

(a)　　　　　　　　　　(b)

图 5-24　跪姿屈髋肌静态拉伸

④站姿髋内收肌静态拉伸

准备:a.双腿开立,双脚间距宽于肩。

　　　b.一条腿向后伸展,直到后腿的脚趾与另一只脚的脚跟对齐。双脚的脚尖都应该指向正前方。

动作:a.肚脐往脊椎方向缩紧,向后旋转骨盆。

　　　b.缓慢地向一侧移动(侧弓步),直到伸直腿的腹股沟区域感受到拉伸。

　　　c.保持 30 秒。

技术要领:双脚的距离一定要宽于肩,才能保证最好的拉伸效果。这个拉伸动作也可以采用跪姿或者坐在稳定球上进行,以降低保持静态弓步姿势所带来的难度,如图 5-25 所示。

⑤扶墙胸肌静态拉伸

准备:面对一个物体站立,并且扶住上肢的肩关节和肘关节成 90°角。

动作:a.肚脐往脊椎方向缩紧。

图 5-25　站姿髋内收肌静态拉伸

b. 身体慢慢前倾,直到肩前部和胸部区域感受到拉伸。

c. 保持 30 秒。

技术要领:拉伸过程中避免耸肩,这是相对柔韧性变差的表现,会降低拉伸的效果,如图 5-26 所示。

图 5-26　扶墙胸肌静态拉伸

⑥上斜方肌/斜角肌静态拉伸

准备：以最佳姿势站立。

动作：a.肚脐往脊椎方向缩紧。

b.被拉伸侧的肩胛骨回缩并下抑。

c.收下巴，头部缓慢侧屈，将耳朵尽量拉向同侧肩部。

d.保持30秒。

e.换另一侧重复上述动作。

技术要领：与扶墙胸肌拉伸一样，保持拉伸侧的肩部在下方，并通过下抑拉伸侧的肩胛骨来使其回缩。为了达到这个效果，可以将拉伸侧的手臂放在背后，如图 5-27 所示。

图 5-27　上斜方肌/斜角肌静态拉伸

（3）主动分离式拉伸

主动分离式拉伸是使用原动肌和协同肌动态地让关节在一定活动范围内移动的过程。这种形式的拉伸增加了运动神经元的兴奋度，导致被拉伸肌肉的交互抑制。仰卧股二头肌主动拉伸就是一个主动分离式拉伸的很好的例子，股四头肌使膝关节伸展，这从两个方面加强了股二头肌的拉伸效果：第一，这样可以增加股二头肌的长度；第二，股四头肌的收缩引起腘绳肌的交互抑制（降低了神经刺激和肌梭活动），让腘绳肌可以拉长。

只要动作姿势正确，主动分离式拉伸可以作为活动前的热身（例如体育比赛或者高强度运动之前）。如果一个人有肌肉不平衡的问题，应先针对评估过程中确定的紧张肌肉或者过度激活的肌肉进行自我肌筋膜放松和静态拉伸，然后再进行主动分离式拉伸。一般来说，每种拉伸进行 5—10 次重复，每次保持 1—2 秒。

①腓肠肌主动拉伸加旋前和旋后

准备：a. 站在墙壁或者稳固的支撑物旁边。

　　b. 一条腿向前作为支撑，身体前倾，用上肢扶住支撑物。

动作：a. 肚脐往脊椎方向缩紧。

　　b. 后脚保持踩在地上，另一侧髋关节屈曲。

　　c. 缓慢移动髋关节，可控地带动下肢进行有控制的旋前和旋后。

　　d. 保持 1—2 秒，重复 5—10 次。

技术要领：拉伸的时候要确保运动主要来自髋关节的内旋和外旋，这样才能实现膝关节的旋转及足踝的内外翻，如图 5-28 所示。

图 5-28　腓肠肌主动拉伸

②仰卧股二头肌主动拉伸

准备：a. 仰卧在地板上，双腿平放。

　　b. 被拉伸侧的髋关节屈曲、内收、略微内旋，并保持膝关节屈曲。

　　c. 将对侧的手放在被拉伸侧的膝关节下方。

动作：a. 肚脐往脊椎方向缩紧。

　　b. 用手支撑膝关节，同时伸直膝关节。

　　c. 保持 1—2 秒，重复 5—10 次。

技术要领:髋关节内收和内旋能够增强对股二头肌短头的拉伸效果,如图 5-29 所示。

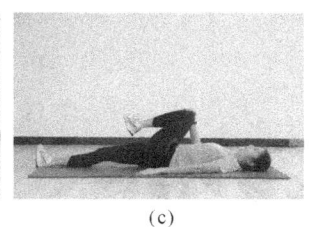

(a)　　　　　　　(b)　　　　　　　(c)

图 5-29　仰卧股二头肌主动拉伸

③站姿阔筋膜张肌主动拉伸

准备:a. 双腿前后交错站立,前腿微曲,后腿伸直。

b. 后腿外旋。

动作:a. 肚脐往脊椎方向缩紧,手臂上举过头。

b. 收紧臀肌,同时向后旋转骨盆。

c. 向前跨步,直到被拉伸侧的髋关节前部达到中等紧张的程度,躯干侧弯并向后旋转。

d. 保持 1—2 秒,重复 5—10 次。

技术要领:和静态拉伸一样,在进入拉伸时,确保臀肌收缩。这将有助于加强伸髋与屈髋肌群的神经肌肉效率,如图 5-30 所示。

(a)　　　　　　　　　　(b)

图 5-30　站姿阔筋膜张肌主动拉伸

④跪姿屈髋肌主动拉伸

准备：a. 跪姿，前后腿屈膝成90°角。

b. 以腰大肌为拉伸目标，后腿的髋关节向内旋转，或以股直肌为拉伸目标，保持髋关节中立位。

动作：a. 肚脐往脊椎方向缩紧，手臂上举过头。

b. 收紧后腿的臀肌，同时后倾骨盆。

c. 缓慢向前移动身体，直到后侧髋关节达到中等紧张的程度，躯干侧弯并向后旋转。

d. 保持1—2秒，重复5—10次。

技术要领：后腿的髋关节向内旋转主要是为了拉伸腰肌，因为腰肌能够向心式地屈曲和外旋髋关节，如图5-31所示。

图 5-31　跪姿屈髋肌主动拉伸

⑤站姿髋内收肌主动拉伸

准备：双腿开立，双脚间距宽于肩。双脚的脚尖都应该指向正前方。

动作：a. 肚脐往脊椎方向缩紧，向后旋转骨盆。

b. 缓慢地向一侧移动（侧弓步），直到伸直腿的腹股沟区域感受到拉伸。

c. 保持1—2秒，重复5—10次。

技术要领：开始拉伸时，要确保髋关节保持水平位置，如图5-32所示。

图 5-32　站姿髋内收肌主动拉伸

⑥扶墙胸肌主动拉伸

准备：面对一个物体站立，并且扶住物体，上肢的肩关节和肘关节成 90°角。

动作：a. 肚脐往脊椎方向缩紧。

　　　b. 身体慢慢前倾，直到肩前部和胸部区域感受到轻微的拉伸。

　　　c. 保持 1—2 秒，重复 5—10 次。

技术要领：开始拉伸时肩胛骨要回缩。这将交互抑制胸大肌和胸小肌，增强拉伸效果，如图 5-33 所示。

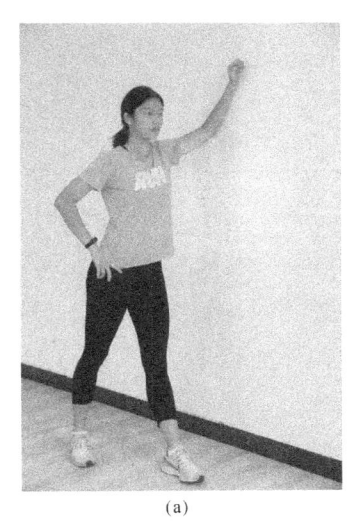

图 5-33　扶墙胸肌主动拉伸

⑦上斜方肌/斜角肌主动拉伸

准备：以最佳姿势站立。

动作：a. 肚脐往脊椎方向缩紧。

  b. 收下巴，头部缓慢侧屈，将耳朵尽量拉向同侧肩部，同时后收和下沉同侧的肩关节。

  c. 保持 1—2 秒，重复 5—10 次。

技术要领：如果感觉有刺痛并沿着手臂传导到手指就减小拉伸的活动范围，这将减轻神经受到的压迫。在拉伸过程中，还应确保头部保持中立位，不要前伸，如图 5-34 所示。

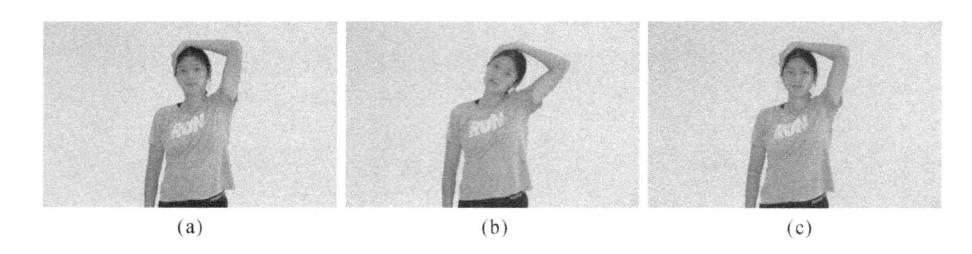

(a)   (b)   (c)

图 5-34 上斜方肌/斜角肌主动拉伸

(4) 动态拉伸

动态拉伸是利用肌肉产生的力量和身体的动量让关节可以在全范围内活动。动态拉伸利用交互抑制的概念来提高软组织的延展能力。一个人可以进行 3—10 个动态拉伸练习，每天进行 10 次重复。摆髋、药球旋转和弓步行走都是很好的动态拉伸动作示例。只要动作姿势正确，同样建议将动态拉伸作为体育运动前的热身。如果一个人有肌肉不平衡的问题，对于评估过程中确定的紧张肌肉或者过度激活的肌肉，应先进行自我肌筋膜放松和静态拉伸，然后再进行动态拉伸。建议在开始强度较大的动态拉伸计划之前，保持良好的软组织延展能力、核心稳定性和平衡能力。

①囚徒深蹲

准备：自然位站立，双手置于头后。

动作：a. 肚脐往脊椎方向缩紧。

b. 身体下降到半蹲姿势，控制好身体，避免出现代偿（脚趾朝向正前方，膝关节和脚趾对齐）。

c. 伸展髋、膝和踝关节，并重复完成。

d. 重复 10 次。

技术要领：升级动作，在伸展髋、膝和踝关节后增加一个提踵动作，如图 5-35 所示。

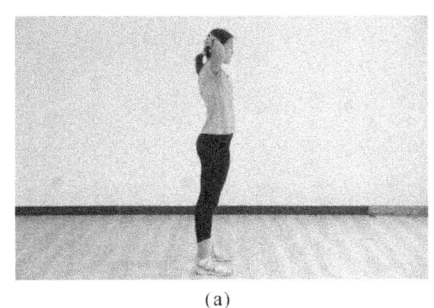

图 5-35　囚徒深蹲

② 多平面弓步触地

准备：自然位站立，双手放在髋关节两侧。

动作：a. 肚脐往脊椎方向缩紧。

b. 身体侧向，并且双脚朝向正前方。

c. 保持全身各关节力线对齐，向前跨一步（矢状面），并且重心下降成弓步，同时向前伸手。

d. 使用髋部和大腿的肌肉将身体上推，回到起始姿势。

e. 重复 10 次。

f. 换对侧腿重复。

g. 升级到侧弓步（冠状面）伸手触地，随后是转身弓步伸手触地（水平面）。

技术要领：支撑腿屈膝成 90°角，身体重心随着动作变化，及时移到支撑腿上，背部挺直，眼看手，如图 5-36 所示。

图 5-36　多平面弓步触地

③单腿下蹲触地

准备：以最佳姿势单腿站立，抬起的腿和站立的腿保持并行。

动作：a. 肚脐往脊椎方向缩紧。

　　　b. 以可控的方式下蹲，屈曲踝、膝和髋关节，同时对侧的手伸向站立腿的脚趾。

　　　c. 在保持收腹的同时臀肌发力，回到起始姿势。

　　　d. 重复 10 次。

　　　e. 换对侧脚重复。

技术要领：确保膝关节和第二、第三脚趾对齐。避免下蹲腿的膝关节内扣。换对侧腿重复，如图 5-37 所示。

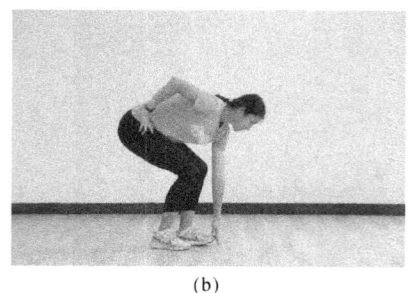

图 5-37　单腿下蹲触地

④弹力带横向走

准备：a. 双脚与髋以同样的宽度站立，膝关节微屈，双脚朝向正前方。

　　　b. 将弹力带缠在小腿上。

动作：a. 肚脐往脊椎方向缩紧。

b. 双脚保持朝向正前方，向侧面走 10 小步，不允许膝关节向内扣。

c. 朝对侧方向重复。

技术要领：确保脚趾始终朝向正前方，并且跨步时足不能外翻。此练习可以非常有效地提高臀中肌与核心肌群的激活程度，如图 5-38 所示。

图 5-38　弹力带横向走

⑤药球上举和伐木

准备：a. 双脚与髋以同样的宽度站立，膝关节微屈，双脚朝向正前方。

b. 双手抓住药球，肘关节保持完全伸展。

动作：a. 肚脐往脊椎方向缩紧。

b. 从最佳姿势开始，从躯干向外发起旋转动作，将药球从低位举到高位。

c. 在动作幅度的末端，可使髋关节以后脚为轴转动。

d. 重复 10 次。

e. 对侧重复相同的动作。

技术要领：在练习这两个姿势（上举和伐木）的过程中都允许髋关节旋转。这将改善 LPHC 的关节运动功能，如图 5-39 所示。

图 5-39　药球上举和伐木

⑥稳定球哑铃卧推

准备：a. 仰卧在稳定球前面。

b. 双手持哑铃，眼睛目视上方。

动作：a. 肚脐往脊椎方向缩紧。

b. 保持核心可控，将哑铃推出，手臂伸直。

c. 保持 1—2 秒，重复 5—10 次。

技术要领：务必核心收紧，加强身体稳定性，动作切忌变形，如图 5-40 所示。

图 5-40　稳定球哑铃卧推

⑦稳定球哑铃划船

准备：a.俯卧在稳定球上面。

　　　b.双手持哑铃，眼睛目视地上。

动作：a.肚脐往脊椎方向缩紧。

　　　b.保持核心可控，将哑铃沿着肋骨向后方拉伸，胸与肩部完全打开。

　　　c.保持1—2秒，重复5—10次。

技术要领：务必在拉伸前使骨盆后倾，这样会让背阔肌的起止点进一步被拉开，增强拉伸的效果，如图5-41所示。

图 5-41　稳定球哑铃划船

⑧稳定球哑铃坐姿推举

准备：a.坐在稳定球上面。

　　　b.双手持哑铃，眼睛目视前方。

动作：a.核心收紧。

　　　b.保持核心可控，将哑铃向头顶推出，手臂伸直。

　　　c.保持1—2秒，重复5—10次。

技术要领：务必核心收紧，加强稳定，切忌动作变形，如图5-42所示。

⑨稳定球哑铃三头肌上举

准备：a.仰卧在稳定球上面。

　　　b.双手持哑铃，眼睛目视上方。

图 5-42　稳定球哑铃坐姿推举

动作：a. 肚脐往脊椎方向缩紧。

　　　b. 保持核心可控，大臂保持不动，小臂向上伸直。

　　　c. 保持 1—2 秒，重复 5—10 次。

技术要领：务必核心收紧，加强身体稳定性，动作切忌变形，如图5-43所示。

图 5-43　稳定球哑铃三头肌上举

⑩稳定球哑铃三头肌弯举

准备：a. 俯卧在稳定球上面。

　　　b. 双手持哑铃，眼睛目视下方。

动作：a. 肚脐往脊椎方向缩紧。

　　　b. 保持核心可控，大臂保持不动，小臂向后伸直。

　　　c. 保持 1—2 秒，重复 5—10 次。

技术要领：务必核心收紧，加强身体稳定性，动作切忌变形，如图 5-44 所示。

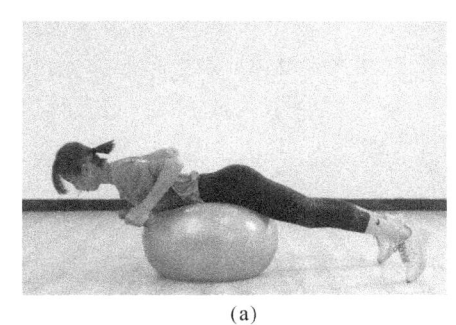

图 5-44　稳定球哑铃三头肌弯举

（三）平衡性训练

平衡的实现需要依靠内部和外部因素，让身体重心保持在支撑面的上方。平衡经常被认为只是一个静态的过程，但是平衡也是一个涉及多重神经通路的动态过程。维持身体姿势均衡（平衡）是一个综合过程，需要最佳肌肉平衡（长度—张力关系和力偶关系）和关节动力学（关节运动学），以及使用视觉输入、前庭（内耳）输入和本体感受输入。

1. 平衡训练的科学依据

研究显示，进行那些需要平衡的练习动作，能够降低足踝扭伤与其他下肢损伤的概率。平衡性训练经常会作为预防前交叉韧带（ACL）损伤的综合训练方案的一部分，并且研究显示它确实能够降低 ACL 损伤的概率。此外，一项系统性综述表明，在快速伸缩复合训练或力量练习之外，还包括平衡练习的综合性损伤，预防计划对改善下肢生物力学的能力有极大的作用。有理由相信，提高这些能力可以降低下肢损伤（如 ACL 损伤）的风险。一些研究表明，健康的、积极运动的人在完成平衡性训练计划之后，成功地提高了平衡能力。有系统性综述还认为，一天至少 10 分钟、每周 3 天、共 4 周的平衡性训练计划就能够提高静态平衡与动态平衡的能力。

无论是篮球场上的跑动、稳定球上的训练，还是下楼梯，所有这些功能动作的关键都是维持平衡及姿态控制的能力。平衡的基本定义是身体处于均衡和静止的状态,这意味着没有直线或者角度性的位移。例如,一名体操运动员维持手倒立的姿势,没有倒下,那么就可以说该运动员处在平衡状态或者正在保持平衡。动态平衡是指在各种条件下移动和改变方向而不会摔倒的能力(例如在不平坦的地面上跑步)。过渡、耐力、柔韧性和力量等神经肌肉能力对动态平衡有很大的影响。综合运动表现模式显示,能够恰当地减少力和稳定,才能够最佳地产生力。在正确的关节、正确的时间和正确的运动平面中,减小力的能力要求最佳的动力稳定性和神经肌肉效率。糟糕的平衡能力往往与损伤风险联系在一起。因此,体育教师一定要明白,获得和保持适当的平衡对于听障学生是至关重要的,与学生有效地沟通并实施平衡性训练计划是非常有益的。平衡性训练计划往往用于帮助预防下肢的损伤,因为它能提高多种人群(包括健康的和积极运动的学生)的平衡能力。

2. 平衡性训练实践指导

(1)稳定性训练

平衡—稳定性练习只涉及很少的关节活动,它旨在改善反射性的(无意识的)关节稳定性收缩,以提高关节的稳定性。在平衡—稳定性练习中,身体处于不稳定的环境中,所以身体的反应是学会在正确的时间收缩正确的肌肉。保持平衡练习的方法有以下几种。

①单腿平衡站立

准备:双脚与肩同宽站立,脚趾朝向正前方,髋应保持中立位。

动作:a. 沿着支撑腿抬起另一条腿,保持最佳的关节排列,包括髋和肩要保持水平。

b. 保持一定的时间(一般为5—20秒)。

c. 换另一条腿并重复上述动作。

技术要领:在进行包括该练习在内的所有平衡练习时,务必让支撑腿的臀部肌肉收紧,以维持下肢的稳定,如图5-45所示。

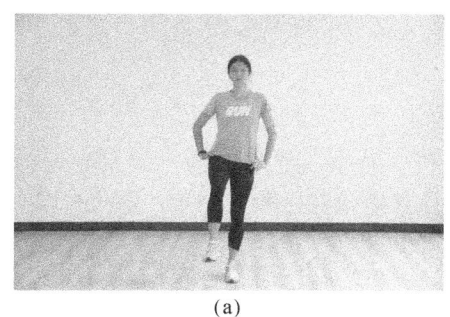

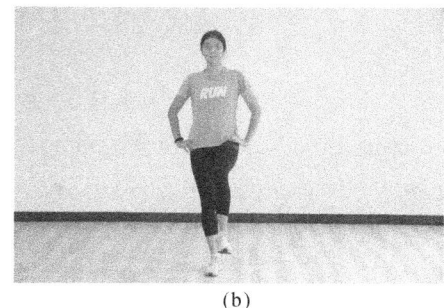

第五章　听力残疾大学生体育锻炼实践　175

图 5-45　单腿平衡站立

②单腿平衡站立并伸展

准备：双脚与肩同宽站立，脚趾朝向正前方。两髋高度持平，并在中立位。

动作：a. 沿着支撑腿抬起一条腿。

　　　b. 将抬起的腿移动到身体前方，保持几秒。

　　　c. 回到起始姿势并重复以上动作。

　　　d. 作为进阶，可以将抬起的腿伸向身体侧面，然后伸向身体后方。

技术要领：在进行平衡练习时要保持两髋高度持平，这样能够降低对腰椎—骨盆—髋关节复合体的压力，如图 5-46 所示。

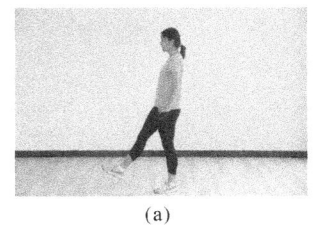

图 5-46　单腿平衡站立并伸展

③单腿髋关节内外旋转

准备：双脚与肩同宽站立，脚趾朝向正前方，髋应保持中立位。

动作：a. 抬起一条腿，同时保持最佳的关节排列，包括髋部和肩部要保持水平。

b. 慢慢地将抬起腿的髋关节向内和向外旋转,每个结束姿势都保持几秒。

c. 换另一条腿并重复上述动作。

技术要领:在进行该练习的时候,务必旋转支撑腿的髋关节,而不是旋转脊柱。这样能够减轻对脊柱的压力,并且增强对腰椎—骨盆—髋关节复合体的控制,如图 5-47 所示。

图 5-47 单腿髋关节内外旋转

④单腿上举和伐木

准备:双手持药球站立,双脚与肩同宽,脚趾朝向正前方,髋应保持中立位。

动作:a. 抬起一条腿,同时保持最佳的关节排列,包括髋部和肩部要保持水平。

b. 斜向举起药球,直至药球高过头顶。

c. 慢慢回到起始姿势并重复以上动作。

技术要领:在进行平衡练习的时候,确保支撑腿的膝关节与足尖始终保持在一条直线上,如图 5-48 所示。

(2)力量训练

力量练习涉及支撑腿在全活动范围内的动态离心动作与向心动作。这些动作要求在活动过程中进行动态控制,以及在活动范围末端保持等长稳定性。在每个练习中对专业性、速度和精力的要求都有所提高。力量练习旨在提高整个人体动作系统的神经肌肉效率。在这一方面的练习示例包括以下几种。

图 5-48　单腿上举和伐木

①单腿下蹲

准备：双脚与肩同宽站立，脚趾朝向正前方，髋应保持中立位。

动作：a. 沿着支撑腿抬起另一条腿。保持最佳的关节排列，包括髋和肩要保持水平。

b. 像坐进椅子那样慢慢地下蹲，屈曲髋关节、膝关节与踝关节。下蹲至出现第一个动作代偿之前的位置，保持几秒。

c. 慢慢站直身体，同时收缩臀部肌肉。

d. 重复上述动作。

技术要领：如前所述，要确保膝关节与足尖始终保持在同一直线上，并且膝关节没有移动到第二和第三脚趾的内侧或外侧，这样能够减小对膝关节的压力，如图 5-49 所示。

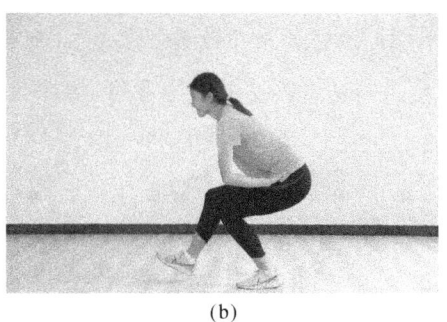

(a)　　　　　　　　　　　　(b)

图 5-49　单腿下蹲

② 单腿下蹲触脚尖

准备：双脚与肩同宽站立，脚趾朝向正前方，髋应保持中立位。

动作：a. 沿着支撑腿抬起另一条腿。

b. 像坐进椅子那样慢慢地下蹲，支撑腿对侧的手伸向支撑腿的脚尖。

c. 通过使用腹部肌肉与臀部肌肉慢慢站直身体。

d. 重复上述动作，然后换腿。

技术要领：如果学生无法触碰自己的足尖，让其先尝试触碰自己的膝关节，再到胫骨，然后到脚尖，如图 5-50 所示。

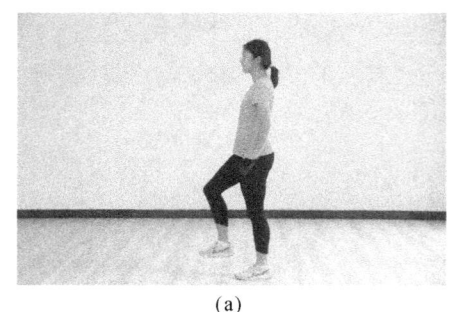

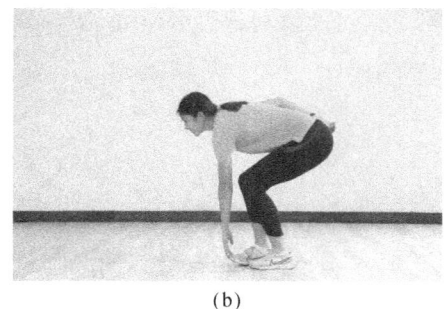

(a)　　　　　(b)

图 5-50　单腿下蹲触脚尖

③ 单腿罗马尼亚硬拉

准备：双脚与肩同宽站立，脚趾朝向正前方，髋应保持中立位。

动作：a. 沿着支撑腿抬起另一条腿。

b. 从腰部开始弯曲，支撑腿对侧的手慢慢向下伸向支撑腿的脚尖。务必保持脊椎处于中立位，避免拱起背部。

c. 通过使用腹部肌肉与臀部肌肉慢慢站直身体。

d. 重复上述动作。

技术要领：在进行该练习的时候可以采用与单腿下蹲触脚尖一样的进阶策略，如图 5-51 所示。

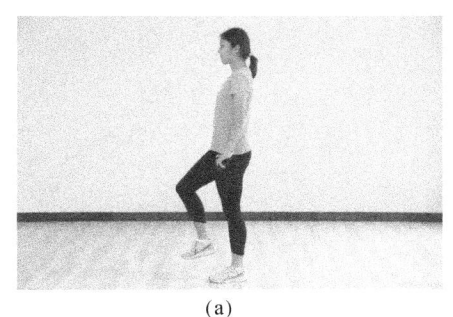

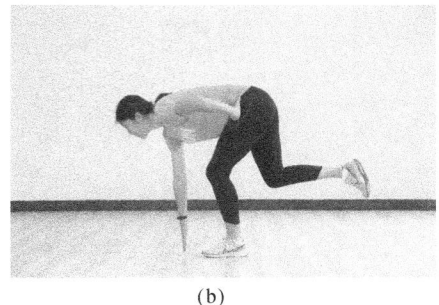

图 5-51　单腿罗马尼亚硬拉

④多平面上台阶至平衡

准备：双脚与肩同宽，站立在跳箱或平台前面，脚趾朝向正前方，髋应保持中立位。

动作：a. 一条腿踏在跳箱上，脚趾保持朝向正前方，并且膝关节在脚趾的正上方。

b. 前脚的脚跟下蹬发力，站直身体，单腿支撑并保持平衡。

c. 保持几秒。

d. 将抬起的腿放回地面，然后用对侧腿做相同动作，脚趾与膝关节保持对齐。

e. 重复上述动作。

f. 作为进阶，可以使用相同的步骤从侧面登上跳箱（冠状面）或者加上转身 90°（水平面）。

技术要领：确保支撑腿的髋关节在动作的结束姿势能够充分伸展，这样能够确保最大限度地募集臀部肌群，如图 5-52 所示。

⑤多平面弓步至平衡

准备：双脚与肩同宽站立，脚趾朝向正前方，髋应保持中立位。

动作：a. 向前弓步，脚趾朝向正前方，并且膝关节在脚的正上方。

b. 一条腿提腿并屈膝成 90°，另一条腿直立支撑并保持平衡。

图 5-52　多平面上台阶至平衡

　　c. 重复上述动作。

　　d. 作为进阶,可以使用相同的步骤向侧面弓步(冠状面)或者加上转身90°(水平面)。

技术要领:在做弓步时,确保步长不要太大,特别是屈髋肌群过紧时。否则,脊椎会被迫过度伸展,增加对下背部的压力,如图 5-53 所示。

(3)爆发力练习

爆发力练习旨在培养正确的减速能力,让身体从动态减速至可控的静止姿势,以及提高离心力量、动态神经肌肉效率和反应性关节稳定的水平。在这一方面的练习包括以下几种。

①多平面跳跃至稳定支撑

准备:双脚与肩同宽站立,脚趾朝向正前方,髋应保持中立位。

动作:a. 沿着支撑腿抬起另一条腿。

　　b. 向前跳跃(矢状面),用对侧脚落地,稳定后保持 3—5 秒。

　　c. 向后跳跃(矢状面),用对侧脚落地,回到起始姿势,稳定后保持 3—5 秒。

第五章　听力残疾大学生体育锻炼实践　181

(a)	(b)	(c)
(d)	(e)	(f)
(g)	(h)	(i)

图 5-53　多平面弓步至平衡

  d. 作为进阶，可以使用相同的步骤侧向跳跃（冠状面）或者转身一定的角度跳跃（水平面）。

  技术要领：对于所有平衡—爆发力练习，都要确保落地轻盈，以保证高效地吸收通过组织的力，并且膝关节与第二和第三脚趾保持对齐，如图 5-54 所示。

  ②多平面单腿跳下跳箱至稳定支撑

  准备：站在跳箱或平台上面，双脚与肩同宽，脚趾朝向正前方，髋应保持中立位。

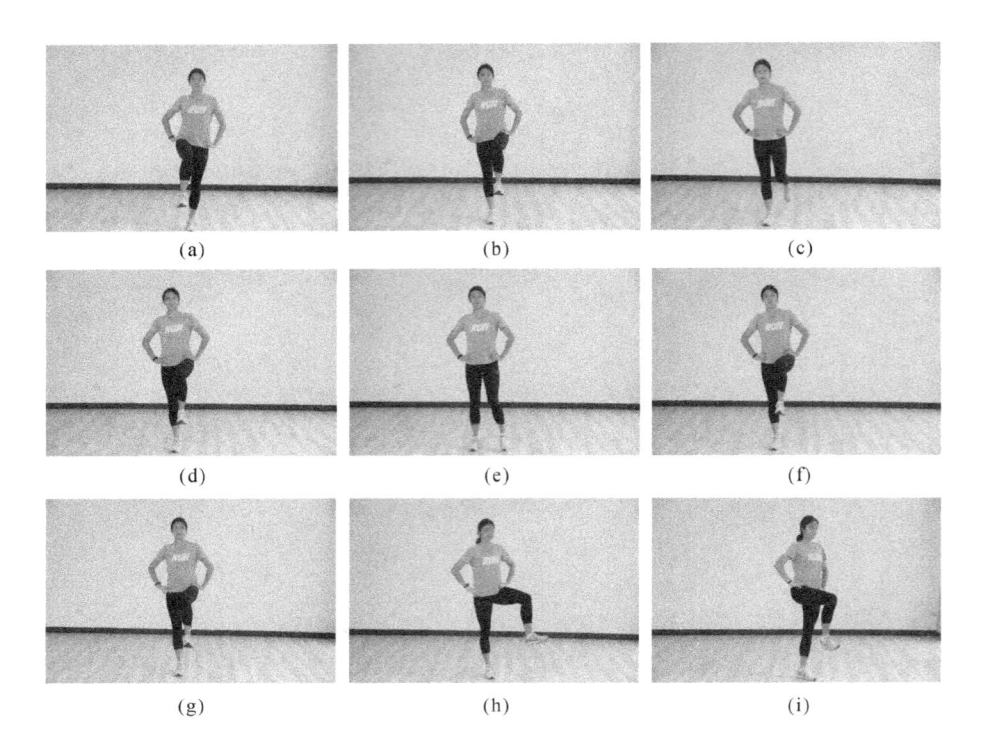

图 5-54　多平面跳跃至稳定支撑

动作：a. 沿着支撑腿抬起另一条腿。

b. 跳下跳箱并用一条腿落地，保持脚趾朝向前方，并且膝关节在脚趾正上方。保持 3—5 秒。

c. 重复上述动作。

d. 作为进阶，使用相同的步骤在冠状面与水平面进行跳跃。

技术要领：落地时膝关节与脚趾对齐，并且落地要尽可能轻盈，如图 5-55 所示。

(a) (b)

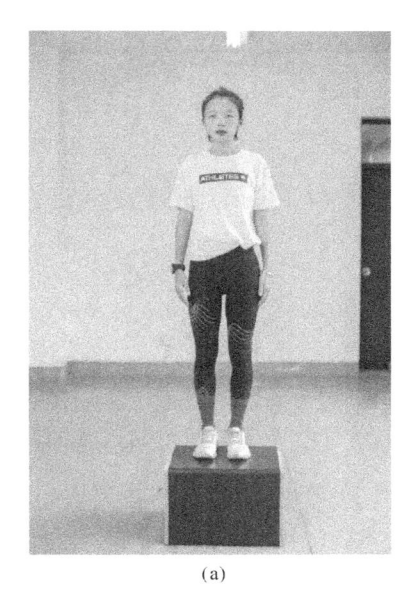

图 5-55　多平面单腿跳下跳箱至稳定支撑

（4）平衡性训练计划设计

平衡性训练可参照表 5-8 进行设计。

表 5-8　平衡性训练计划

层级	阶段	练习	练习数量/组	组数	重复次数	节奏	休息/秒
稳定性	1	平衡稳定性	1—4	1—3	12—20	慢	0—90
力量	2、3、4	平衡力量	0—4	2—3	8—12	中	0—60
爆发力	5	平衡爆发力	0—2	2—3	8—12	保持控制	0—60

第六章　视力残疾大学生体育锻炼实践

第一节　视力残疾大学生身体健康评定

越来越多的证据表明,经常参与锻炼的人身体往往更健康,寿命也更长。大量研究表明,积极参与锻炼对于心脏病、糖尿病及哮喘的康复均有益处。然而视力残疾大学生身体行动能力较弱,身体活动水平较低,身体健康水平也可能呈现较低水平。因此,对于视力残疾大学生进行定期身体健康评定是有必要的,可以通过测试了解当前视力残疾大学生身体健康状况,并可为制定个性化干预锻炼方案提供依据。

一、视力残疾大学生身体健康评定

国内学者戴昕和韩东硕依据2000年中国学生体质与健康调研报告确定的测试指标(指标分别为身高、体重、握力、立定跳远、肺活量、坐位体前屈及1600米跑)进行研究,结果显示,在大部分年龄段学生中,视力残疾学生的身体形态指标与健全学生比较没有显著性差异,但身体机能和素质指标与健全学生存在显著性差异。董晓虹和丛湖平采用国民体质监测体系对视力残疾大学生进行身体健康测试,结果显示,大部分视力残疾学生难以完成台阶实验和选择反应时测试,只能用2/3分钟坐起实验和听力反应时替换台阶实验和选择反应时两个测试。国外学者霍普金斯(Hopkins)等也对视力残疾青少年进行了身体健康测试,其中身体形态采用身高、体重、皮褶厚度进行评价,柔韧性采用坐位体前屈测试,肌耐力采用仰卧起坐测试,心肺耐力素质测试采用跑步机渐进测试。前文所述的国外学者温尼克和肖特通过 BPFT 测试来评价有氧能力、身体成分和骨骼肌功能三个方面,以反映受试者身体健康水平等。总体来看,国内外关于视力残疾人群身体健康测试的研究较少,国内研究主要参考国民体质测试评价体系进行测试,对于视力残疾人群无法完成的测试则采用其他项目代替的方法进行处理,但是相关研究并没就视力残疾人群身体健康评定结果制定统一标准,如表 6-1 所示。

表 6-1 视障人群体质测试相关研究

资料来源	测试指标
戴昕和韩东硕	身体形态:身高、体重 身体机能:肺活量 身体素质:立定跳远、握力、坐位体前屈、1600 米跑
董晓虹和丛湖平	身体形态:身高、体重 身体机能:肺活量、2/3 分钟坐起实验 身体素质:坐位体前屈、握力、纵跳、俯卧撑(男)、1 分钟仰卧起坐(女)、闭眼单脚站立、听力反应时
霍普金斯等	身体形态:身高、体重、皮褶厚度 身体机能:跑步机渐进测试 身体素质:坐位体前屈、仰卧起坐
温尼克和肖特	有氧能力(选择一项):20/15 米渐进式有氧心肺耐力跑(推荐)、1 英里走/跑(备选),以及目标有氧运动测试(备选) 身体成分(选择一项):体脂百分比(推荐)、皮褶厚度(推荐),以及身体质量指数(备选) 骨骼肌功能第一部分(必选):卷腹(推荐)、伏地起身(推荐);第二部分(选择一项):俯卧撑(推荐)、引体向上(备选)、修正式引体向上(备选)和曲臂悬垂(备选);第三部分(选择一项):单脚坐位体前屈(推荐)、摸背测试(备选)

二、视力障碍大学生身体健康评定标准

BPFT 测试的内容主要包括有氧能力、身体成分和骨骼肌功能。受试者根据其评定标准对其指标赋予等级,主要包括健康风险区、需要提高区和身体健康区三个等级。但 BPFT 测试主要针对 5—17 岁视力障碍青少年,因此

此处仅展示与高职学生最为接近的17岁年龄段青少年评价指标,如表6-2至表6-4所示。

三、指标测试方法

(一)身体成分

1. 身高、体重

测试目的:评价学生生长发育的水平及营养状况

测试器材:身高体重计

测试方法:同听障学生身高、体重测量方法。

2. 体脂百分比

测试目的:评价学生全身身体成分水平

测试器材:人体成分分析仪

测试方法:同听障学生体脂百分比测量方法。

3. 皮褶厚度

测试目的:评价学生体脂率水平

测试器材:皮脂厚度计

测试方法:同听障学生皮褶厚度测量方法。

(二)心肺素质

1. 肺活量

测试目的:评价学生有氧耐力

测试器材:电子肺活量计

测试方法:同听障学生肺活量测试方法。

2. 20/15米渐进式有氧心肺耐力跑

测试目的:评价学生有氧能力

测试器材:音频播放器、卷尺、记号笔、锥、铅笔和记分表

测试方法:在盲人步行测试中,受试者在同伴引领下或声音提示下以特定的速度来回跑15米或20米,具体方法同听障学生此项测试。

第六章　视力残疾大学生体育锻炼实践　187

表 6-2　视力残青少年健康体适能测试指标（一）

年龄＝17岁	渐进式有氧心肺耐力跑/圈			1英里走/跑（VO₂MAX）			目标有氧运动测试			体脂率/%			皮褶厚度/毫米
	需要提高区	调整区	健康区	需要提高区	调整区	健康区	需要提高区	健康区	很瘦	健康区	需要提高区	健康风险区	健康区
男生	≤45	46—49	≥50	≤42.8	42.9—44.1	≥44.2	不通过	通过	≤6.6	6.7—20.9	21	≥33	8—27
女生	≤30	31—34	≥35	≤37.5	37.6—38.7	≥38.8	不通过	通过	≤15.8	15.9—30.4	30.5	37.9	18—42

表 6-3　视力残青少年健康体适能测试指标（二）

年龄＝17岁	BMI/(千克/平方米)				曲臂悬垂/秒			俯卧撑/个			引体向上/个			修正式引体向上/个			仰卧起坐/个
	很瘦	调整区	需要提高区	健康风险区	需要提高区	健康区	需要提高区	健康区	需要提高区	健康区	需要提高区	健康区	健康区
男生	≤18	18.1—24.9	25	≥28.6	≤14	≥15	≤17	≥18	≤4	≥5	≤13	≥14	≥24
女生	≤17.4	17.5—24.9	25	≥30	≤7	≥8	≤6	≥7	0	≥1	≤3	≥4	≥18

表 6-4　视力残疾青少年身体体适能测试指标（三）

性别	伏地挺身/厘米		背伸		坐位体前屈/厘米	
	需要提高区	健康区	需要提高区	健康区	需要提高区	健康区
男生	≤8	9—12	不通过	通过	≤7	8
女生	≤8	9—12	不通过	通过	≤11	12

3.1英里走/跑

测试目的：评价学生有氧能力

测试器材：秒表、记分卡、铅笔和剪贴板

测试方法：具体方法同听障学生此项测试。

测试调整：视力残疾学生可以在同伴的帮助下跑步。辅助手段包括使用一根短的系绳，触摸或抓住视力正常的同伴的肘部，或与视力正常的同伴一起跑步，后者给予口头指导和鼓励。一旦确定行走的方法，需确保它不会过度地抑制跑步性能。为了达到目的，视力残疾学生跑步者必须获得最佳表现的机会。跑步者应该练习使用所选择的辅助方法，直到他或她感到舒服为止。

4.2和3分钟坐起测试

测试目的：评价学生有氧能力

测试器材：椅子、节拍器、秒表

测试方法：受试者坐在可调高度的椅子上。手臂自然放置于身体两侧，大腿与地面保持水平。受试者采用标准姿势，按照节拍器节奏（节拍器节奏为120次/分钟，每2拍站立、2拍坐下）1分钟完成30次坐起，并连续不断地重复此动作2或3分钟。测试人员在发出"开始"口令的同时按下节拍器并开表计时。对受试者运动停止后恢复期1—1.50分钟、2—2.50分钟、3—3.50分钟的3次阶段心率进行测量，采用台阶指数公式计算测试结果，如图6-1所示。

5.目标有氧能力测试

测试目的：测量受试者有氧能力

测试器材：心率带

测试方法：同听障学生此项测试。

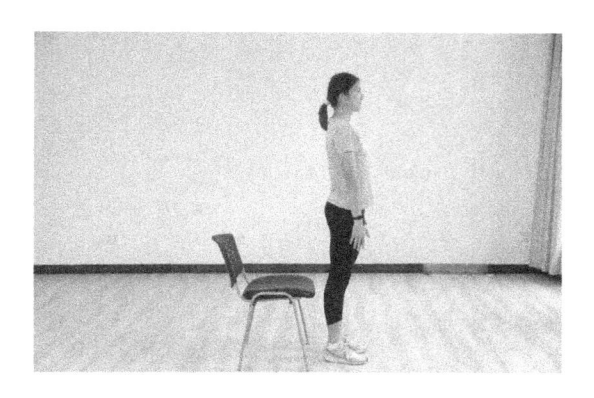

图 6-1 2 和 3 分钟坐起测试

(三)身体素质

1. 握力

测试目的:反映人体前臂和手部肌肉力量。

测试器材:握力计

测试方法:同听障学生此项测试。

2. 引体向上

测试目的:测试学生上肢肌肉力量的发展水平

测试器材:单杠

测试方法:同听障学生此项测试。

3. 1分钟仰卧起坐

测试目的:测试学生的腹肌耐力

测试器材:垫子

测试方法:同听障学生此项测试。

4. 俯卧撑

测试目的:测量上半身的力量和耐力

测试器材:垫子、节拍器

测试方法:首先,受试者在垫子上采取俯卧姿势,双手放在肩膀下,手指伸展,双腿伸直,微微分开,重心放在脚趾上。受试者向上推至手臂伸直。接下来,受试者通过弯曲肘部成 90°角来降低身体,然后受试者恢复伸直手臂的姿势,节奏应该是大约每 3 秒做一次俯卧撑。

5.曲臂悬垂

测试目的:手、手臂、肩膀的力量和耐力

测试器材:单杠

测试方法:同听障学生此项测试。在执行任务时,身体不能摇摆,膝盖不能弯曲,腿不能踢。如果身体残疾就不能抓握、负重,或合理地执行。

6.修正式引体向上

测试目的:测试上半身力量和耐力的发展水平

测试器材:单杠

测试方法:同听障学生 1000/800 米跑测试。

7.1500 米跑

测试目的:测试学生耐力素质的发展水平,特别是心血管呼吸系统的机能及肌肉耐力

测试器材:秒表

测试方法:同听障学生此项测试。

8.卷腹

测试目的:测量腹部力量和耐力

测试器材:垫子

测试方法:同听障学生此项测试。

(四)柔韧素质

1. 单脚坐位体前屈

测试目的:测量腘绳肌的柔韧性

测试器材:类似于坐位体前屈测试仪

测试方法:同听障学生此项测试。

2.摸背测试

测试目的:测试上半身的柔韧性

测试器材:无

测试方法:同听障学生此项测试。

3. 坐位体前屈

测试目的:测量学生躯干、腰、髋等关节、韧带和肌肉的伸展性和弹性及学生身体柔韧素质情况

测试器材:垫子

测试方法:同听障学生此项测试。

4. 伏地起身

测试目的:测量躯干的伸展、强度和灵活度

测试器材:垫子

测试方法:同听障学生此项测试。

(五)其他测试

1. 立定跳远

测试目的:测试学生下肢爆发力及身体协调能力的发展水平

测试器材:卷尺

测试方法:同听障学生此项测试。

2. 听力反应时

测试目的:测试学生反应速度

测试器材:反应时测定仪

测试方法:先蒙上受试者的双眼,告诉受试者5路声音信号对应的按钮,并让其对按钮的分布方位有一个初步的认识,然后开始听反应时测定。

3. 闭眼单脚站立

测试目的:测试学生平衡能力

测试器材:秒表

测试方法:让受试者闭眼,用优势腿在地面上站立,记录站立时间,如图6-2所示。

四、注意事项

视力残疾大学生视觉感官能力较弱,快速方位移动能力及辨别方位能

图 6-2　闭眼单脚站立

力也较弱。因此,针对视力残疾学生进行身体素质测试时,对于较为复杂的项目应先让其熟悉流程,若难以完成,可在不影响测试准确性的情况下进行辅助。

第二节　视力残疾学生体育锻炼实践指导

一、视力残疾大学生身心发展特点

(一)身体方面

已有研究表明,从身高、体重、肩宽等传统身体形态的诸要素来说,视力残疾学生身体形态的各项指标似乎和健全学生的差异不明显。但是由于视力的缺陷,其运用身体的能力及身体在运动中的表现力差距很大。视力残疾学生在感知能力上不如健全的学生,除了听力特别好,其余的感知能力都较差。在日常锻炼中,他们对于动作的理解,往往需要通过语言及老师特别的指导,才能对锻炼动作有具体的认识,身体机能上表现出来的核心能力较差,肌肉力量不均匀,平衡感不足。

(二)心理方面

1.有强烈的自尊心

视力残疾学生的自尊心比其他孩子更强烈,由于身体的原因,他们渴望人们尊重他们。只言片语的不尊重,都可能严重刺伤他们的心。正因为如此,需要小心翼翼地保护那一颗颗容易被伤害的心。

2. 较强的依赖心理

在家里,视力残疾学生依赖父母和其他家人;在学校,他们依赖老师和好心的同学;在学校和家庭之外,他们依赖社会上的好心人。他们希望得到更多的关怀与帮助。

3. 容易自卑、缺乏自信

他们往往暗叹命运之神太不公平,为什么把不幸留给自己?他们在羡慕其他人的同时会认为自己很不幸,许多该做的事情做不来。他们遇到的挫折更多,会面临更多的迷茫。

4. 渴望幸福

视力残疾学生憧憬美好的生活,渴望像正常人一样获得幸福。在每个视力障碍学生心里,都有一片光明、美丽的世界。

5. 渴望与人交朋友

表面上看他们很难相处,其实,他们也渴望有人和他们做朋友。熟悉之后人们会发现他们有说不完的话,能积极处理与他人的关系。

二、视障大学生的体育教育策略

(一)创设良好体育氛围,加大对学生的关怀力度

创设和谐团结的体育活动氛围能够增强学生的体育锻炼积极性,使他们充满激情地加入体育锻炼当中。教师要根据视障学生的心理特征、身体素质水平、体育知识和经验结构,设置与其相匹配的教学体系,使学生在宽松愉快的教学氛围中掌握知识和技能。教师需主动帮助学生学会运用知识、技能,形成寓教于乐的良好氛围。在视障学生体育教学过程中需全面掌握学生的心理特征和生理特征,抓住学习主线,保障学生的运动强度,也保障他们的身体健康,使用有针对性的分层教学方法,关注每一位视障学生的运动表现,加大人文关怀力度,使学生意识到自己能够得到教师的认可。教师要关注学生的运动能力和爱好,让每一名视障学生都可以充分发挥优势,展现自身个性,

发挥特长,弥补学生在运动基础上的不足,从而达到发展目标。例如,教师进行分组练习时,可采用适合学生个性发展的组织形式开展体育健康知识教学,促使视障学生在掌握基本知识和运动能力的同时增强体育健康意识,养成在日常生活中进行体育锻炼的良好习惯,最终达到提高视障学生身、心、社会的三维健康目标,打造高效的课堂教学。由于不同的视障学生在视力上的受损程度不同,因此学生在生理、心理的发展上存在较大差异,使学生在运动能力、兴趣特征等方面差距明显,但他们的心态大多是积极、美好的,渴望与健全学生一样感受运动、感受快乐,享受同等教育权利,因此教师可在体育课堂上使用多维度教学方法、分层教学,调动视障学生学习技能的积极性并参与分组练习,使学生在体育活动中得到锻炼,在体育互动中感受快乐。

（二）了解视力残疾产生原因,调整教学内容

体育课堂教学中,教师要明确基础知识、队列、体操、身体发展、手与脚的平衡和行走能力等课堂教学内容。在此基础上,提高学生的弹跳能力,加强力量和投掷练习,部分学生因其自身的特点,不能适应课程内容,致使体育课堂教学难度增大。为有针对性地开展教学,教师必须事先了解每个学生的具体情况,考虑学生是否能参加剧烈运动,这些活动对剩余视力是否有影响。在体育教学中,对先天性盲、因疾病致盲的学生参加体育活动有明确禁忌的,需要了解清楚。体育教师需了解眼科基础专业知识,了解不同视障原因而导致学生不能参加的剧烈活动种类,哪些学生无法在阳光下运动,哪些学生眼压过高而不适宜参加什么项目等,由此建立有针对性的个人档案,并明确相关体育教学内容。体育课堂的根本目的是发展学生的身体素质,提高其运动能力。若学生在参加体育锻炼时视力受到严重影响,则会违背体育教学的初衷,因此要从实际出发,从生活中挖掘体育教材,选择和改造视力障碍学生体育课堂的学习内容,从而为其提供良好的学习环境和学习素材。

（三）完善基础设施建设

由于视障学生的身体特征决定了部分视障学生需要在完全安全的体育活动场地内进行体育锻炼,因此特殊教育学校需加大资金投入,完善体育基

础设施,建设有针对性的体育锻炼场地和体育器材。基础设施对于学生的发展有着至关重要的作用,因此在选择体育器材时需对其进行深入研究,选择适合视障学生进行锻炼的器材。在经过长时间锻炼后,视障人群也可以在社会中充分发挥自我价值,自给自足,照顾自身生活,甚至可以与非视障人士一同生活和工作,因此特殊教育学校在选择体育器材并开展体育课程时需强调对学生技能的锻炼,培养视障学生在运动方面的一技之长,充分展现体育课堂教学的人文关怀,为其后续发展奠定良好的基础。

三、视力障碍大学生体育锻炼注意事项

(一)视障学生体育健身要坚持以有氧训练为主

在社会活动和日常生活中,视障学生往往动作缓慢,他们的心肺功能相对较低,在安排健身活动的内容和运动量时,应以中等强度为主,练习时也要平稳地进行。视障学生自我呼吸调节能力较弱,在学习和身体运动过程中,往往会屏住呼吸,全力集中于听和方位辨认,这不利于其心肺功能的正常发挥。特别是初期参与健身的视障学生,往往由于兴奋而过早地进入运动状态,会使身体产生许多不适,对以后的健身也会造成不良影响。因此,在辅导视障学生运动前应做好准备活动,让他们的心肺负荷逐渐加大,运动机能提前预热。

在内容选择上,要以有氧健身如太极拳、健美操、瑜伽等为主,等有一定的基础后,再适当增加运动量。要注意随时调节视障学生健身的强度,每次训练中要注意间歇,一般10分钟就要间歇一次,适当进行调整,然后再进行下一次。由于视障学生的生理特点,其不宜从事拔河、举重等需要屏气的训练项目,可选择由视障学生自己控制运动量和运动密度的训练内容。同时,要教会视障学生自我测量脉搏、掌握心率变化,调节运动量,一旦出现不良征兆时,自己要学会以慢走来调整呼吸,而不是立即躺下或蹲下。

(二)发挥视障学生的优势,创造更好的运动训练环境

视障学生对节拍感强的音乐、悦耳的声音有特殊的感受。他们会在声音的影响下自主进行运动。在辅导视障学生体育健身时,尽量配有音乐和节奏,这样会极大地提高视障学生健身的兴趣,而且能促进视障学生学习和掌握

动作。视障学生对动作的记忆能力和对肌肉群的支配能力较差,如果在教学中增加一些音乐和节拍的变化,可以显著提高他们的运动技巧和动作的整体化。

发挥视障学生对音乐节奏特有的敏感反射优势,对辅导视障学生体育健身是十分有益的。在交谊舞教学中,视障学生会随着节奏变化可以准确地分辨出是3拍还是4拍,同时在节奏的引领和指导下,可较容易地解决旋转45°或90°的难题。在安排内容时尽量让视障学生避开难度较大的项目,比如常见的柔力球和抛接物体等,选择可在他们控制范围内进行的项目,如器械练习中的扇子舞、太极扇、手帕舞等。教师在辅导中要坚持以表扬和鼓励为主,最大限度地调动学生的积极性。纠正不足时,要进行个别的指导,为他们更好地参与健身创造有利条件。

四、视力残疾学生体育锻炼实践指导

(一)心肺功能训练

心肺功能是与健康相关的5个身体素质之一,其余的身体素质包括肌肉力量、肌肉耐力、柔韧性和身体成分。心肺功能对于人体的健康和参与一般的日常生活活动时不会过度疲劳至关重要。在设计体育活动和运动训练计划时,应该以提高与健康相关的每一个关键身体素质为目标。然而,从预防慢性疾病、提高健康水平和生活质量的角度来说,在设计和实施任何运动训练计划的过程中,在分配时间和资源时均应对心肺功能训练予以最优先的考虑,因为心肺功能与一系列的健康益处紧密相关。有规律地参加身体活动和锻炼的益处数不胜数,每个人都可以通过适量、中等强度的练习获得多种与健康有关的益处,较高强度的锻炼或者中等强度和高强度的组合,甚至还可以带来更大的好处。若在整个生命过程中保持有规律的身体活动,就可以通过运动表现来预测死亡和身体功能障碍,这是最可靠的指标之一。事实上,研究已经证实,一个人的心肺功能水平是其发病率和死亡率的最有利的预测指标之一,换句话说,心肺功能差与各种原因导致的过早死亡风险的显著增加是相关的;相反,心肺功能水平的提升则与各种原因导致的过早死亡情况的减少是相关的。

(二)心肺功能训练方法

训练计划的设计应符合每个学生的特定需求和目标。更进一步说,初始的训练处方应该反映出学生的初始体能水平、体能评估结果,以及学生在练习中是否存在任何明显的风险因素或健康限制因素。每堂训练课都应包括以下几个阶段。

1. 热身阶段

热身一般被描述为"让身体准备好参加身体活动"。它可以是一般性的或者专项性的活动,例如,在力量训练前,通过在跑步机上行走或者骑固定自行车来热身。针对性热身中的动作则更近似地模仿实际活动中的动作,往往被称为动态拉伸(例如,在力量训练前的自重深蹲和俯卧撑)。

热身中的心肺功能部分一般持续 5—10 分钟,由全身动作、动态的心肺练习或者肌肉动作组成(远低于体能训练的预期训练强度阈值)。热身的目的是提高心率和呼吸率,提高身体的温度,并使训练者在心理上为更高的训练强度做好准备。

(1)初级(稳定性较好)学生的热身

初级学生的热身内容如表 6-5 所示。

表 6-5 初级热身内容

内容	举例	时长
自我肌筋膜放松	腓肠肌/比目鱼肌 髋内收肌 阔筋膜张肌 背阔肌	每块肌肉 30 秒
静态拉伸	腓肠肌/比目鱼肌 髋内收肌 阔筋膜张肌 背阔肌	每块肌肉 30 秒
心肺功能练习	快步走、开合跳、高抬腿和健身操等中低强度有氧运动	5—10 分钟

(2)中级(力量层级)学生的热身

中级学生的热身内容如表 6-6 所示。

表 6-6　中级热身内容

内容	举例	时长/重复次数
自我肌筋膜放松	腓肠肌/比目鱼肌 髋内收肌 阔筋膜张肌 背阔肌	每块肌肉 30 秒
主动分离式拉伸	腓肠肌/比目鱼肌 髋内收肌 阔筋膜张肌 背阔肌	每块肌肉 1—2 秒， 重复 5—10 次
心肺功能练习	快步走、开合跳、高抬腿和健身操等中低强度有氧运动	5—10 分钟

(3)高级(爆发力层级)学生的热身

高级学生的热身内容如表 6-7 所示。

表 6-7　高级热身内容

内容	举例	时长/重复次数
自我肌筋膜放松	自我肌筋膜放松 髋内收肌 阔筋膜张肌和髂胫束 背阔肌	每块肌肉 30 秒
动态拉伸	摆髋：一侧至另一侧 囚徒深蹲 弓步旋转 弹力带横向走 药球上举和伐木 单腿下蹲触地	每侧重复 10 次

2. 体能训练阶段

人们做心肺功能练习的原因可能有很多种,包括燃烧热量来减重、释放压力、提高健康水平等。有一点很重要,就是体育教师应该让学生知道,低强度的心肺功能练习一般会给健康带来好处,但与更高强度的训练相比,它可能不会让体能有显著的提升。在这两种情况下,心肺功能练习都会对身体健康和心理健康有深远的影响,这些好处是对心肺功能训练的多种生理适应的结果。心肺功能训练的益处包括以下方面:更强壮和更高效的心脏、提高泵血的能力(增加心排血量)、降低心脏疾病的风险、降低静息心率、降低在各种身体活动强度下的心率、提高肺通气量(更高效的呼吸)、更强壮的呼吸肌(例如膈肌)、通过负重有氧运动增厚关节软骨和骨骼、提高氧传输能力、降低胆固醇水平、降低动脉血压、改善血液稀释并降低血栓形成的风险、改善燃料供应(提高利用脂肪酸的能力,节省肌糖原储存)、提高肌肉利用氧的能力、提高警觉性、减少抑郁和焦虑的倾向、提高放松和睡眠的能力、提高抗压能力、减轻体重、提高代谢率、降低肥胖或糖尿病风险。每个人对有氧训练的适应能力都不同,但如果考虑到个人能力并适当地进行有氧训练,则对健康和体能的许多方面都会有积极的影响。

3. 冷身阶段

冷身活动能够让身体从训练中平稳过渡到安静状态。大体上说,冷身就是热身的对立面。这部分经常被忽视,并被认为不如其他阶段重要,但是,适当地利用冷身活动可以显著影响学生的整体健康。冷身活动最重要的目标是降低心率和呼吸率,逐步地降低身体温度,使肌肉回归其最佳长度—张力关系,防止下肢静脉积血(这可能会导致头晕或昏厥),让生理系统恢复到接近基准状态。充分的心肺功能放松时间为 5—10 分钟。冷身活动的内容,如表 6-8 所示。

表 6-8　推荐的冷身活动内容

内容	举例	时长
心肺功能练习	跑步机 固定自行车 踏步机 划船机 椭圆机	5—10 分钟
自我肌筋膜放松	腓肠肌/比目鱼肌 髋内收肌 阔筋膜张肌 背阔肌	每块肌肉 30 秒
静态拉伸	腓肠肌/比目鱼肌 髋内收肌 阔筋膜张肌 背阔肌	每块肌肉 30 秒

4. 循环训练

另一种有益的心肺功能训练形式是循环训练。循环训练可以实现相同的健身效果，并且不需要花费很长的时间即可实现。对于训练者来说，这是一种效率非常高的方法，因为它涉及心肺功能训练。循环训练可以包含一系列力量练习，在进行完一个练习之后，休息尽可能短的时间，马上进行下一个练习。表 6-9 中为稳定性、力量和爆发力的循环训练示例。

表 6-9　循环训练示例

稳定性	力量	爆发力
1. 稳定球哑铃卧推	1. 哑铃卧推	1. 药球胸前传球
2. 稳定球哑铃划船	2. 器械划船	2. 药球双手过头掷
3. 单腿肩胛骨外展	3. 坐姿哑铃过头推举	3. 药球勺式抛
4. 单腿哑铃弯举	4. 站姿杠铃弯举	4. 蹲跳

续　表

稳定性	力量	爆发力
5.稳定球哑铃肱三头肌伸展	5.器械肱三头肌下压	5.休息
6.蹬台阶并保持平衡	6.多平面弓步	
7.休息	7.休息	

在安排循环训练计划时，也可整合传统的训练内容，比如柔韧性和心肺功能训练，如表 6-10 至表 6-12 所示。

表 6-10　初级稳定性层级训练示例

时长	内容
5—10 分钟	热身：柔韧性（自我肌筋膜放松和静态拉伸）
5—10 分钟	心肺功能训练第一阶段
15—20 分钟	循环负重训练
5—10 分钟	心肺功能训练第一阶段
5—10 分钟	冷身：柔韧性（自我肌筋膜放松和静态拉伸）

表 6-11　中级力量层级训练示例

时长	内容
5—10 分钟	热身：柔韧性（自我肌筋膜放松和主动分离式拉伸）
5—10 分钟	心肺功能训练第二阶段
15—20 分钟	循环负重训练
5—10 分钟	心肺功能训练第二阶段
5—10 分钟	冷身：柔韧性（自我肌筋膜放松和静态拉伸）

表 6-12　高级爆发力层级训练示例

时长	内容
5—10 分钟	热身：柔韧性（自我肌筋膜放松和动态拉伸）
5—10 分钟	心肺功能训练第三阶段
15—20 分钟	循环负重训练
5—10 分钟	心肺功能训练第三阶段
5—10 分钟	冷身：柔韧性（自我肌筋膜放松和静态拉伸）

与力量层级类似,只要学生从教师那里获得了正确指导,就可以独立完成热身和冷身活动,如此一来,便能有更多时间放在心肺功能训练和循环训练上。

(三)核心训练

核心训练是近些年来非常流行的运动方向,并且已经成为体育教师使用的一种常见训练手段。核心训练的目标是要均衡地强化稳定、对齐(使身体在正确的力线上)和移动身体躯干的深层与浅层肌群,尤其是腹部和背部的肌肉。长期以来,物理治疗师会为患有下背部问题的受试者开具核心训练的处方。近些年来,核心训练在运动员中流行起来,用于帮助提高其运动表现。在教学中,将核心训练融入学生的训练计划中,以帮助学生实现平坦的小腹和更强壮的下背部等目标。核心力量弱是低效动作的内在基本问题,可能会导致可预见的损伤模式。但是,精心设计的核心训练方案能够帮助学生提高神经肌肉的控制性、稳定性、肌肉耐力、力量及核心爆发力。

1. 核心稳定性训练

在核心稳定性训练阶段,练习只涉及很少的脊柱和骨盆移动。这些练习旨在提高神经肌肉效率和椎体间的稳定性,在练习过程中首先要注意收紧腹部,然后是支撑。一般来说,学生在这一层的核心训练应该花些时间。在这一层的训练示例包括以下几种:仰卧军步抬腿、仰卧臀桥、俯卧眼镜蛇式、平板支撑。

(1)仰卧军步抬腿

准备:仰卧在地面上,屈膝,双脚平放在地面上,脚趾朝向正前方,双臂放在身体两侧。

动作:a. 一只脚抬离地面,在能够控制的情况下尽量抬高,保持收紧腹部。

b. 保持1—2秒。

c. 慢慢放下。

d. 对侧腿重复同样动作。

技术要领：在整个训练过程中确保腹部收紧，并且骨盆保持中立位。如骨盆旋转或者腹部突出，则表明缺乏局部核心稳定的神经肌肉控制能力，如图 6-3 所示。

图 6-3　仰卧军步抬腿

（2）仰卧臀桥

准备：仰卧在地面上，屈膝，双脚平放在地面上，与肩同宽，脚趾朝向正前方。

动作：a.抬高骨盆离开地面，直至膝、髋、肩成一条直线。

b.慢慢将骨盆降向地面。

c.重复以上动作。

技术要领：在臀桥动作中，不要抬髋过高（下背部过伸），否则会使腰椎承受过大的压力。确保在结束姿势时，膝、髋和肩成一条直线，并且臀部肌肉完全收紧，如图 6-4 所示。

（3）俯卧眼镜蛇式

准备：俯卧在地面上。

动作：a.激活臀部肌肉，并且夹紧肩胛骨。

b.胸部抬离地面，同时拇指朝向上方，双臂向外侧旋转。

c.保持 1—2 秒。

d.慢慢让身体回到地面，保持收下巴。

(a)   (b)

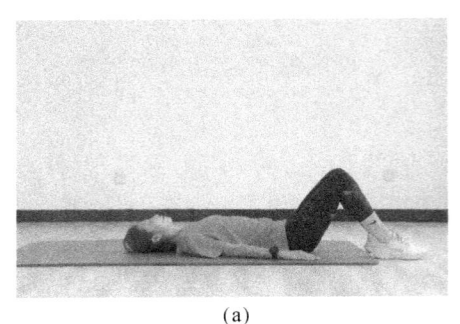

图 6-4 仰卧臀桥

e. 重复以上动作。

技术要领:就像仰卧臀桥一样,胸部不要离地面太高(下背部过伸),如图 6-5 所示。

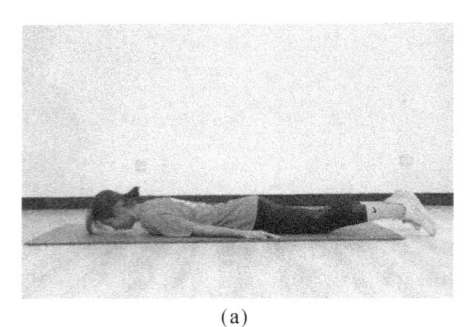

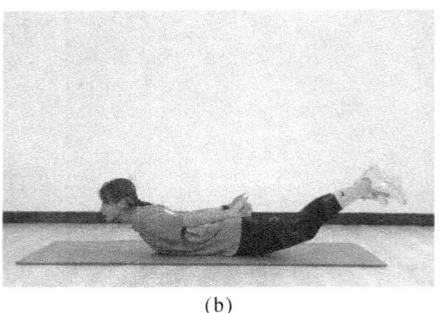

(a)   (b)

图 6-5 俯卧眼镜蛇式

(4)平板支撑

准备:俯卧在地面上,双脚并拢,前额放在地面上。

动作:a. 依靠前臂与脚趾支撑,使整个身体离开地面,直至从头至脚成一条直线。

b. 保持一定的时间,收下巴且背部平直。

c. 重复以上动作。

技术要领:如果这个版本的练习对于学生来说太难进行,下面是一些可供选择的降阶练习：采用标准俯卧撑姿势完成动作；采用跪姿俯卧撑姿势完成动作；将双手支撑在训练凳上且双脚放在地面上完成动作，如图6-6所示。

图 6-6　平板支撑

2. 核心力量

在核心力量训练中，练习动作涉及更多脊柱在全活动范围内动态的向心动作与离心动作，同时训练者要练习在核心稳定性训练中所学到的技巧（收紧腹部与支撑）。在这一方面的针对性、速度和神经要求也有所升级。这些练习旨在提高整条动力链的动态稳定性、向心力量（力的产生）、离心力量（力的减小）及神经肌肉效率。在这一方面的练习包括以下几种：稳定球卷腹、背部伸展、反向卷腹、绳索转体。

（1）稳定球卷腹

准备：a. 仰卧在稳定球上（稳定球在下背部下方），屈膝成90°。

b. 双脚与肩同宽，平放在地面上，脚趾朝向正前方。

c. 允许背部沿球的曲线伸展。双臂交叉放于胸前或者双手放在耳朵/头部后方。

动作：a. 慢慢向前卷起上半身，让肩胛骨抬离球面。

b. 慢慢降低上半身到球上，回到初始姿势。

c. 重复以上动作。

d. 进阶动作：作为长杠杆练习进行（双臂举过头顶）。

技术要领:在进行练习时务必要收下巴,这样能够减小颈椎肌群所承受的压力,如图 6-7 所示。

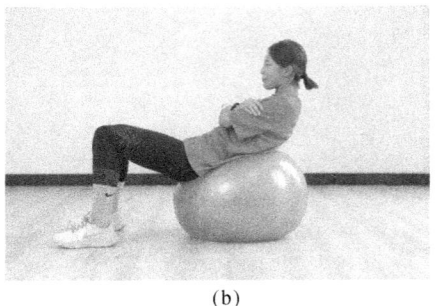

(a)   (b)

图 6-7 　稳定球卷腹

(2)背部伸展

准备:a.趴在瑜伽垫上,双腿伸直,双脚与肩同宽,脚趾朝向正前方。
　　　b.将大腿靠在衬垫上,双臂交叉放于胸前或者双手放在耳后。

动作:a.激活臀部肌肉,收下巴,肩胛骨向后收。
　　　b.慢慢向地面降低上半身,至活动范围的边界。
　　　c.抬起上半身到中立姿势,并保持收下巴,肩胛骨向后收并向下压。
　　　d.重复以上动作。

技术要领:确保在结束姿势中,踝、膝、髋、肩和耳朵在一条直线上。不要让下背部过伸,如图 6-8 所示。

(3)反向卷腹

准备:仰卧在长凳上,髋与膝屈曲成 90°,双脚悬空,双手抓住稳定的物体作为支撑。

动作:a.将髋部抬离长凳,同时让膝关节靠向胸部。
　　　b.慢慢降低髋部,回到初始姿势。
　　　c.重复以上动作。

技术要领:在进行该练习时不要摆动双腿。一旦在起始姿势时抬起了下

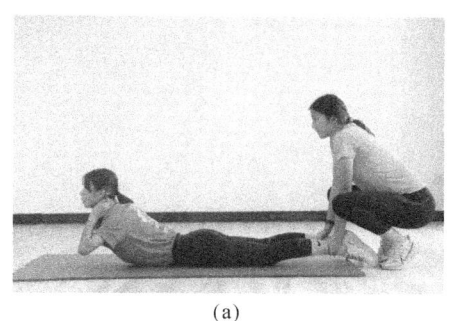

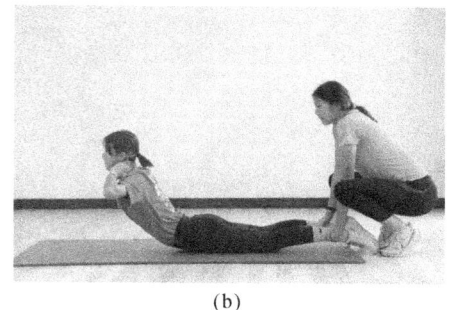

图 6-8　背部伸展

肢,在整个动作过程中就要保持双腿稳定。双腿摆动会加大动量,增加损伤的风险,并且降低练习的效果,如图 6-9 所示。

图 6-9　反向卷腹

(4)绳索转体

准备:a. 双脚与肩同宽站立,膝关节微微弯曲,脚趾朝向正前方。

b. 双手在胸部正前方握住绳索把手,肩胛骨向后收并向下压。

动作:a. 使用腹部与臀部肌群朝离开卧推架的方向旋转身体。让后脚转动,以达到三关节伸展(踝跖屈、膝伸展和髋伸展)。

b. 慢慢回到起始姿势。

c. 重复以上动作。

技术要领:为了减轻下背部的压力,后腿务必要绕枢轴旋转,进入三关节伸展的状态：髋伸展、膝伸展、踝跖屈（伸展）。这同样确保了伸展下肢肌肉（臀大肌、股四头肌、腓肠肌和比目鱼肌）的合理神经肌肉效率，如图 6-10 所示。

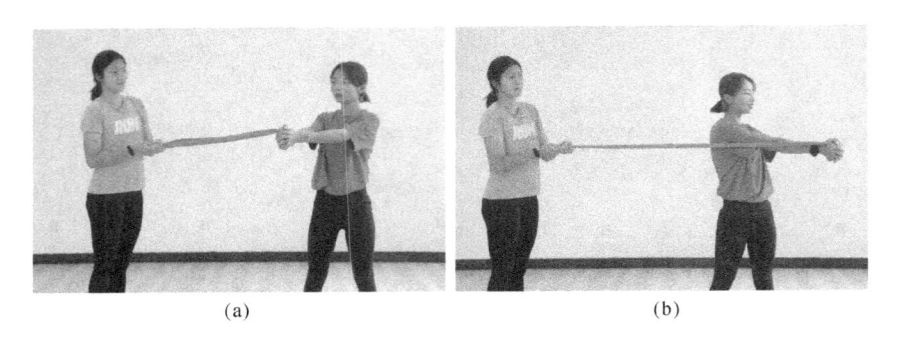

图 6-10　绳索转体

3. 核心爆发力

核心爆发力训练旨在提高核心肌群的力量产生效率。这些练习可以帮助学生为动态稳定性做好准备，并以（从功能性角度来看）更实用的速度产生动力。在这一方面的练习包括以下几种：转身胸前传球、稳定球上位掷药球、身前斜抛药球、双手过顶投掷药球。

（1）转身胸前传球

准备：a. 双脚与肩同宽站立，脚趾朝向正前方。

　　　b. 双手持药球（其重量为体重的 5%—10%）。

动作：a. 使用腹部的肌肉及髋部让身体爆发式地旋转 90°。随着身体的转动，后腿旋前并使其进入三关节伸展（髋伸展、膝伸展和踝跖屈）。

　　　b. 后侧手臂发力并伸展，将药球掷出。

　　　c. 在可控制的情况下尽可能快地接球并重复以上动作。

技术要领：训练者在进行核心爆发力训练之前必须已经具备足够的稳定性（核心稳定性）及力量（核心力量）。若缺乏足够的稳定性和力量，进行爆发力练习会导致动作代偿和肌肉不平衡，最终导致损伤，如图 6-11 所示。

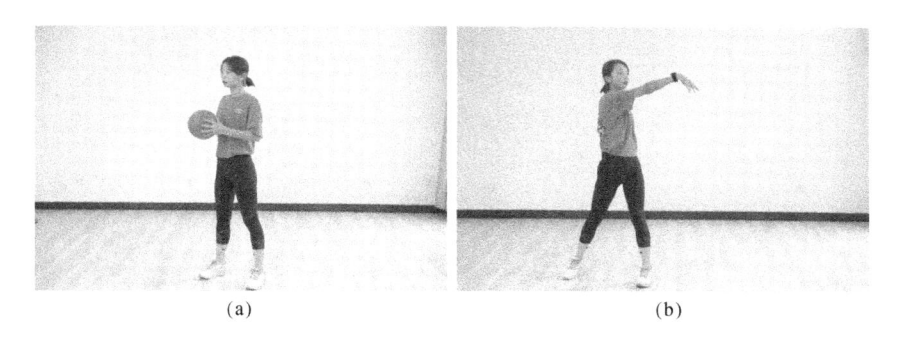

图 6-11 转身胸前传球

（2）稳定球上位掷药球

准备：a. 仰卧在稳定球上（稳定球在下背部下方），屈膝成 90°。双脚平放在地面上，脚趾朝向正前方。

b. 双臂伸直，持药球（其重量为体重的 5%—10%）举过头顶。

动作：a. 迅速向前卷腹，将药球掷向墙壁或者同伴。

b. 当球出手时，让双臂继续挥动到最大限度。

c. 接球并重复以上动作。

技术要领：训练者在进行该练习之前，其背阔肌需要有足够的延展能力，以减小对下背部与肩部的压力，如图 6-12 所示。

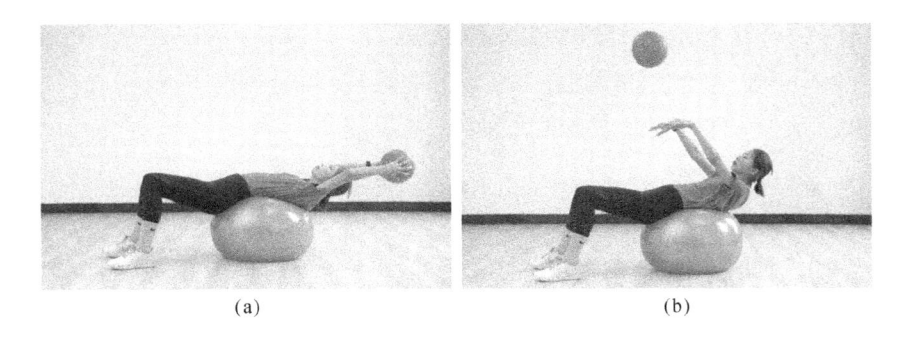

图 6-12 稳定球上位掷药球

（3）身前斜抛药球

准备：a. 面对墙壁或者同伴站立，双脚与肩同宽，膝关节微微弯曲，脚趾朝向正前方。

　　b. 双手持药球（其重量为体重的 5%—10%）。

动作：a. 以下手投球的方式将球抛向墙壁或者同伴。

　　b. 以捞球的方式接球。

　　c. 在可控情况下尽可能快地重复动作。

　　d. 可以在同一侧连续进行该练习，也可以两侧交替进行。

技术要领：在保证正确动作技术的前提下，所有的核心爆发力练习都是越快越好，如图 6-13 所示。

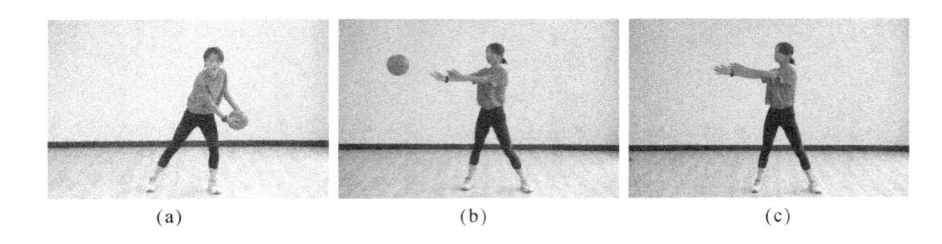

(a)　　　　　　(b)　　　　　　(c)

图 6-13　身前斜抛药球

（4）双手过顶投掷药球

准备：双手持药球（其重量为体重的 5%—10%）举过头顶站立。

动作：a. 快速将球掷向地面，让双臂继续挥动到最大限度。

　　b. 重复以上动作。

技术要领：为了让该练习更容易进行，可以使用无弹性药球，或者练习时靠近墙，使药球可以从墙上弹开，如图 6-14 所示。

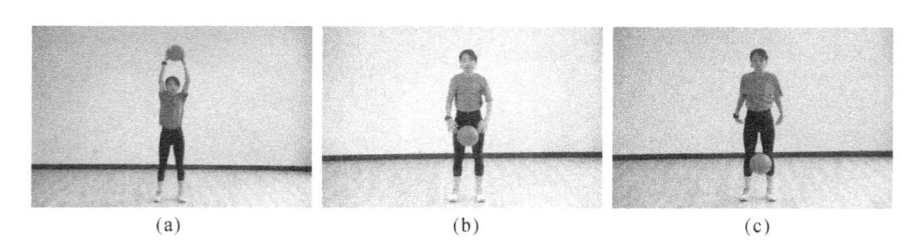

(a)　　　　　　(b)　　　　　　(c)

图 6-14　双手过顶投掷药球

4.快速伸缩复合训练—稳定性训练

(1)蹲跳至稳定支撑

准备:双脚与肩同宽站立,脚趾朝向正前方。髋应保持中立位,膝关节在足中部的正上方,双臂放在身体两侧。

动作:a.像要坐进椅子那样略微下蹲。

b.向上跳起来,双臂伸过头顶。

c.轻轻落地,踝关节、膝关节和髋关节稍微屈曲,保持最佳关节排列,并且双臂回到身体两侧稳定支撑并保持这一姿势3—5秒。

d.重复以上动作。

技术要领:在起跳之前和落地瞬间,都要确保膝关节始终与脚尖对齐,不能让双脚过度向外转或膝关节向内扣,在起跳时和落地时还要保持膝关节不要超过脚尖,从侧面可以观察到这一点,如图6-15所示。

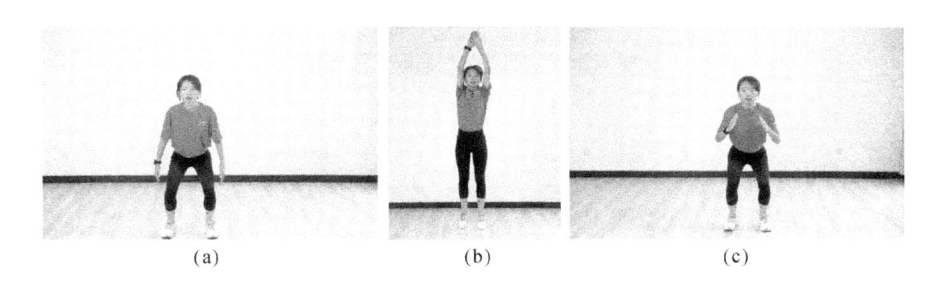

图6-15 蹲跳至稳定支撑

(2)多平面跳跃至稳定支撑

准备:双脚与肩同宽站立,脚尖朝向正前方。

动作:a.像要坐进椅子那样略微下蹲。

b.在可控的范围内向前跳(跳远),并尽可能地远。

c.轻轻落地,膝关节和髋关节保持屈曲,不要倒在地上。保持最佳的关节排列并保持这一姿势3—5秒。

d.回到起始姿势,重复以上动作。

e.作为进阶,在冠状面上进行练习,向侧面跳。

f. 作为侧跳的进阶,进行水平面跳跃,即在落地前转体90°。

技术要领:双手向上摆臂时,上体不要前倾得太厉害,身体在空中展开时需挺髋,落地时双膝稍弯曲,及时落地缓冲,如图6-16所示。

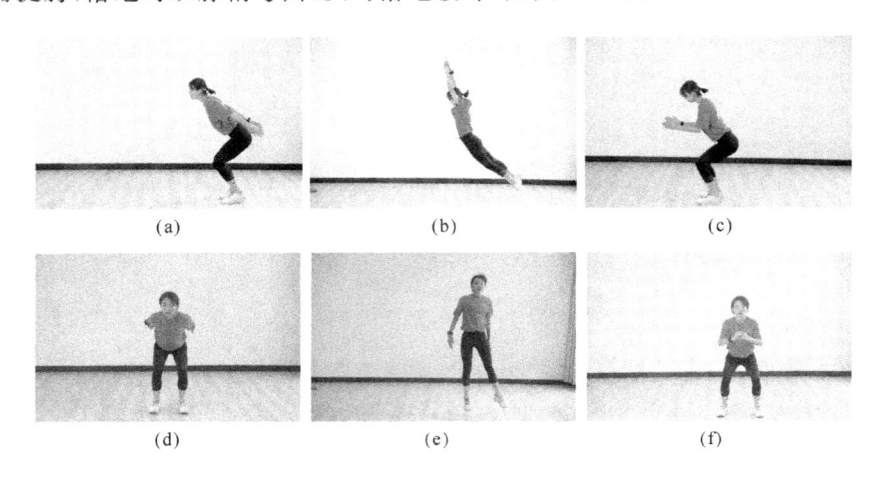

图 6-16　多平面跳跃至稳定支撑

5. 本体感受快速伸缩复合训练

(1)闭眼抬腿

准备:双脚与肩同宽站立,脚趾朝向正前方,髋应保持中立位。

动作:a. 沿着支撑腿抬起一条腿,保持最佳的关节排列,包括髋和肩要保持水平。

b. 保持一定的时间(一般为 5—20 秒)。

c. 换另一条腿并重复上述动作。

技术要领:在进行包括该练习在内的所有平衡练习时,务必让支撑腿的臀部肌肉收紧,以维持下肢的稳定,如图6-17所示。

(2)闭眼下蹲

准备:双脚与肩同宽站立,脚趾朝向正前方,髋应保持中立位。

动作:a. 沿着身体下蹲,保持最佳的关节排列,保持90°,包括髋和肩要保持水平。

b. 保持一定的时间(一般为 5—20 秒)。

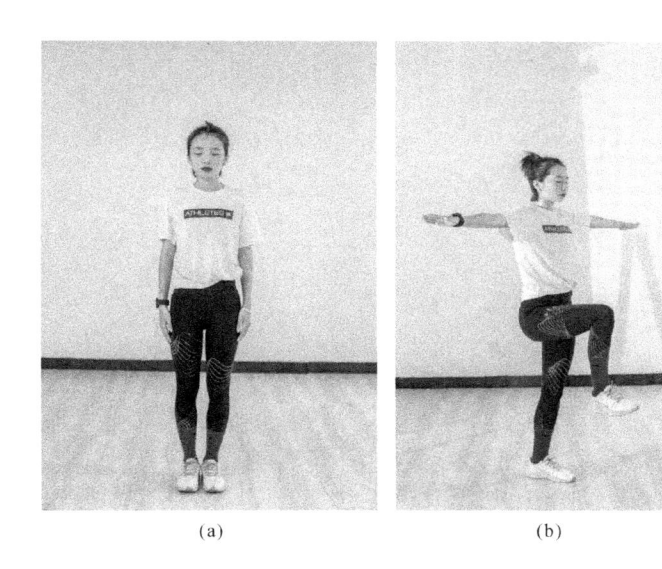

图 6-17　闭眼抬腿

技术要领：在进行该练习时，务必让支撑腿的臀部肌肉收紧，以维持下肢的稳定，如图 6-18 所示。

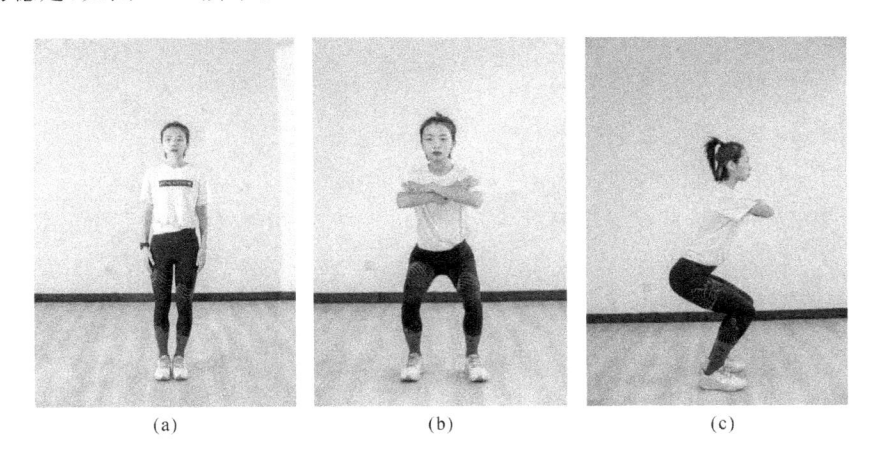

图 6-18　闭眼下蹲

(3)闭眼转体(左右方向)

准备：双脚与肩同宽站立，脚趾朝向正前方，髋应保持中立位。

动作：a. 沿着身体左右两个方向进行转体，保持核心收紧，注意力集中。

b. 保持一定的时间（一般为 5—20 秒）。

技术要领：在进行该练习时，务必让支撑腿及核心肌肉收紧，以维持下肢的稳定，如图 6-19 所示。

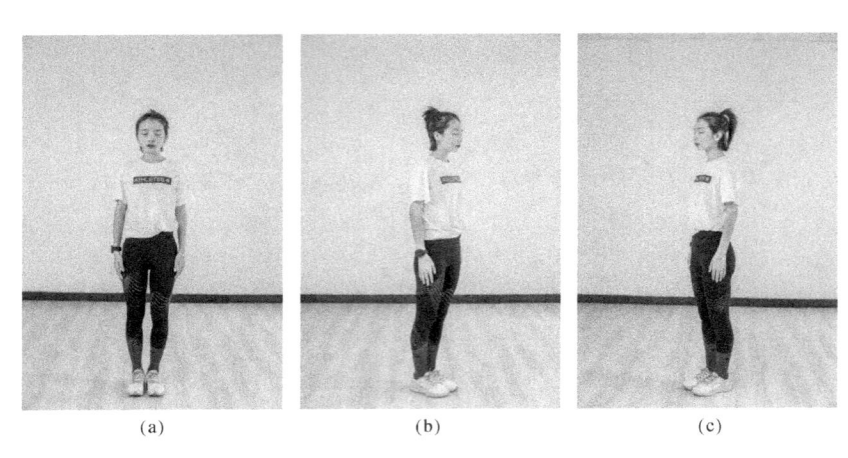

图 6-19　闭眼转体

（4）闭眼跳跃

准备：双脚与肩同宽站立，脚趾朝向正前方，髋应保持中立位。

动作：a. 向上方进行跳跃，保持核心收紧，手臂自然上伸，注意力集中。

b. 完成一个动作，保持起始动作。

技术要领：在进行该练习时，务必让核心肌肉收紧，以维持全身的稳定，如图 6-20 所示。

（5）闭眼前弓步

准备：双脚与肩同宽站立，脚趾朝向正前方，髋应保持中立位。

动作：a. 左脚往前迈开一大步，并且弯曲成 90°，身体同时往下压并保持伸直。

b. 右脚维持不动，同样保持伸直，需要注意两脚的全脚掌都要着地。

技术要领：双眼目视前方。坚持数秒后换右脚，动作不变，如图 6-21 所示。

第六章 视力残疾大学生体育锻炼实践 215

(a)　　　　　　　　(b)

图 6-20　闭眼跳跃

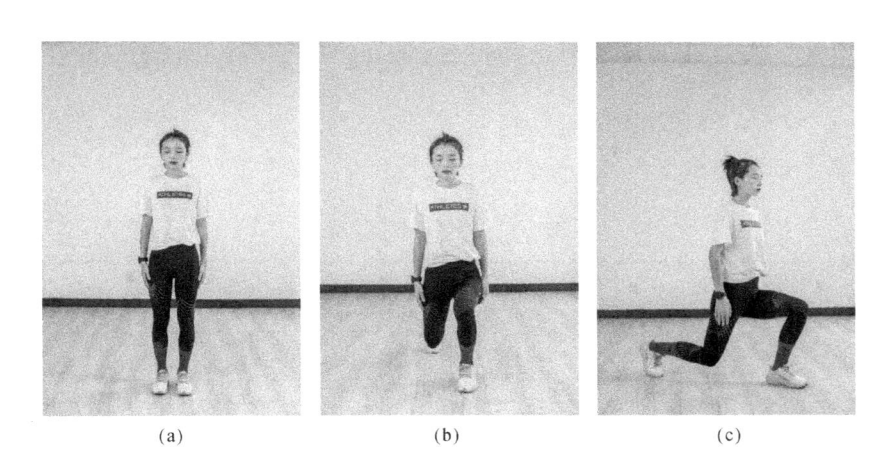

(a)　　　　　　　　(b)　　　　　　　　(c)

图 6-21　闭眼前弓步

(6)闭眼侧弓步

准备：双脚与肩同宽站立，脚趾朝向正前方，髋应保持中立位。

动作：a. 左脚往侧面迈开一大步，并且弯曲成 90°，身体同时往下压并保持伸直。

b. 右脚维持不动，同样保持伸直，需要注意两脚的全脚掌都要着地。

技术要领：双眼目视前方。坚持数秒后换右脚，动作不变，如图 6-22 所示。

(a) (b)

图 6-22　闭眼侧弓步

6.核心训练计划设计

核心训练计划可参照表 6-13 进行设计。

表 6-13　核心训练计划

核心系统	层级	阶段	练习	练习数量/次	组数/组	重复次数/次	节奏	休息/秒
稳定	稳定性	2	核心稳定性	1—4	1—4	12—20	慢	0—90
动作	力量	2,3,4	核心力量	0—4	2—3	8—12	中速	0—60
动作	爆发力	5	核心爆发力	0—2	2—3	8—12	可控的前提	0—60

第七章　智力残疾大学生体育锻炼实践

第一节　智力残疾大学生身体健康评定

身体健康已成为人们日益重视的话题。研究表明,智力残疾人群受试者比一般人群表现出更早和更不健康的衰老。因此促进智力残疾人群身体健康,对于提高其生活质量和降低医疗成本至关重要。虽然身体健康测试已被广泛推广与应用,但在日常实践中测量智力残疾人群的身体健康依然存在较大的难度。受测者在测试时并不一定能正确理解操作过程,这可能导致测试结果错误或无效。在这样的背景下,筛选和制定合适的测试项目对智力残疾大学生进行身体健康测试有着重要的意义。

一、智力残疾大学生身体健康评定

目前,国内外学者对智力残疾人群身体健康评定的研究较为丰富。国内学者郝传萍等参考国家学生体质健康标准对智力残疾学生进行了身体健康测试,他们选取了三类共 10 项指标:身体形态指标为身高和体重;身体功能指标为肺活量;身体素质指标为 50 米跑、投沙包、立定跳远、30 秒仰卧起坐、6/9 分钟跑/走、单脚平衡和坐位体前屈,结果显示,7—15 岁智障学生的身体形态、功能和身体素质水平随年龄增长而增长,但整体落后于健全学生;测试结果与性别、年龄和残疾程度显著相关。金鑫采用国内外专业人士共同研发的"特殊体适能评估工具"评级体系,包括形态指标(身高、体重、腰围)、机能指标(血压、心率、肺活量)、运动能力指标(握力、仰卧起坐、坐位体前屈、腹桥、单脚闭眼站立、坐站试验、坐姿推球、台阶实验)进行相关研究,结果显示,智力残疾学生的机能指标和运动能力指标呈现出不规律的发展状态。国外学者奥波瓦尔（Oppewal）和希尔根坎普（Hilgenkamp）使用《ACSM测试运动与运动处方指南》进行测试，项目包括：腰围、BMI、握力、30秒坐起测试、5次坐起测试、静态站立和步行测试。鲁斯（Ruth）等采用SAMU残疾人测试体系对智力障碍残疾人进行身体健康测试，主要测试项目包括BMI、腰围、起立—行走计时（TUG）、深躯干柔韧性测试（DTF）、握力、计时站立测试（TST）和30秒仰卧起坐及6分钟步行试验（6MWT），通过重复测试发现，除6分钟步行测试外，其余项目组内相关系数（ICC指数）均大于0.8，一致性较高，6分钟步行一致性中等。哈特曼（Hartman）等使用Eurofit身体健康测试体系对智力残疾青少年进行测试，主要测试内容包括20米耐力穿梭跑和10×5米穿梭跑、站立跳远、握力和仰卧起坐。武泰（Wouters）等对中重度智力残疾儿童进行身体健康测试，主要测试项目包括BMI、腰围、投掷重物、爬楼梯和改良的6分钟步行试验。美国运动医学学会（ACSM）对于智力残疾人也提出了相应的测试方案，主要方法包括：跑台步行测试法、上下肢健身运动自行车测试法（功率25W）、20米往返跑测试法、1英里走跑测试法、等动肌力测试法、体重指数测试法、皮肤皱褶厚度测试法、空气体积描记法、双能X线吸收测定法（DEXA）和关节角度测试法（关节量角器）等。温尼克和肖特通过测试从评价有氧能力、身体成分和骨骼肌功能三个方面反映受试者身体健康水平。

综上所述，国内外学者已对智力残疾人群身体健康评定提出一系列有效的测试方法，如表7-1所示，然而部分测试方法，如等动肌力测试、跑台测试等因测试仪器昂贵、测试方法难度较大，难以在普通高职院校开展。

表7-1　智力残疾人群体质测试相关研究

资料来源	测试指标
郝传萍等	身体形态：身高、体重 身体机能：肺活量 身体素质：50米跑、投沙包、立定跳远、30秒仰卧起坐、6/9分钟跑/走、单脚平衡和坐位体前屈

续 表

资料来源	测试指标
金鑫	身体形态:身高、体重、腰围 身体机能:血压、心率、肺活量 运动能力:握力、仰卧起坐、坐位体前屈、腹桥、单脚闭眼站立、坐站试验、坐姿推球、台阶实验
奥波瓦尔和希尔根坎普	健康体适能:腰围、BMI、握力、30秒坐起测试、5次坐起测试 技能体适能:静态站立和步行测试
鲁斯等	BMI、腰围、起立—行走计时、深躯干柔韧性测试、握力、计时站立测试和30秒仰卧起坐以及6分钟步行试验
哈特曼等	有氧适能:20米耐力穿梭跑和10×5米穿梭跑 肌肉适能:站立跳远、握力和仰卧起坐
武泰等	BMI、腰围、投掷重物、爬楼梯和改良的6分钟步行试验
ACSM	有氧能力:跑台上完成步行测试程序、上下肢健身运动自行车(25W)、20米往返跑步行、1英里走跑 肌力与肌耐力:等动肌力测试 身体成分:BMI、腰围、皮肤皱褶、空气体积描记法、双能X线吸收测定法 柔韧素质:坐位体前屈、关节量角器
温尼克和肖特	有氧能力(选择一项):20/15米渐进式有氧心肺耐力跑(推荐)以及目标有氧运动测试(备选) 身体成分(选择一项):体脂百分比(推荐)、肱三头肌和小腿皮褶厚度(推荐)、肱三头肌和肩胛下皮褶厚度(备选)以及BMI(备选) 骨骼肌功能 第一部分(必选):修正式卷腹(推荐)、伏地起身(推荐) 第二部分(选择一项):握力(推荐)、等长俯卧撑(推荐) 第三部分(选择一项):直臂悬垂(推荐)、曲臂悬垂(备选) 第四部分(选择一项):单脚坐位体前屈(推荐)、背伸(备选)

二、智力残疾大学生身体健康评定标准

《布罗克波特体能测试手册》(BPFT测试)主要包括有氧能力、身体成分和骨骼肌功能。受试者根据其评定标准对其指标赋予等级,主要包括健康风

险区、需要提高区和身体健康区三个等级。但 BPFT 测试主要针对 5—17 岁视力、智力残疾青少年,因此本书仅展示与高职学生最为接近的 17 岁年龄段青少年评价指标,如表 7-2 至表 7-4 所示。

三、指标测试方法

(一)身体成分

1. 身高、体重

测试目的:评价学生生长发育的水平及营养状况

测试器材:身高体重计

测试方法:同听障学生此项测试。

2. 体脂百分比

测试目的:评价学生全身身体成分水平

测试器材:人体成分分析仪

测试方法:同听障学生此项测试。

3. 皮褶厚度

测试目的:评价学生体脂率水平

测试器材:皮脂厚度计

测试方法:同听障学生此项测试。

4. 腰围

测试目的:评定腹内脂肪沉积水平

测试器材:皮尺

测试方法:受试者自然站立,平静呼吸,测试人员将皮尺水平绕行被测者肚脐点一周。

(二)心肺素质

1. 肺活量

测试目的:评价学生有氧耐力

测试器材:电子肺活量计

测试方法:同视障学生此项测试。

表 7-2 智力残疾青少年健康体适能测试指标（一）

性别	渐进式有氧心肺耐力跑/圈			目标有氧运动测试		体脂率/%				皮褶厚度/毫米				BMI(千克/平方米)		
	需要提高区	调整区	健康区	需要提高区	健康区	很瘦	健康区	需要提高区	健康风险区	很瘦	健康区	需要提高区	健康风险区	健康区	需要提高区	健康风险区
男生	≤37	38—49	≥50	不通过	通过	≤6.6	6.7—20.9	21	≥33	≤18	8—27			18.1—24.9	25	≥28.6
女生	≤23	23—34	≥35	不通过	通过	≤15.8	15.9—30.4	30.5	≥37.9	≤17.3	18—42			17.5—24.9	25	≥30

表 7-3 智力残疾青少年健康测试指标（二）

性别	卧推/个			曲臂悬垂/秒			握力/千克			修正式卷腹/个		
	需要提高区	调整区	健康区	需要提高区	调整区	健康区	需要提高区	调整区	健康区	需要提高区	调整区	健康区
男生	≤24	25—49	50	≤7	8—14	≥15	≤31	32—48	≥49	≤13	14—23	≥24
女生	≤7	8—14	15—50	≤3	4—7	≥8	≤18	19—28	≥29	≤10	11—17	≥18

表 7-4　智力残疾青少年健康体适能测试指标(三)

性别	伏地挺身/厘米		背伸		坐位体前屈/厘米	
	需要提高区	健康区	需要提高区	健康区	需要提高区	健康区
男生	≤8	9~12	不通过	通过	≤7	8
女生	≤8	9~12	不通过	通过	≤11	12

2. 20/15 米渐进式有氧心肺耐力跑

测试目的:评价学生有氧能力

测试器材:音频播放器、卷尺、记号笔、铅笔和记分表

测试方法:同听障学生此项测试。

3. 1 英里走/跑

测试目的:评价学生有氧能力

测试器材:秒表、记分卡、铅笔和剪贴板

测试方法:同听障学生此项测试。

4. 2 和 3 分钟坐起测试

测试目的:评价学生有氧能力

测试器材:椅子、节拍器、秒表

测试方法:同视障学生此项测试。

5. 血压

测试目的:通过血管内血液流动时对血管壁产生的侧压力,来评价心血管健康情况

测试器材:医用血压计、听诊器、秒表

测试方法:将压脉带绑在受试者的上臂处,其下缘应在肘关节上约 3 厘米,松紧应适宜。以手摸寻肘窝处的肱动脉,然后把听诊器的听头放在肱动脉上。把气门旋紧,开始打气。随着压脉带内的压力升高,逐渐可以听到有节奏的"咚咚"声。继续打气,等声音消失时,再使压力升高 20—30 毫米汞柱,然后打开气门徐徐放气,以每次搏动下降 2—4 毫米汞柱为宜。在放气的同时注意听,当有节奏的第一声"咚咚"声出现时,水银面所指示的压力即为

最高血压(收缩压)。继续放气,随压力逐渐下降,听到"突变"声,此为舒张压变音点,再继续排气,脉搏声消失瞬间的水银柱高度为舒张压。15 岁以上以消音点作为舒张压。记录所得结果,例如,最高血压为 110 毫米汞柱,最低血压为 70 毫米汞柱,可写成 110/70 毫米汞柱。

6. 心率

测试目的:评价安静时心脏机能

测试器材:秒表、听诊器

测试方法:令受试者坐于测试人员对面,将听诊器前端置于心前区听诊,记录 1 分钟的心跳次数。

7. 10×5 米穿梭跑

测试目的:评价学生有氧能力

测试器材:卷尺、秒表

测试方法:受试者被要求连续跑 10 个 5 米。以秒为单位,并记录两次测试的最佳成绩。

8. 台阶测试

测试目的:评价学生有氧能力

测试器材:台阶(男 30 厘米,女 25 厘米)、节拍器、秒表

测试方法:同听障学生此项测试。

9. 目标有氧能力测试

测试目的:测量受试者有氧能力

测试器材:心率带

测试方法:同听障学生此项测试。

(三)身体素质

1. 握力

测试目的:反映人体前臂和手部肌肉力量

测试器材:握力计

测试方法:同听障学生此项测试。

2. 引体向上

测试目的:测试学生的上肢肌肉力量的发展水平

测试器材:单杠

测试方法:同听障学生此项测试。

3. 30 秒/60 秒仰卧起坐

测试目的:测试学生的腹肌耐力

测试器材:垫子

测试方法:同听障学生1分钟仰卧起坐测试,计时分30秒和60秒即可。

4. 等长俯卧撑

测试目的:测量上半身的力量和耐力

测试器材:秒表

测试方法:受试者采取前倾的姿势,双手在肩膀正下方,手臂伸直,整个身体在一条直线上,脚趾接触地板或垫子,这是俯卧撑正确的上升姿势。当肘部、肩膀、躯干或膝盖出现任何动作(如弯曲、下垂或摇摆)时,测试终止。换句话说,当俯卧撑的正确上升位置不再保持时,计分终止。

5. 曲臂悬垂

测试目的:手、手臂和肩膀的力量和耐力

测试器材:单杠

测试方法:同听障学生此项测试。

6. 修正式卷腹

测试目的:测量腹部力量和耐力

测试器材:垫子、节拍器

测试方法:受试者以仰卧的姿势躺在垫子上。膝盖弯曲约140°,手放在大腿前面,两腿微微分开。受试者蜷曲身体时,手沿着大腿滑动,直到指尖接触髌骨。测试人员可以将他们的手放在个体的膝盖骨上,为个体提供一个更有形的目标。测试者应呼叫节拍(大约每3秒旋转一次)。受试者不停顿地继续,直到他或她不能保持速度或完成75次重复。手放在大腿前面,而不是放在身体旁边的垫子上。

7.50 米跑

测试目的:测试学生速度、灵敏素质及神经系统灵活性的发展水平

测试器材:发令旗一面,口哨一个,秒表若干块(一道一表)

测试方法:受试者至少两人一组测试。站立起跑,受试者听到"跑"的口令后开始起跑。发令员在发出口令的同时要摆动发令旗。计时员视旗动开表计时,受试者躯干部到达终点线的垂直面时停表。以秒为单位记录测试成绩,精确到小数点后一位,小数点后第二位数按非 0 进 1 原则进位,如 10.11 秒读成 10.2 秒记录。

8. 投掷重物

测试目的:测试上肢肌肉力量

测试器材:举起一个 2、3 或 4 千克重的袋子

测试方法:在这个测试中,受试者站在一条线后面,举起一个 2、3 或 4 千克重的袋子(视年龄而定)放在头后面,然后把袋子扔得越远越好。从线到袋子远端的距离以厘米为单位测量。实际测试包括三次尝试,最终的成绩是这三次尝试中的最好成绩。

9. 6 分钟跑、走

测试目的:测试学生心肺能力

测试器材:秒表、卷尺

测试方法:受试者在平坦的硬地上采用走或跑的运动方式,测试其在 6 分钟内所能承受的以最快速度移动的最长距离。

10. 30 秒坐起测试

测试目的:测试下肢肌肉耐力

测试器材:椅子、秒表

测试方法:开始姿势是受试者坐在椅子上,双脚放在地板上,膝盖成 90°角,然后受试者被要求在 30 秒内尽可能快地站起来和坐下,不使用手。完整动作的总数是测试的结果。

11. 五次坐起测试

测试目的:测试下肢肌肉耐力

测试器材：椅子、秒表

测试方法：开始姿势是受试者坐在椅子上，双脚放在地板上，膝盖成90°角。然后受试者被要求以尽可能快的速度站起来和坐下5次，而不需要用手。完成5次坐起测试所需的时间是测试结果，精确到百分之一秒。

12.直臂悬垂

测试目的：测量手、手臂和肩膀的力量和耐力

测试器材：单杠、秒表

测试方法：受试者开始用手握杆，或内旋握杆。大拇指要握在杆上。在整个测试过程中，受试者必须保持完全伸展的姿势，双脚远离地面。肘部和膝盖不能弯曲。受试者可以通过辅助者帮助其稳定身体（如双手轻扶受试者下肢），这样他或她就不会摇摆。

13.爬楼梯

测试目的：测试学生下肢肌肉耐力

测试器材：秒表

测试方法：受试者以尽可能快的速度上下楼梯（上三步、下三步），在30秒内尽可能多地转身重复这个动作。30秒内的步数就是测试分数。测试包括三次尝试，最后取这三次尝试中最好的分数作为结果。

（四）柔韧素质

1.单脚坐位体前屈

测试目的：测量腘绳肌的柔韧性

测试器材：类似于坐位体前屈测试仪

测试方法：同听障学生此项测试。

2.摸背测试

测试目的：测试上半身的柔韧性

测试器材：无

测试方法：同听障学生此项测试。

3.坐位体前屈

测试目的：测量躯干、腰、髋等关节、韧带和肌肉的伸展性和弹性及学生身体柔韧素质

测试器材：垫子

测试方法：同听障学生此项测试。

(五) 其他素质

1.伏地起身

测试目的：测量躯干的伸展、强度和灵活

测试器材：垫子

测试方法：同听障学生此项测试。

2.立定跳远

测试目的：测试学生下肢爆发力及身体协调能力的发展水平

测试器材：卷尺

测试方法：同听障学生此项测试。

3.闭眼单脚站立

测试目的：测试学生平衡能力

测试器材：秒表

测试方法：同视障学生此项测试。

4.起立—行走计时

测试目的：测试学生平衡能力

测试器材：秒表、带扶手的椅子

测试方法：评定时受试者穿着平常穿的鞋，坐在有扶手的靠背椅上（椅子座高约 45 厘米，扶手高约 20 厘米），身体靠在椅背上，双手放在扶手上。如果使用助行具（如手杖、助行架等），则将助行具握在手中。在离座椅 3 米远的地面上贴一条彩条或画一条可见的粗线或放一个明显的标记物。当测试者发出"开始"的指令后，受试者从靠背椅上站起。站稳后，按照平时走路的步态，向前走 3 米，过粗线或标记物处后转身，然后走回到椅子前，再转身坐

下,靠到椅背上。测试过程中不能给予任何躯体的帮助。测试者记录受试者从背部离开椅背到再次坐下(靠到椅背)所用的时间(以秒为单位),以及在完成测试过程中可能会出现摔倒的危险性。正式测试前,允许受试者练习1—2次,以确保受试者理解整个测试过程。

四、注意事项

对智力障碍人群进行测试时,应提供一个让受试者感到被尊重的测试环境,给予简单的口语化、视觉化和规律化的指令引导,提供安全环境,保障受试者不会摔倒或不会担心摔倒,在测试时应给予其更多的鼓励。在进行血压、心电图和肺活量测试时,应有2—3名工作人员监控设备和保护受试者。

第二节 智力残疾大学生体育锻炼实践指导

一、智力残疾大学生身心发展特点

智力残疾是人类残疾病症中的一种特殊类型,这部分人群智力相对低下,会影响其他能力的发展。尤其在运动能力方面,智力残疾人群在各项身体素质和掌握运动技能的能力方面都和健全人相差较大,而且随着年龄的不断增长,他们的身体素质会下降得非常明显。国内外相关研究人员分析和研究了中轻度智力残疾学生如何进行科学、合理的体育运动,以期有效提高智力残疾学生的身体素质,缓解智力残疾人群的家庭压力,达到提高智力残疾学生身体机能的教学目标。

在心理和行为特征方面,智力残疾学生之间存在很大的差异,虽然如此,他们之间仍有很多共性特征。这一共性特征大致可以归纳如下。

(一)认知方面

(1)识别身边事物和现象有困难,重度者不能识别颜色与形状;

(2)记忆缺乏明确的目的,记忆的组织能力较差,尤其是需要深入处理的记忆任务;

(3)后设认知(认知执行任务时需要什么策略与使用自我调节能力的策略)的能力有困难;

(4)分类能力差,例如无法将火车与汽车视为一类;

(5)理解、推理、判断能力低,智力发育低下、迟滞,智商指数(IQ)在 70 以下。

(二)语言方面

(1)语言表达和理解能力发育迟缓;

(2)轻度的弱智儿在日常会话方面接近普通学生,但对于复杂、抽象的语言表达和理解能力低下;

(3)发音、构音迟缓、异常;

(4)重度的智障儿掌握单词的数量极少,多数情况下不能表达自己的意思;

(5)到了学龄期,书写、阅读、作文能力低下,重度的弱智儿过了 10 岁,书写、阅读仍很困难。

(三)兴趣方面

(1)轻度的智障儿对各种事情的关心和兴趣更接近健全学生;

(2)重度的智障儿也喜欢与其他人一起玩耍,对玩具也有兴趣,但是难以与其他人融合在一起;

(3)缺乏智力兴趣和兴趣的持续性。

(四)情绪方面

(1)轻度的智障儿接近于普通孩子,但高层次情感的协调能力差;

(2)情绪不稳定、易冲动,常表现为心情不佳;

(3)有的智障学生缺乏交往热情,态度冷漠,但也有的表现出热情、真挚;

(4)情绪容易出现极端的表现,要么没有表情,要么表情过分。

(五)社会性方面

(1)不认生,喜欢亲近别人,特别是先天性愚型儿童;

(2)交往能力差,不能适应集体行为;

(3)以自我为中心,自控能力差,判断他人的意图、立场的能力低下;

(4)与人交往时,缺乏忍耐性。

二、智力残疾学生体育能力培养策略

智力残疾学生,是因神经系统受损或是发育不全所造成的智力低下的孩子,由于先天原因,在成长的过程中,体育课对他们来说难度非常大。因为他们肢体动作不协调,一个体育动作要练上很多遍才能学会,容易产生自暴自弃的心理。在国家倡导开展德智体美劳全面发展教育的大目标下,体育教育成为五育并举的重要环节之一,因此,特殊教育的教师要特别关注学生的体育学科教育。

(一)采用多媒体体育教学,逐步提高智力残疾学生的运动意识

学生的日常生活是枯燥的,特别是对于智障学生来说,在教学上如果仅用单一的教学手段,在不出示任何教具、教学视频等的情况下,这些学生上课注意力会是极其分散、不集中的。多媒体语音、视频、图片等综合手段的运用,不仅能给学生完整的视觉感受,还能让学生从中收获知识。多媒体有声视频动画与传统教学是相辅相成的,基于文字的表达,整个视频会变得更加简洁明了,学生在课堂上的表现也会因此很活跃,尽管学生在智力上存在差异,但是视觉和感官效果还是能发挥巨大的作用。观看自己感兴趣的动画时,学生会有面部表情(智障学生先天智力上存在差异,但其他身体器官都完好无损)。所以,在体育教学上,多媒体教学是不可或缺的,简单的动作通过视频展示能让学生更容易接受,多媒体的多感官刺激能提高智力残疾学生在课堂上的注意力。

(二)加强观察、模仿和肢体运动的能力

教师的一言一行,对智力障碍学生都起着引导的作用。要想让智力残疾学生学习体育项目,应先从学会观察开始。例如观察拍球的分步骤学习,从观察教具——球,到学会使用掌心拍球。在此之前,先学习手指操,让学生学会舒展自己的手掌,为拍球做准备。学会模仿教师的拍球动作,先把球从高处落下,接着把手心放在球面上,从拍一次球开始,熟练之后再连续拍球,一步一步进行,感受拍球的乐趣。智力残疾学生的记忆是非常分散的,特别是动作记忆是非常弱的,也许一节课只能记住某个动作,但这已经是他们最大

的进步了,因此,特教教师需要付出更多的耐心。

(三)游戏教学,寓教于乐,传授独立技巧

游戏教学优于多媒体教学,在实际的课堂中,教师需要结合两种教学方法来提高教学效果,多媒体教学不能将所有的教育资源都整合起来,达到的教育成效远不如游戏教学。这具体体现在以下几个方面:(1)学生最喜闻乐见的一种学习方式就是游戏学习,调查显示,我国大部分学生(年龄分布在5—25岁之间)喜欢玩游戏,不管是手机游戏还是课堂游戏,游戏教学效果是多媒体语音教学的4—5倍。(2)游戏教学参与的人数较多,跟小组合作学习对比来看,游戏教学的趣味性和普及性较高,能充分将学生带入游戏环节,学生能在课堂上积极地展现自己,对自己进行全方位塑造。(3)能更好地帮助智力残疾学生放下心理戒备,认真地参与游戏环节,教师也便于管束,减少师生之间的冲突。游戏教学,能够帮助更多的学生重拾青春梦想,增加自信心。智力残疾学生想要和健全的学生一样学会思考,需要教师付出加倍的努力。

在体育教学中,游戏教学更适合智力残疾学生,也更能激发学生的学习兴趣。智力残疾学生有时候听指令听不懂,需要通过手势或沟通板进行指导。在体育课上,教师需要设置不一样的游戏环节来吸引他们,如利用生活中常见动物的跑、跳、趴等活动,来进入体育练习的主题。例如通过"我是一只小兔子,蹦蹦跳跳",来设计跳跃类活动游戏。

(四)个别化教学,对号入座

个别化教学,也就是有针对性和有条理性地对知识进行分层和具体划分,不能什么都想教,分不清教学的主次。智力残疾学生教育属于特殊化教育,教师在上课前,要充分对学生的具体情况进行梳理,有针对性地展开多层次教学。根据每个学生的差异,提供不同的教学方案。片面的教学方式会令学生的思想被禁锢,不能展开自由学习,更无法从教师那里获得知识。

三、智力残疾大学生体育锻炼注意事项

（1）智力残疾学生存在明显的运动障碍，且运动能力和身体素质劣于同龄的健全学生。在心理与行为方面，智力残疾学生在感知觉、注意力、记忆及社会性发展等方面也存在障碍。

（2）智力残疾学生触觉、视觉、听觉能力较正常人低，在学习动作技能时，听觉的缺陷显得更大些。因此要充分发挥智力残疾人触觉、视觉在学习动作技能中的作用。讲解的语言要生动、形象、简单，容易被智力残疾人接受，发挥和增强其听觉的作用。

（3）智力残疾学生没有能力加工处理外界环境给予的刺激，大脑中如接受许多同等强度的信息，会妨碍神经系统保持适宜的兴奋，身体也不能达到最高的机能状态。智力残疾学生兴奋性过高和过低，都会出现学习困难的问题，影响动作技能的形成与提高。所以要通过科学的教学方法，在适当的时候，给予适当的刺激。

（4）多样化和个别化相结合。练习手段、方式要多样化，以引起智力障碍学生的学习兴趣，诱发学习积极性，保持注意力，防止保护性抑制的出现。个别化是指区别对待，这是从实际出发、因人施教的意思。智力障碍学生身心特征个体差异显著，个别化教学尤其重要。

（5）循序渐进。智力障碍学生体育教育不同于健全人或其他残疾类型，应循序渐进。

四、智力残疾大学生体育锻炼实践指导

神经肌肉训练包括平衡、协调、步态、灵活性和本体感觉等控制技能的练习，有时也被称为功能性体适能训练。某些将神经肌肉练习与抗阻、柔韧性练习相结合的综合性训练，也被看作是神经肌肉训练，如太极、气功和瑜伽等。目前尚无适用于所有成年人及残疾人的、最有效的神经肌肉训练的类型、运动量（FIT）和训练方案，但多数研究中采用的可以提高控制能力的神经肌肉练习是：每周至少 2—3 天，每次至少 20—30 分钟，每周累计不少于 60 分钟。目前有关训练的重复次数、强度或最佳进阶计划的数据尚缺少。一般认

为,锻炼的次数以机体能承受、不过分疲劳、第二天身体恢复较快为判断依据。

运动技能表现为走、跑、跳、投等一系列身体活动的练习。一般情况下,大多数智力残疾学生都能完成走和跑的动作,但对跳和投的技能掌握起来比较困难,且大部分学生不能完成立定跳远的动作,对投掷类运动更为陌生,这也符合人类动作的发展规律。所以,家长或学校可以通过四个指标上的得分,对智障学生进行有针对性的康复训练,如表 7-5 所示。

表 7-5 智力障碍大学生体育锻炼实践指导

指标	条目	符合	较符合	不符合
走	行走姿势正确	上身正直,步幅均匀,走得自然轻松,上下肢协调	行走时,步幅较均匀,上、下肢摆动比较协调	行走时,肌肉紧张,步幅小,上下肢不协调,两臂摆动不自然
	行走时能够调整速度	行走时能自如地根据需要调整速度,而且有节奏	行走时,调整速度较困难,步伐较快或较慢	行走时,无法调整速度,速度慢而不均匀,无法控制走、跑间速度
	行走时具有一定耐力	能连续走一段路,持续时间达 10 分钟以上	连续走一段路比较困难,持续时间在 5—10 分钟	无法持续走一段路,持续时间少于 5 分钟
跑	跑步姿势正确	两臂屈肘在体侧,上下肢协调灵活,轻松自然地跑	跑步时,能够腾空,上下肢比较协调	跑步时,蹬地力量小,步幅小,几乎看不到腾空阶段
	跑步时能够调整速度	跑时,能自如地根据需要调整速度,而且有节奏	跑时,调整速度较困难,速度不稳	无法调整速度,上身很直,速度不稳,容易摔倒
	跑步时能够调整方向	能轻松自如地变换方向,追逐时躲闪灵活	能比较自如地变换方向,追逐时躲闪较笨拙	跑时不能自如地变换方向和躲避障碍物,动作十分笨拙

续　表

指标	条目	符合	较符合	不符合
跳	跳时保持身体平衡	双脚向前行进跳,自然跳起,轻轻落地,身体能保持平衡	能够屈膝跳跃,身体维持平衡较困难,跳得低,落地时不稳	跳时有屈膝动作,但身体无法保持平衡
	跳时能够有一定高度	向上跳时,高度超过10厘米	向上跳时,高度在5—10厘米之间	无法向上跳,不能使身体离开地面
	向前跳跃时有一定距离	能向前跳跃超过5米的距离	向前跳跃5米的距离比较困难	身体前倾,但无法跳过一段距离
投掷	投掷有一定远度	投掷球时,距离超过5米	投掷球时,距离少于5米	手臂力量小,无法投掷球,常常把球往地上扣
	能投向规定目标	协调性好,能将球投向规定目标	协调性较好,能朝规定目标投	协调性差,无法向规定目标投
	投掷动作有连贯性	投掷时身体随投掷动作向前,移动重心,转体挥臂投出球,动作具有连贯性	身体能够随投掷动作向前,转体挥臂动作比较连贯	两手抓球比较困难,掌握不好挥臂和挥手的时机,不会转体和移动重心

(一)手眼协调训练

手眼协调是指人在视觉配合下手的精细动作的协调性,它涉及视觉、触觉、运动觉,是学生综合运动能力的一种表现。

1.抛接球

准备:给学生一个小皮球(排球、小足球都可以),要求学生双手把皮球抛起来,并且在皮球下落的过程中接住皮球,保证皮球不掉在地上。

动作:a.整个抛球接球的过程要求学生必须单脚站立。

b.抛球的高度必须超过一定高度。

c.改变小球的体积,球越小难度越大。

d.在地上给学生画一个圆圈,要求学生抛接球的过程中不能出圈。

技术要领：身体需保持稳定，手臂伸直向上抛球。

2. 颠球走

准备：学生手中拿一个乒乓球拍（或者其他稍微硬一点的板子），前期把乒乓球（或者其他小球）放在拍子上就可以，等熟练以后可以试着用乒乓球拍颠球。

动作：a. 当听到老师发出"开始"的指令，迅速托着乒乓球从起点跑到终点，看谁完成得又快又好。

b. 增加运动距离。

c. 减小板子的面积。

d. 路上增加障碍物。

e. 改变运动姿势（正面走变成侧身走，直立走换成鸭子步）。

技术要领：持拍的手保持稳定。

3. 套圈圈

准备：将标志碟分散摆在地面上，规定绿色的标志碟是 100 分，黄色的标志碟是 80 分，红色的标志碟是 60 分。

动作：a. 让学生用体能环（一种塑料圈）套标志碟，套中了相应颜色的标志碟就可以得到相应的分数，没有套中不得分，每人 3 次机会，比谁的得分最高。

b. 改变体能环的大小。

c. 改变标志碟距离的远近。

d. 精细动作训练。

4. 手抓毛巾

准备：站直，在桌上放置一条毛巾。

动作：a. 五指张开，放在毛巾之上，用手指将毛巾紧握。

b. 保持 1—2 秒。

c. 慢慢放下。

d. 对侧手重复同样动作。

技术要领：在整个训练过程中确保对手臂及手指神经肌肉的控制能力，如图 7-1 所示。

5.脚抓毛巾

准备:站直,在地上放置一条毛巾。

动作:a.脚趾张开,放在毛巾之上,尽力用脚指将毛巾紧握。

b.保持1—2秒。

c.慢慢放开。

d.对侧脚重复同样动作。

技术要领:在整个训练过程中确保对脚步神经肌肉的控制能力,如图7-2所示。

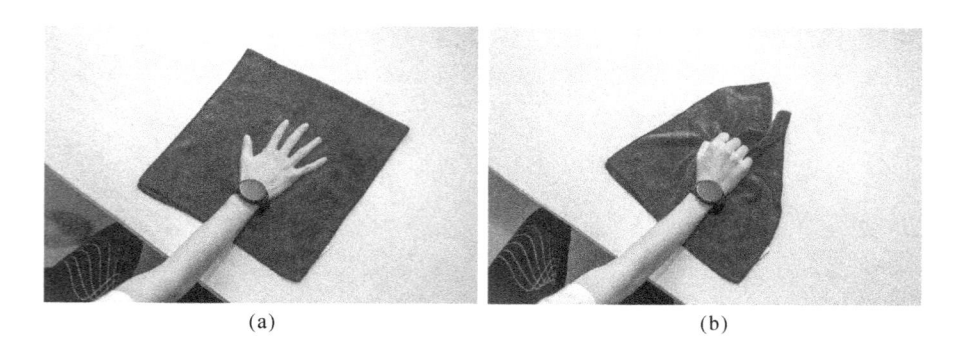

图 7-1　手抓毛巾

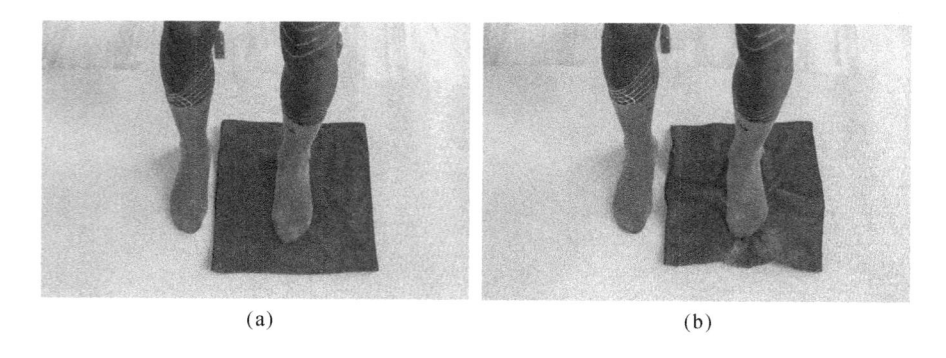

图 7-2　脚抓毛巾

6.手握握力环

准备:坐直,小臂放在桌上,手掌向上。

动作：a. 五指张开，将握力环放在手掌之上，用手指将握力环紧握。

b. 保持 1—2 秒。

c. 慢慢放开手。

d. 对侧手重复同样动作。

技术要领：在整个训练过程中确保对手臂及手指神经肌肉的控制能力，尽力完成，如图 7-3 所示。

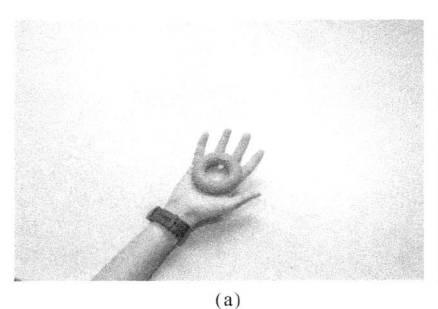

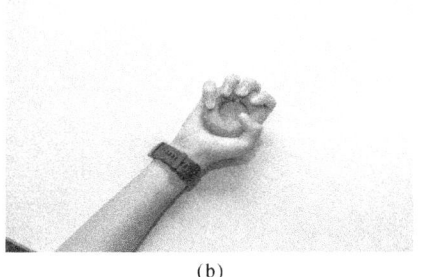

(a)   (b)

图 7-3   手握握力环

（二）平衡能力训练

1. 双脚坐起

准备：身体站直，凳子放在身后，目视前方。

动作：a. 核心收紧，臀部下蹲，屈膝坐在凳子之上，再起立。

b. 保持 6—10 秒。

c. 重复同样动作。

技术要领：在整个训练过程中确保核心肌群对臀腿神经肌肉的控制能力，如图 7-4 所示。

2. 单脚坐起（可以搀扶）

准备：身体站直，单腿站立，凳子放在身后，目视前方。

动作：a. 核心肌群收紧，臀部下沉，屈膝坐在凳子之上，再起立。

b. 保持 6—10 秒。

c. 重复同样动作（腿部力量薄弱者，可借助外力进行练习）。

(a)   (b)   (c)

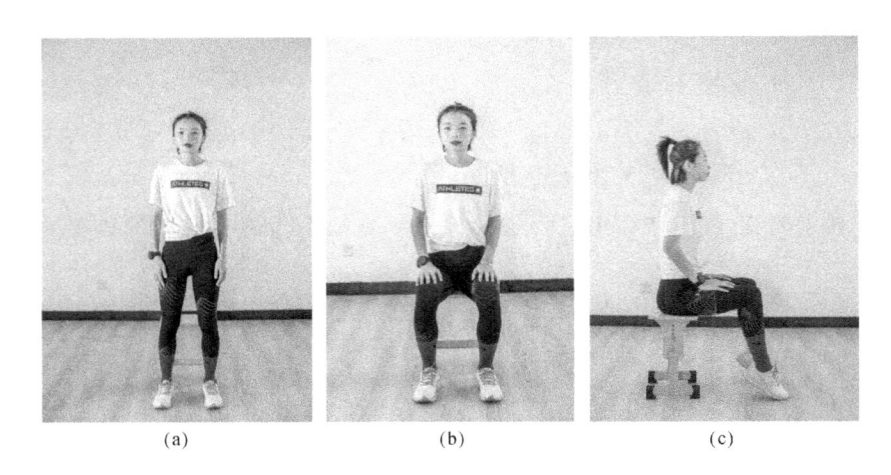

图 7-4 双脚坐起

技术要领：在整个训练过程中确保核心肌群、臀腿神经肌肉控制能力，如图 7-5 所示。

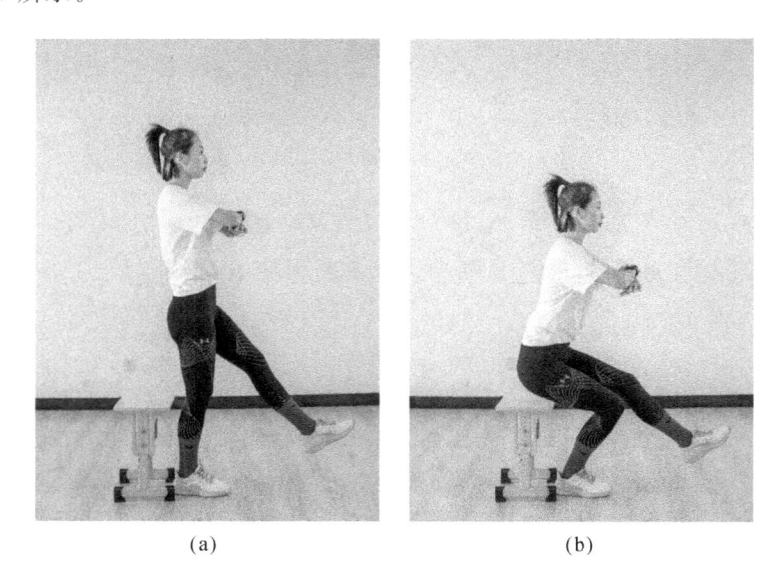

(a)   (b)

图 7-5 单脚坐起

3. 双臂侧平举

准备:身体站直,目视前方。

动作:a.吸气,脊背挺直,双手臂侧平举,大拇指打开,其余四指并拢或五个手指大大张开,微屈手肘,保持肘关节柔软。

b.掌心朝下,指尖向外延伸,肩膀远离耳朵,肋骨下沉。

c.重复同样动作。

技术要领:在整个训练过程中确保核心肌群收紧,呼吸均匀,如图 7-6 所示。

图 7-6 双臂侧平举

4. 双臂前平举

准备:身体站直,目视前方。

动作:a.吸气脊背挺直,双手臂前平举,大手指闭拢,微屈手肘,保持肘关节柔软。

b.掌心朝下,指尖向外延伸,呼气时肘窝柔软,肋骨下沉。

c.重复同样动作。

技术要领:在整个训练过程中确保核心收紧,呼吸均匀,如图 7-7 所示。

图 7-7　双臂前平举

5. 原地下蹲

准备：身体直立，双脚开立，与肩同宽，双手前平举。这是动作的起始位置。

动作：a. 膝盖弯曲，保持背部挺直，臀部向后坐，身体向下蹲，同时吸气，直至大腿与地面平行。

b. 然后起身回到起始位置，同时呼气。

c. 重复同样动作。

技术要领：在整个训练过程中确保核心收紧，腿部肌肉发力，如图 7-8 所示。

6. 直线行走

准备：先低头看地面上所画直线。

动作：a. 走直线，两手侧平举，以保持身体平衡。

b. 然后转身回到起始位置。

c. 重复同样动作。

技术要领：在整个训练过程中确保核心收紧，保持方位感，如图 7-9 所示。

7. 曲线行走

准备：先低头看地面上所画的曲线。

第七章　智力残疾大学生体育锻炼实践　241

(a)　　　　　　　(b)

图 7-8　原地下蹲

(a)　　　　　　　(b)　　　　　　　(c)

图 7-9　直线行走

动作：a. 走曲线，两手侧平举，以保持身体平衡。

b. 然后转身回到起始位置。

c. 重复同样动作。

技术要领:在整个训练过程中确保肌群,保持方位感,如图 7-10 所示。

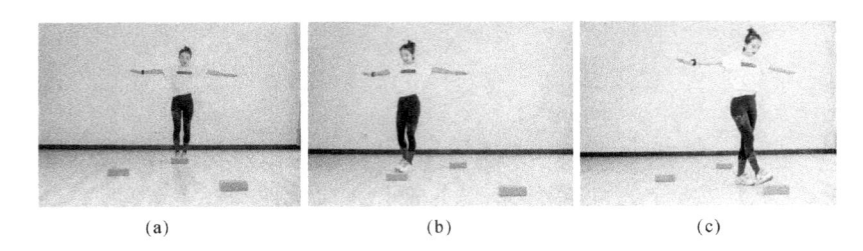

(a) (b) (c)

图 7-10 曲线行走

第八章 肢体残疾大学生体育锻炼实践

第一节 肢体残疾大学生身体健康评定

身体健康评定是参与个性化运动锻炼的基础与保障,通过参与身体健康评定可以了解当前的健康水平,对自身存在的健康风险进行有效干预。身体健康评定的重要性已被广泛认可。截至2020年,我国已经完成第五次国民体质测试,但在此过程中却忽视了对残疾人群这一特殊人群进行的有计划、有规模的身体健康测试。其中肢体残疾人群的残疾情况差异大,对其身体健康评定难度也较大,难以建立全面可靠的评价指标和评定标准。在这样的背景下,肢体残疾人群往往会降低参与体育锻炼的积极性,从而恶化其身体健康状况,进一步影响其参与体育锻炼的能力。因此,制定肢体残疾人群身体健康方案是学校体育部门的重要工作之一。

一、肢体残疾大学生身体健康评定的类别

(一)脊髓损伤大学生身体健康评定

前文已述及,温尼克和肖特对脊髓损伤人群制定了相应的测试方法,通过测试评价有氧能力、身体成分和骨骼肌功能三个方面来反映受试者身体健康水平,如表8-1所示。

表 8-1　脊髓损伤人群体质健康测试相关研究

身体健康测试	测试项目	脊髓损伤类别		
		四肢瘫痪	半身瘫痪（轮椅）	半身瘫痪（能走路）
有氧能力	目标有氧运动测试	推荐	推荐	推荐
身体成分	根据受测者实际情况选择以下某一指标反映身体成分			
	体脂率	推荐	推荐	推荐
	肱三头肌和肩胛冈皮褶厚度	推荐	推荐	推荐
	肱三头肌皮褶厚度	备选	备选	备选
	如果受试者身体允许则必须测试以下项目			
	坐姿俯卧撑	备选	推荐	
肌肉功能	根据受测者实际情况选择以下某一指标反映肌肉力量与耐力			
	小臂反卷上举	推荐		
	握力		推荐	推荐
	卧推、哑铃上推		备选	备选
	根据受测者实际情况选择以下某一指标反映肌肉伸展性			
	修正式背伸		推荐	推荐
	修正式托马斯			推荐
	目标拉伸测试	推荐	推荐	

(二)截肢和畸形大学生身体健康评定

董晓虹和丛湖平参考国民体质监测体系对肢体障碍大学生进行身体健康测试,结果显示,大部分肢体障碍学生难以完成台阶实验、坐位体前屈测试和俯卧撑。他们采用仰卧推举实验、仰卧起上体实验和1.5分钟或2分钟原地单脚跳实验代替了台阶实验,采用假肢辅助坐位体前屈实验代替了坐位体前屈,采用单臂卧推实验代替了俯卧撑。陈爽对肢体障碍人群残疾部分进行分类,首先将样本根据残疾部位分为1型双上肢、2型双下肢、3型单侧上下肢、4型单侧上肢、5型单侧下肢。她从以下项目中选取了4—6个参与项目进行评定：单腿屈膝坐位体前屈、1分钟仰卧起坐、优势手握力、垂吊绳、仰卧举腿、台阶实验、选择反应时和闭眼单脚站立。段文义等参考国民体质监测体系进行测试，肢体残疾青少年难以完成部分测试项目，故对于上肢肢体障碍青少年采用单臂推举和假上肢辅助坐位体前屈替代掷实心球、坐位体前屈测试；对于下肢肢体障碍青少年采用1.5分钟原地单脚跳、仰卧推举、假下肢辅助坐位体前屈和单脚纵跳替代台阶实验、掷实心球、坐位体前屈和立定跳远。《布罗克波特体能测试手册》记载了可适用截肢和畸形人群完善的测试方法，可满足于不同肢体缺陷或残疾程度的测试需求，通过测试评价从有氧能力、身体成分和骨骼肌功能三个方面反映受试者身体健康水平，如表8-2、表8-3所示。

表8-2 截肢或畸形人群体质健康测试相关研究

资料来源	测试指标
董晓虹和丛湖平	身体形态：身高、体重 身体机能：肺活量 身体素质：握力、纵跳、1分钟仰卧起坐（女）、闭眼单脚站立、选择反应时、假肢辅助坐位体前屈、单臂卧推实验 以下测试三选一：仰卧推举实验、仰卧起上体实验和1分钟30秒或2分钟原地单脚跳实验
陈爽	身高、体重、肺活量：均测，其余根据自身情况选择4—6项 根据分类：1型双上肢、2型双下肢、3型单侧上下肢、4型单侧上肢、5型单侧下肢 单腿屈膝坐位体前屈测试：1、2、3、4、5型 1分钟仰卧起坐：3、4、5型 垂吊绳测试：1型 仰卧举腿测试：2型 优势手握力：2、3、4、5型 双手握力：1型 台阶实验：1、4型 选择反应时：1、2、3、4、5型 闭眼单脚站立：1、3、4、5型

续　表

资料来源	测试指标
段文义等	身体形态:身高、体重 身体机能:肺活量 身体素质:握力、仰卧起坐(均测) 单臂卧推、假上肢辅助坐位体前屈、立定跳远、台阶实验(上肢残疾学生选择) 1.5分钟单脚跳、仰卧推举、假肢辅助坐位体前屈、纵跳(下肢残疾学生选择)

表8-3　BPFT截肢或畸形人群体质健康测试相关研究

身体健康测试	测试项目	截肢和畸形人群类别					
		仅一只胳膊	仅两只胳膊	仅一条腿	仅两条腿	仅一胳膊和腿(同侧)	仅一胳膊和腿(异侧)
		有氧能力测试选一					
有氧能力	20/15米渐进式有氧心肺耐力跑	推荐	推荐				
	1英里走/跑	备选	备选				
	目标有氧运动测试			推荐	推荐	推荐	推荐
		身体成分测试选一					
身体成分	体脂率	推荐	推荐	推荐	推荐	推荐	推荐
	肱三头肌和肩胛下皮褶厚度	推荐	推荐	推荐	推荐	推荐	推荐
	肱三头肌皮褶厚度	备选	备选	推荐	推荐	推荐	推荐
	小腿皮褶厚度	推荐	备选	备选		备选	备选
		如果受试者身体允许则选择以下项目之一					
肌肉功能	肩部拉伸或修正式背伸	推荐		推荐	推荐	推荐	推荐
	单脚坐位体前屈	推荐		推荐	推荐		

续　表

身体健康测试	测试项目	截肢和畸形人群类别					
		仅一只胳膊	仅两只胳膊	仅一条腿	仅两条腿	仅一胳膊和腿（同侧）	仅一胳膊和腿（异侧）
肌肉功能	根据受测者实际情况，选择以下某一指标反映肌肉伸展性							
	膝关节伸展			备选	备选	备选	备选
	肩关节屈	备选	备选			备选	备选
	肩外旋	备选	备选			备选	备选
	肘关节拉伸	备选	备选			推荐	推荐
	根据受测者实际情况，选择以下某一指标反映核心肌肉力量与耐力							
	伏地起身	推荐	推荐				
	卷腹	推荐	推荐				
	根据受测者实际情况，选择以下某一指标反映上肢肌肉力量与耐力							
	哑铃上推	推荐		备选	备选	推荐	推荐
	卧推			推荐	推荐		
	坐姿俯卧撑			推荐	推荐		
	握力	推荐		推荐	推荐	推荐	推荐

(三)脑瘫大学生身体健康评定

国外学者科夫斯基(Kofsky)等对肢体障碍残疾成年人进行了身体健康测试，其中身体形态指标包括身高、体重、皮褶厚度、血脂，有氧能力采用上肢功率自行车评价最大摄氧量，肌肉力量测试采用等动肌力测试仪评价上肢肌肉力量，结论显示，与健全人相比，患有脑瘫的年轻人与健康相关的身体素质更低。巴勒曼斯(Balemans)等对脑瘫青少年进行了身体健康测试，测试指标主要包括身高、体重、皮褶厚度、有氧能力直接测试、20秒温盖特测试(Wingate test)、等动肌力测试、横向迈步试验(优势腿和非优势腿)和坐立试验测量，如表8-4、表8-5所示。

表 8-4　脊髓损伤人群体质健康测试相关研究

资料来源	测试指标
科夫斯基等	身体形态指标：身高、体重、皮褶厚度 有氧能力：上肢功率自行车 肌肉力量：等动肌力测试仪 其他指标：血脂
巴勒曼斯等	身体形态：身高、体重、皮褶厚度 身体素质：有氧能力直接测试、20 秒温盖特测试、等动肌力测试、横向迈步试验（优势腿和非优势腿）和坐立试验测量

表 8-5　BPFT 脊髓损伤人群体质健康测试相关研究

身体健康测试项目	脑瘫人群类别								
	运动分级								
	电轮椅			轮椅				行走	
	C1	C2U	C2L	C3	C4	C5	C6	C7	C8
有氧能力 目标有氧运动测试	推荐	推荐	推荐	推荐	推荐	推荐	推荐	推荐	推荐
身体成分	身体成分测试选一								
体脂率	推荐	推荐	推荐	推荐	推荐	推荐	推荐	推荐	推荐
肱三头肌和肩胛下皮褶厚度	推荐	推荐	推荐	推荐	推荐	推荐	推荐	推荐	
肱三头肌皮褶厚度	备选	备选	备选	备选	备选	备选	备选	备选	备选
BMI	备选	备选	备选	备选	备选	备选	备选	备选	备选
肌肉功能	如果受试者身体允许，至少选择一项								
修正式背伸	推荐	推荐		推荐	推荐	推荐	推荐	推荐	推荐
修正式托马斯测试						推荐	推荐	推荐	
目标拉伸测试	推荐	推荐	推荐	推荐	推荐	备选	备选	备选	备选
	选择至少一项（除了 c1 类别）								
坐姿俯卧撑		推荐		推荐	推荐	推荐			

续　表

身体健康测试项目	脑瘫人群类别									
	运动分级									
	电轮椅			轮椅				行走		
	C1	C2U	C2L	C3	C4	C5	C6	C7	C8
40米轮椅推行		推荐	推荐	备选					
40米走								推荐	
握力				备选	备选			备选	备选
哑铃上推				备选	备选	备选		推荐	推荐
轮椅坡道测试				推荐					

二、肢体残疾大学生评定标准

BPFT 测试主要包括有氧能力、身体成分和骨骼肌功能。受试者根据其评定标准对其指标赋予等级，主要包括健康风险区、需要提高区和身体健康区三个等级。但 BPFT 测试主要针对 5—17 岁脊髓损伤、脑瘫、截肢和畸形等残疾青少年，因此仅展示与高职学生最为接近的 17 岁年龄段青少年评价指标，如表 8-6 至表 8-11 所示。

三、指标测试方法

（一）身体成分

1. 身高、体重

测试目的：评价学生生长发育的水平及营养状况

测试器材：身高体重计

测试方法：同听障学生此项测试。

2. 体脂百分比

测试目的：评价学生全身身体成分水平

测试器材：人体成分分析仪

测试方法：同听障学生此项测试。

表 8-6 脊髓损伤青少年健康体适能测试指标评价（一）

性别	目标有氧能力测试 需要提高区	目标有氧能力测试 健康区	体脂率/% 需要提高区	体脂率/% 健康区	体脂率/% 很瘦	皮褶厚度/毫米 需要提高风险区	皮褶厚度/毫米 健康区	小臂反卷/个 需要提高区	小臂反卷/个 健康区	坐姿俯卧撑/秒 需要提高区	坐姿俯卧撑/秒 健康区	卧推/个 需要提高区	卧推/个 健康区	哑铃上推/个 需要提高区	哑铃上推/个 健康区
男生	不通过	通过	21	6.7—20.9	≤6.6	≥33	8—27	0	≥1	≤4	≥5—20	≤49	50	≤26	27—50
女生	不通过	通过	30.5	15.9—30.4	≤15.8	≥37.9	18—42	0	≥1	≤4	≥5—20	≤14	15—50	≤10	11—50

表 8-7 脊髓损伤青少年健康体适能测试指标评价（二）

性别	握力/千克 需要提高区	握力/千克 健康区	修正式背伸/分 需要提高区	修正式背伸/分 健康区	修正式托马斯测试/分 需要提高区	修正式托马斯测试/分 健康区	目标拉伸测试/分 需要提高区	目标拉伸测试/分 健康区
男生	≤48	≥49	≤2	3	≤2	3	≤1	2
女生	≤28	≥29	≤2	3	≤2	3	≤1	2

表 8-8 脑瘫青少年身体健康测试指标评价（一）

性别	目标有氧能力测试 需要提高区	目标有氧能力测试 健康区	体脂率/% 很瘦	体脂率/% 健康区	体脂率/% 需要提高区	皮褶厚度/毫米 健康风险区	皮褶厚度/毫米 健康区	BMI/(千克/平方米) 健康风险区	BMI/(千克/平方米) 健康区	坐姿俯卧撑/秒 需要提高区	坐姿俯卧撑/秒 调整区
男	不通过	通过	≤18	6.7—20.4	21	≥28.6	8—27	25	18.1—24.9	≤4	≥5—20
女	不通过	通过	≤17.4	15.9—30.4	30.5	≥30	18—42	25	17.5—24.9	≤4	≥5—20

第八章　肢体残疾大学生体育锻炼实践　251

表 8-9　脑瘫青少年身体健康测试指标评价(二)

性别	40米推行	轮椅坡道测试/英尺 需要提高区	轮椅坡道测试/英尺 健康区	哑铃上举/个 需要提高区	哑铃上举/个 健康区	握力/千克 需要提高区	握力/千克 健康区	修正式背伸/分 需要提高区	修正式背伸/分 调整区	修正式背伸/分 健康区	修正式托马斯测试/分 需要提高区	修正式托马斯测试/分 调整区	修正式托马斯测试/分 健康区	目标拉伸测试/分 需要提高区	目标拉伸测试/分 调整区	目标拉伸测试/分 健康区
男生	不通过	≤7	≥8-15	≤26	27-50	≤48	≥49	≤1	2	3	≤1	2	3	0	1	2
女生	不通过	≤7	≥8-15	≤10	11-50	≤28	≥29	≤1	2	3	≤1	2	3	0	1	2

表 8-10　截肢和畸形青少年健康体适能测试指标评价(一)

性别	20/15米渐进式有氧心肺耐力跑/圈 健康风险区	20/15米渐进式有氧心肺耐力跑/圈 需要提高区	1英里跑/走 VO₂MAX 需要提高区	1英里跑/走 VO₂MAX 需要提高区	1英里跑/走 VO₂MAX 健康区	目标有氧能力测试 不通过	目标有氧能力测试 通过	体脂率/% 很瘦	体脂率/% 健康区	体脂率/% 需要提高区	体脂率/% 健康风险区	皮褶厚度/毫米 健康区	皮褶厚度/毫米 需要提高区	坐姿俯卧撑/秒 需要提高区	坐姿俯卧撑/秒 调整区
男生	≤16	≥17	≤37.3	37.4-40.1	≥40.2	不通过	通过	≤6.6	6.7-20.9	21	≥33	8-27	—	≤4	≥5-20
女生	≤32	≥35	≤35.7	25.8-38.7	≥38.8	不通过	通过	≤15.8	15.9-30.4	30.5	37.9	18-42	—	≤4	≥5-20

表 8-11　截肢和畸形青少年健康体适能测试指标评价(二)

性别	卧推/个 需要提高区	卧推/个 健康区	哑铃上举/个 需要提高区	哑铃上举/个 健康区	握力/千克 需要提高区	握力/千克 健康区	卷腹/个 需要提高区	卷腹/个 健康区	伏地起身/厘米 需要提高区	伏地起身/厘米 健康区	修正式背伸/分 需要提高区	修正式背伸/分 健康区	修正式背伸/分 健康区	背伸 不通过	背伸 通过	坐位体前屈/厘米 需要提高区	坐位体前屈/厘米 健康区	目标拉伸测试/分 需要提高区	目标拉伸测试/分 健康区
男生	≤49	50	≤26	27-50	≤48	≥49	≤23	≥24	≤8	9-12	≤2	2	3	不通过	通过	≤7	≥8	≤1	2
女生	≤14	15-50	≤10	11-50	≤28	≥29	≤17	≥18	≤8	9-12	≤2	2	3	不通过	通过	≤11	≥12	≤1	2

3.皮褶厚度

测试目的:评价学生体脂率水平

测试器材:皮脂厚度计

测试方法:同听障学生此项测试。

(二)心肺素质

1.肺活量

测试目的:评价学生有氧耐力

测量器材:电子肺活量计

测试方法:同听障学生此项测试。

2.20/15 米渐进式有氧心肺耐力跑

测试目的:评价学生有氧能力

测试器材:音频播放器、卷尺、记号笔、铅笔和记分表

测试方法:同听障学生此项测试。

3.1 英里走/跑

测试目的:评价学生有氧能力

测试器材:秒表、记分卡、铅笔和剪贴板

测试方法:同听障学生此项测试。

4.心率

测试目的:评价安静时心脏机能

测试器材:秒表、听诊器

测试方法:同听障学生此项测试。

5.台阶测试

测试目的:评价学生有氧能力

测试器材:台阶(男 30 厘米,女 25 厘米)、节拍器、秒表

测试方法:同听障学生此项测试。

6.目标有氧能力测试

测试目的:测量受试者有氧能力

测试器材:心率带

测试方法:同听障学生此项测试。

7.仰卧推举

测试目的:测试学生心肺能力

测试器材:心率带、杠铃杆、节拍器

测试方法:受试者仰卧于水平卧推凳上,在髋以下部位给予固定保护,掌心向上握住杠铃杆,受试者两手间距略大于肩宽,双臂支撑杠铃于胸前部;男性和女性用杠铃杆的重量分别为8千克和5千克,根据受试者能力可适当调整重量。受试者采用上述姿势按照节拍器节奏(节拍器节奏120次/分钟),2拍完成推起、2拍完成回落动作,连续不断地重复此运动1.5分钟。对受试者运动停止后恢复期1—1.5分钟、2—2.5分钟、3—3.5分钟的3次阶段心率进行测试,采用台阶指数的计算公式是将登台阶运动持续时间(秒)乘以100,然后除以2倍的恢复期3次脉搏数之和。

8.仰卧起上体实验

测试目的:测试心肺能力

测试器材:心率带、节拍器、秒表

测试方法:受试者仰卧于水平软垫上,两手手指交叉抱于脑后,同伴压住受试者两侧膝关节处并固定其下肢。收腹使躯干完成坐起动作,然后还原至开始姿势,按照节拍器节奏(节拍器节奏120次/分钟),2拍完成坐起动作、2拍完成还原动作并连续不断地重复此运动1.5分钟。对受试者运动停止后恢复期1—1.5分钟、2—2.5分钟、3—3.5分钟的3次阶段心率进行测量,采用台阶指数公式计算测量结果。

9.1.5分钟或2分钟原地单脚跳实验

测试目的:测试学生平衡能力

测试器材:秒表、心率带、台阶、节拍器

测试方法:受试者单脚站立,双臂自然放在身体两侧,按照节拍器节奏(节拍器节奏120次/分钟),每1拍完成跳起(要求单脚跳离地面,高度在3—5厘米)、1拍完成回落动作,连续不断地重复此运动1.5或2分钟。对受试者运动停止后恢复期 1—1.5 分钟、2—2.5 分钟、3—3.5 分钟的 3 次阶段心率进行测量,采用台阶指数公式计算测量结果。

(三)身体素质

1. 握力

测试目的:同听障学生此项测试。

测试器材:握力计

测试方法:同听障学生此项测试。

2. 30 秒/60 秒仰卧起坐

测试目的:测试学生的腹肌耐力

测试器材:垫子

测试方法:同听障学生 1 分钟仰卧起坐测试,计时分 30 秒和 60 秒即可。

3. 30 秒坐起测试

测试目的:测试下肢肌肉耐力

测试器材:椅子、秒表

测试方法:同智力残疾学生此项测试。

4. 单臂卧推

测试目的:测试学生平衡能力

测试器材:哑铃、垫子、长椅

测试方法:受试者仰卧于水平卧推凳上,双脚平踏在地。单手掌心向上握住哑铃,哑铃的重量为 5 千克。受试者向上推起哑铃,直到手臂伸直,慢慢垂直回落,单臂支撑哑铃于胸前部。如此重复进行测试,记录次数,如图 8-1 所示。

5. 双臂卧推

测试目的:测量上肢(尤其是肘关节伸展)的力量和耐力

测试器材:杠铃、节拍器、秒表

测试方法:受试者仰卧在长凳上,膝盖弯曲,脚放在地板上。无法采取这种姿势的人应弯曲膝盖躺在长凳上,固定长凳或在长凳两侧加垫子垫高支撑下肢。为了安全起见,测试员作为观察员或指定观察员。受试者双手握住 5

图 8-1 单臂卧推

千克的杠铃,双手置于肩膀上方,肘部弯曲(这是准备位置)。手握杠铃,拇指环绕,手应该与肩同宽。根据指令,受试者将杠铃举至与身体成 90°角的直臂位置,然后返回准备位置。受试者不休息地重复这个动作,直到他或她不能再举起杠铃或成功地完成 50 次(男性)或 30 次(女性)重复。每 3—4 秒以稳定的速度完成一次重复。观察员站在受试者的胸腔旁边,而不是在受试者的后面,鼓励受试者垂直向上举起杠铃。

6. 哑铃上推

测试目的:测量手臂和肩部的力量和耐力

测试器材:哑铃、秒表、一张轮椅或其他结实的椅子

测试方法:受试者坐在轮椅或其他结实的椅子上。为安全起见,测试员可作为观察员或指定观察员。受试者用优势手握住哑铃,弯曲肘部,使重量接近优势肩并略前。当受试者可以控制哑铃时,他或她应该伸展肘部,弯曲肩膀,这样重量就会被转移到肩部以上。当肘关节完全伸展时,受试者将哑铃恢复到起始位置。以稳定的速度继续练习(每次重复 3—4 秒),直至受试者完成 50 次重复,或无法在肘关节完全伸直的情况下将重量举过肩部,如图 8-2 所示。

7. 40 米轮椅推行

测试目的:测量受试者是否有力量和耐力在达不到中等强度的情况下穿越 40 米的距离

图 8-2 哑铃上推

测试器材：秒表

测试方法：受试者必须能够在 60 秒或更短的时间内跑完 40 米的距离，同时保持心率低于中等运动强度的标准，如图 8-3 所示。

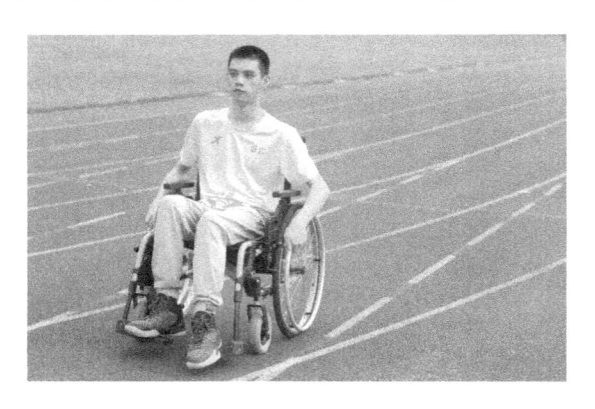

图 8-3 40 米轮椅推行

8. 小臂反卷上举

测试目的：衡量手、手腕和手臂的力量

测试器材：重物

测试方法：首先，当受试者处于正常坐姿时，重量放在同侧大腿的中点。从这个起始位置开始，受试者屈肘并提起重物（0.5 千克），直到屈肘达到至少 45°。重量在这个位置保持 2 秒,然后回到起始位置,如图 8-4 所示。

注意事项:动作一定要控制好,肘关节向下伸展的动作一定要慢于重力的牵拉。

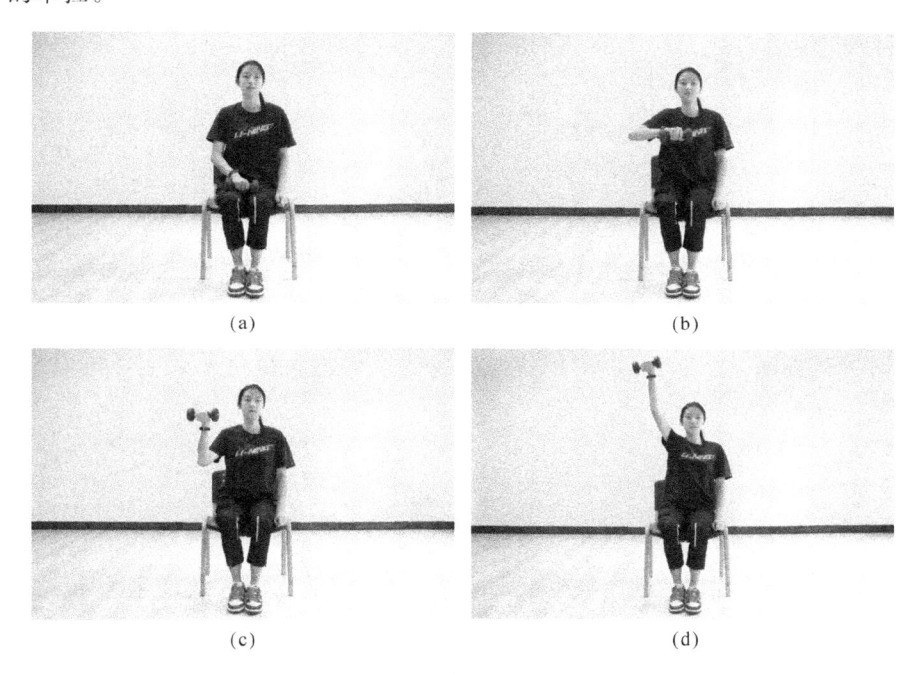

图 8-4　小臂反卷上举

9. 坐姿撑起

测试目的:测量上半身的力量和耐力

测试器材:秒表、带扶手的轮椅

测试方法:受试者将手放在标准型轮椅或椅子的扶手上,或者没有扶手的运动轮椅的轮子上,然后抬起身体,通过肘部的伸展使臀部从支撑面上抬起。一旦获得伸展,受试者就尽可能长时间地保持这个位置(手臂必须在肘部展开),如图 8-5 所示。

10. 轮椅坡道测试

测试目的:测量上半身的力量和耐力

测试器材:轮椅、一个较缓的坡道

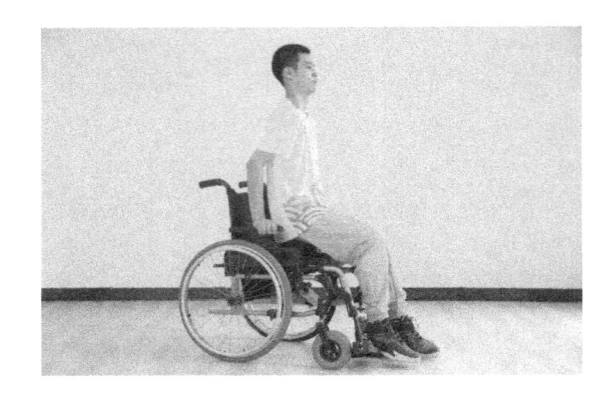

图 8-5　坐姿撑起

测试方法:受试者可以使用任何他们喜欢的推轮椅技术来完成测试,如图 8-6 所示。

图 8-6　轮椅坡道测试

(四)柔韧素质

1.单脚坐位体前屈

测试目的:测量腘绳肌的柔韧性

测试器材:类似于坐位体前屈测试仪

测试方法:同听障学生此项测试。

2.摸背测试

测试目的:测试上半身的柔韧性

测试器材:无

测试方法:同听障学生此项测试。

3.坐位体前屈

测试目的:测量躯干、腰、髋等关节、韧带和肌肉的伸展性和弹性及学生身体柔韧素质

测试器材:垫子、体前屈测试仪

测试方法:同听障学生此项测试。

4.假肢辅助坐位体前屈

测试目的:测量躯干、腰、髋等关节、韧带和肌肉的伸展性和弹性及学生身体柔韧素质

测试器材:假上肢、体前屈测试仪

测试方法:利用专用假上肢、万向轮代替肩关节,关节活动度接近健全人,并且假臂长度参照人的身高臂长比率进行调整。根据肢残人的身高调整好假肢长度,然后使用松紧带把假上肢的肩关节固定在残疾人的肩部,就可以开始坐位体前屈测试了。

5.修正式背伸

测试目的:测量上半身的柔韧性

测试器材:无

测试方法:受试者尝试用一只手向后伸,触摸对侧肩胛骨的上内侧角,如图8-7所示。

6.修正式托马斯测试

测试目的:评估受试者的髋屈肌的长度

测试器材:桌子、胶带、卷尺

测试方法:测试者在距离桌子短边28厘米处放置一条薄胶带。受试者以仰卧的姿势躺在桌子上,使股骨头与胶带齐平。小腿可以放松,并悬挂在狭窄的桌子边缘。为了测试右髋,受试者将左膝抬向胸部。受试者用手将膝

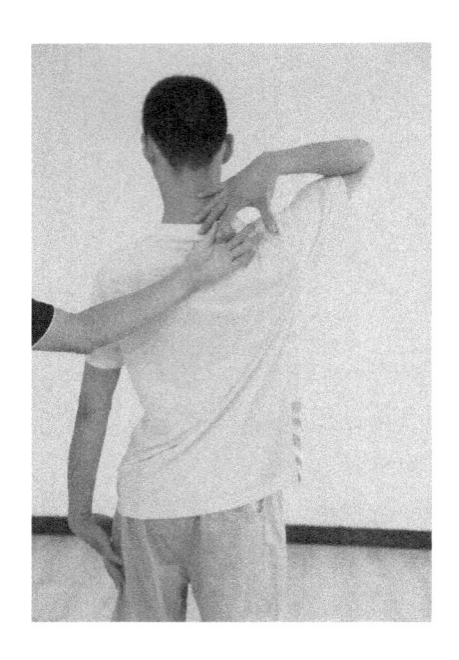

图 8-7　修正式背伸

盖拉向胸部,直到背部平靠在桌子上。此时,测试者应观察受试者右大腿的位置。如果受试者在背部平坦的情况下能够保持大腿与桌面接触,则可获得最高分数。为了测试左髋,在身体的另一侧重复这个过程。

7.目标拉伸测试

测试目的:评估关节运动程度

测试器材:关节角度测量仪

测试方法:对学生进行关节活动度测试,每个单独的测试,都要求受试者在给定的联合动作中达到他们的最大运动范围,主要包括肩屈伸、肩外展内收、膝关节屈伸等活动。

(五)其他素质

1.伏地起身

测试目的:测量躯干的伸展、强度和灵活度

测试器材:垫子

测试方法:同视障学生此项测试。

2.立定跳远

测试目的:测试学生下肢爆发力及身体协调能力的发展水平

测试器材:卷尺

测试方法:同听障学生此项测试。

3.闭眼单脚站立

测试目的:测试学生平衡能力

测试器材:秒表

测试方法:同视障学生此项测试。

4.纵跳

测试目的:测试下肢爆发力

测试仪器:电子纵跳计

测试方法:测试人员打开电源开关,按"开始键"后,显示屏上出现闪烁光信号,蜂鸣器发出声响,表明纵跳计进入工作状态。受试者踏上纵跳板,双足自然分开,呈直立姿势,准备测试。当看到显示屏上显示出"0.0"时,开始测试。受试者屈膝半蹲,双臂尽力后摆,然后向前上方快速摆臂,双腿同时发力,尽力垂直向上跳起。当受试者落回纵跳板后,显示屏上显示出测试值。测试2次,测试人员记录最大值,以厘米为单位,精确到小数点后一位。

5.选择反应时实验

测试目的:测试学生反应能力

测试器材:电子反应时测试仪

测试方法:测试人员打开电源开关,显示屏上显示出"FYS"字样,表明测试仪进入工作状态。开始测试时,受试者五指并拢伸直,用中指指尖按住"启动"键,当任意一个"信号"键发出信号时(声、光同时发出),用同一只手以最快速度按向该信号键;然后,再次按住"启动"键,等待下一个信号的发出,每次测试需完成5个信号的应答。当所有信号键都同时发出声、光信号时,表示测试结束,显示屏上显示测试值。测试2次,测试人员记录最小值,记录以秒为单位,保留小数点后两位。

6. 20 秒温盖特测试

测试目的：对于糖酵解系统能力的评定

测试器材：自行车功量计、电脑

测试方法：受试者在自行车功量计上蹬 2—4 分钟做准备活动,使其心率达到 150—160 次/分钟,其中 2—3 次(每次持续 4—8 秒)为全力蹬车。准备活动后休息 3—5 分钟,设置阻力,功率车阻力＝系数×受试者体重(千克)。正式试验开始后,受试者全速快骑,同时增加阻力,以便在 2—4 秒内达到规定负荷,并持续以 40 秒最快速度蹬车。测试结果由电脑自动记录,指标包括最大功率(瓦或瓦/千克)、平均功率(瓦或瓦/千克)和疲劳指数(%),测试结束后蹬车放松 2—3 分钟。

四、注意事项

脑瘫残疾人群,其有运动控制障碍,同时还伴有不同程度的其他感官障碍(如视觉障碍、听觉障碍)或认知障碍(如智力障碍、知觉运动障碍),会影响其活动参与能力,应选择适合个体的测试方法进行测试,并且测试时给予更多的保护与鼓励,确保受试者安全与测试顺利进行;针对脊髓损伤人群,需要考虑运动测试的目的、脊髓损伤的节段和完全程度、受试者的体能水平,以便优化运动设施和方案的选择。因脊髓损伤人群身体素质较差,在长时间的测试过程中应该给予适当的休息时间,降低其疲劳程度和压力。针对畸形和截肢人群,因不同受试者间差异较大,在测试时应根据个体情况选择合适的项目,若难以完成,可以适当降低难度。

第二节 肢体残疾大学生体育锻炼实践指导

一、肢体残疾大学生身心发展特点

(一)身体特点

脑瘫是指发生于产前、产程中或产后短期内,非渐进性脑损伤所导致的脑功能发育障碍。脑瘫的原因与负责控制和调节肌张力、反射、姿势和动作的脑区受损有关。脑损伤的部位和严重程度是影响脑瘫受试者肌张力和反射的决定性因素,因此,脑瘫的种类和功能障碍的严重程度具有明显的个体差异。据报道,发达国家活产婴儿的脑瘫发生率为 1.5%—5%。脑瘫的临床表现多种多样,但常见两种类型:痉挛型(占脑瘫的 70%)和手足徐动型。痉挛型脑瘫的特点是上肢屈肌(如肱二头肌、肱肌、旋前圆肌)和下肢伸肌(如股四头肌、小腿三头肌)的肌张力明显增加,而与痉挛肌群对应的拮抗肌群力量较弱。痉挛状态会发生动态改变,慢速牵拉、温热和良好的姿势体位会缓解痉挛,而快速动作、寒冷疲劳或情绪压力都会引起痉挛加重。手足徐动型脑瘫的特征是肢体发生不随意运动,或不能控制动作,完成动作变得更加费力,同时心理压力增加。根据瘫痪部位进一步细化分类,如四肢瘫型、单肢瘫型、偏瘫型等。但在制定运动处方时,依据国际脑瘫人体育与休闲协会(the Cerebral Palsy International Sport and Recreation Association,CPISRA)的功能分类方法更适用——尽管目前只限于运动。CPISRA 从痉挛和手足徐动状态最严重到轻微活动异常的范围进行细化分类。从功能角度区分,1—4 级适用于使用轮椅代步的人群,5—8 级适用于可以自由活动的人群,如表 8-12 所示。

表 8-12 国际脑瘫人体育与休闲协会功能分类系统

级别	分级标准
1	四肢严重瘫痪;躯干控制受限;无法抓握;上肢肌力差,需要使用电动轮椅。
2	中重度四肢瘫,能够用手缓慢操作或脚蹬地推动轮椅;上肢肌力差,控制困难。
3	中度四肢瘫,上肢和躯干肌力不足,动作控制中度障碍,使用轮椅。
4	下肢中重度障碍;上肢和躯干肌力良好,动作控制轻度障碍,使用轮椅。
5	上肢肌力良好,动作控制轻度不良,佩戴或不戴辅助器具能够行走。
6	中重度四肢瘫;不用助行器能够行走,轻度协调不良;跑或投有平衡问题;上肢正常。
7	中轻度偏瘫,健侧肢体功能良好,患者能走或跑。
8	轻度受损,轻度不协调,能够自由跑跳,平衡功能良好。

肢体残疾者是指在出生时或后天因疾病、事故等原因导致身体某一部分或多个部分的功能受损或缺失的人群,一般包括脑瘫、截肢和脊髓损伤这几类。他们的身体特点主要包括以下几个方面。

运动功能受限:肢体残疾者的运动功能受到不同程度的限制。有些人可能完全丧失某个肢体的运动能力,而有些人则可能只是运动功能受限。这使得他们在日常生活中的活动范围受到限制,需要借助辅助工具或他人的帮助来完成一些基本的动作。

肌肉萎缩或畸形:由于肢体残疾者的运动功能受限,他们的肌肉可能会出现萎缩或畸形的情况。这是因为肌肉长期得不到充分的运动和锻炼,导致肌肉组织的退化和变形。这种情况可能会进一步加剧他们的运动障碍。

平衡和协调能力差:肢体残疾者由于运动功能的受限,他们的平衡和协调能力往往较差。这使得他们在行走、站立、转身等动作中更容易失去平衡,增加了跌倒和受伤的风险。

感觉功能异常:肢体残疾者的感觉功能可能也会受到影响。他们可能会出现触觉感知、温度感知、疼痛感知等方面的异常。这使得他们在日常生活中更难以感知到外界的刺激和变化,需要更加仔细地注意自身的安全。

(二)心理特点

1. 独立性与依赖性

肢体残疾学生希望与健全人获得同等权利,他们善于观察与思考,能独立完成自己的事情。他们渴望独立安排自己的学习和工作,积极参与到社会活动中。但由于行动受限,学习、生活、工作都受到不同程度的影响,需要依赖他人的帮助。

2. 孤独感

这是残疾人普遍存在的情感体验。肢体残疾人因自身行动不便或社会环境的制约,产生不同程度的孤独感。在社会上残疾人常常受到歧视,残疾人能够活动的场所太少,不得不经常待在家里,久而久之,孤独感就会油然而生。

3. 自卑感

残疾人在生理上及心理上的缺陷造成他们在学习、生活和就业方面所遇到的困难比普通人多得多。而且从他人甚至亲属那里得不到足够的帮助,甚至受到厌弃与歧视,这些都会促使残疾人产生自卑情绪。特别是社会上对残疾人的潜能还没有正确的认识和评价,没能采取有效措施帮助残疾人发挥其潜能,从而使其滋生自卑的情感体验。

4. 敏感与自尊心

他们身上有残疾,往往容易使他们过多地注意自己,因而对别人的态度和评论都特别敏感。如果旁人做出有损于他们自尊心的事情,他们往往难以忍受,甚至会产生愤怒情绪,以致采取自卫的手段加以报复。

5. 情绪与理智

情绪是人对事物的态度和体验。快乐、恐惧、悲哀是情绪最基本的表现。肢体残疾人由于肢体上的缺陷,比较容易过多关注自己,自我感受异常强烈,有的人对别人的态度及评价比较敏感,自我保护意识强烈。

二、肢体残疾大学生体育教育策略

肢体残疾大学生的主要特征是运动控制障碍,同时还伴有不同程度的其他感官障碍(如视觉障碍、听觉障碍)或认知障碍(如智力障碍、知觉运动障碍),会影响受试者的活动参与能力,甚至比运动障碍的影响更加严重。应遵循肢体残疾人身体特点和运动特点,由浅入深,由慢到快,循序渐进,进行健肢与残肢的交替练习,让他们多从事以肌力和关节能力活动为主的体育锻炼,锻炼原则包括:适应性原则、经常性锻炼原则、全面锻炼原则、循序渐进原则、补偿原则。

(一)适应性原则

肢体残疾人身体功能障碍是限制他们参与多项体育活动最大的问题,在制订康复运动计划时,应因人而异制订每个人的详细、有针对性、具体的运动计划,如健肢的训练计划、残肢的训练计划、综合的训练计划等。要坚持从易到难、从简到繁的规律,能练的先练,可操作的先动起来。如轮椅的基础车技、行进与后退、方向和速度的变化等练习,使他们既熟练学会用车,也使心肺功能得到提高。在选择健身方法时,以提高上肢肌体活动半径为主,腰、颈、肩的灵活性和基本的力量要加强,旋转和平衡的能力要在不断的练习中得到提高。

开展体育锻炼时,应逐步加大训练量和时间,在身体适应项目和运动量后,再增加运动量和延长练习时间。

(二)经常性锻炼原则

经常性锻炼原则即经常参加体育活动,锻炼效果才明显、持久;合理安排锻炼计划,如每周锻炼3天,或每周锻炼5天,每次锻炼1小时,长此以往才能保持锻炼效果。参与日常体育锻炼,丰富业余生活内容。肢体残疾人很多都会受到活动能力差的影响,选择宅在寝室或家中。学校、社区开展的各种活动,可以让肢体残疾人主动走出房间,投身到活动中获得更多快乐。

(三)全面锻炼原则

全面锻炼原则指在进行体育锻炼时应全面发展身体的各个部位、各个器官系统、各种身体素质(速度、灵敏、力量、协调、耐力等)和基本活动能力,为了促进身体的全面协调发展而选择运动锻炼的内容和手段。

肢体残疾人因身体部分功能障碍,导致一侧肢体会局部发展迟缓或萎缩或肌力不强等,在进行体育锻炼时,应科学地安排各项身体活动,尤其是功能较好的关节、肌肉要加强练习,防止退化,逐步锻炼患肢。练习时应把局部运动与全身运动结合起来,交替进行,特别注意身体姿态锻炼,身体核心力量锻炼,以获得全面发展的效果。主要的锻炼内容包括关节活动度训练、增强肌力训练、姿势矫正训练和神经生理学疗法等。

(四)循序渐进原则

任何运动都应遵循循序渐进原则,在运动的内容、方法、技术难度、运动负荷安排上遵循由小到大、由浅入深的合理顺序,要适合肢体残疾人机能适应性规律、动作技能形成规律和人的认识规律。一侧健肢与一侧残肢交替练习,或上肢与下肢交替进行,这对于提高身体运动素质,增强体质和创造良好的心理状态有着不可低估的作用。轮椅技巧、偏瘫体操和各种球类都是练习的主要内容。

（五）补偿原则

部分肢体有障碍,要发挥其他部位的更大优势,通过力量、长度和加大活动半径减少障碍的程度,让残疾部位恰当运动,减缓残肢功能退化,增强健肢代偿功能。运动系统的功能需要长期的练习来保持,若因残疾而致使肌肉萎缩,局部功能受阻,就会极大影响个体的活动能力。通过必要的力量、平衡、耐力等素质的练习,减缓已经伤残肢体的退化,同时通过增强其他部位的力量等来代偿功能。

三、肢体残疾大学生体育锻炼注意事项

（1）应根据残疾人的身心状况,从实际出发开展残疾人体育活动,以促进他们身心的健康发展。因此,应分析残疾人的情况,选择合适的身体锻炼内容与方法,安排适宜的运动负荷,并应有医务监督与体格检查,以保证身体锻炼能获得良好的效果。

（2）进行身体锻炼,仍应注意全面发展身体,尤其是对心肺等内脏器官和衰退的肢体要坚持经常锻炼。

（3）肢体残疾大学生在体育锻炼时,应注意锻炼场所的安全性、器材的安全性、锻炼方法的安全性,不同残疾部位或因手术后导致运动功能障碍的,在器材的选择上需要量力而行。

（4）进行体育锻炼时,能在同伴的帮助下进行相应练习是比较好的一种方式。尤其是脑瘫或者脊髓损伤的学生,需要在他人的帮助下才能安全、有效地完成锻炼。

四、肢体残疾大学生体育锻炼指导

目前在校的肢体残疾大学生主要以脊髓损伤、脑瘫（小儿麻痹）、截肢、偏瘫等肢体残疾类别为主,本章将结合以上几种肢体残疾类别的一般情况,介绍肢体残疾大学生在校园中应该如何科学地展开体育锻炼实践。

（一）脊髓损伤残障者的体育锻炼指导

1.脊髓损伤概述

脊髓损伤一般是指脊髓横断性损害造成的两侧损害平面以下神经功能

出现丧失(感知觉、运动系统、自主神经系统、大小便控制等)所造成的综合征,一般是由交通事故、高处摔落、滑倒、运动损伤等外伤引起的致残率极高的损伤,脊髓的损伤也可能会因炎症、变性、先天因素等引起。

脊髓损伤表现出的功能障碍包括瘫痪(运动功能丧失)、感觉系统丧失、体温调控失常、大小便失禁、肌肉痉挛、心理障碍等;同时这些症状也会产生像压疮、呼吸功能紊乱、泌尿系统等并发症。

2. 不同部位脊髓损伤表现及体育锻炼指导

脊椎从上至下分别由7根颈椎骨、12根胸椎骨、5根腰椎骨和1根尾椎骨共同组成,根据不同部位的损伤,将脊髓损伤划分为颈髓、胸髓和腰髓损伤,同等损伤程度,损伤的部位越往上,个体的瘫痪程度就会越严重。同一程度的损伤,个体机体的活动能力也会有明显差异,故在确定体育锻炼的目标时也会根据个体本身的身体条件而有所区别,如表8-13所示。

表8-13 脊髓损伤位置表现及体育锻炼目标

损伤位置	表现	体育(康复)锻炼目标
颈4损伤	四肢瘫痪,呼吸功能受限,需借助仪器进行生存,易产生并发症,完全需要照料	基础生存能力(呼吸、沟通),使用特殊设备进行沟通,减少并发症
颈5损伤	四肢瘫痪,肌肉有微弱力量,可借助辅助工具生活,可在帮助下完成基本的生活	使用辅助器械完成生存需要,独立使用电动轮椅,减少并发症
颈6损伤	四肢瘫痪,但上肢有微弱力量,可自行翻身、坐起、穿衣,可利用外界辅助工具进行转移,生活基本能自理	徒手完成多项技能,使用辅助工具完成移动等;自行穿衣、抓握小物品
颈7损伤	四肢瘫痪,生活可自理,可借助辅助工具完成移动,独立使用轮椅等	有独立生活能力,照顾自身起居,独立完成坐位式减压等能力
颈8—胸2损伤	双下肢瘫痪;能完成日常所需要的基本活动,可久坐,可借助辅助工具短时站立	提高久坐能力,同时借助辅助工具,提升下肢力量
胸3—胸12损伤	双下肢瘫痪;能完成生活所需的活动,生活能自理,能独立坐上轮椅,可借助辅助器械简单行走	加强肢体力量的练习,在有余力的情况下,提高生活的品质

续　表

损伤位置	表现	体育(康复)锻炼目标
腰1—腰2损伤	双下肢瘫痪,可完成胸3—胸12所有的动作,可借助辅助器械上下楼梯	加强力量练习,适当参与室内体育活动,或简单的室外体育活动
腰3及以下完全性损伤	双下肢瘫痪,可完成腰1—腰2所有动作;可在房间内或者室外行走(需借助手杖)	促进运动能力的提高,参与群体性体育活动

受脊髓损伤影响,瘫痪程度越重的人,其生活自理能力就越差,就越需要辅助器械,以及专门人员进行照料,故生活能力锻炼是必要的,尤其是对颈髓损伤受试者而言,其在制订训练计划时,应将内容设置在基础生活能力锻炼上,例如怎样更好地调整呼吸、如何与护理者更有效地沟通、如何预防因身体瘫痪带来的并发症等;同时也需要借助被动康复等物理手段来保持伤者的肌肉力量、关节的活动度等,防止因卧床引发的肌肉萎缩、关节功能异化等,如表8-14所示。

表8-14　脊髓损伤锻炼内容

损伤位置	锻炼计划主要内容	其他辅助人员、工具
颈4损伤	1.利用可动部位,完成基本控制训练 2.加强呼吸功能训练 3.斜床站立训练、不同体位变换 4.四肢肌肉、关节活动按摩(被动)等	专业康复医师或经过专业训练的教师、护工或家人全程监护;使用专门康复设备、器械
颈5损伤	1.肌肉训练(三角肌与肱二头肌) 2.关节活动度维持训练 3.制作并训练使用进食辅具 4.长久坐位及平衡能力训练	专业康复医师或经过专业训练的教师、护工或家人全程监护、帮助;制作适合受试者本身的辅助器械
颈6损伤	1.翻身、坐起训练 2.肌肉、关节训练 3.轮椅使用训练(主要为电动) 4.转移训练	专业康复医师或经过专业训练的教师、护工或家人全程帮助、保护;制作适合受试者本身的辅助器械
颈7损伤	1.动作训练 2.专业训练 3.肌肉训练 4.关节活动训练	在医嘱下,可自行完成大部分的锻炼活动;家人全程帮助、保护;制作适合受试者本身的辅助器械

续　表

损伤位置	锻炼计划主要内容	其他辅助人员、工具
颈 8—胸 2 损伤	1. 肌力和耐力训练（上肢） 2. 坐位降压训练 3. 轮椅训练	在医嘱下，可自行完成大部分的锻炼活动；家人全程帮助、保护
胸 3—胸 12 损伤	1. 站立平衡训练 2. 平行双杠迈步训练 3. 摆过步与摆至步训练	在医嘱下，可自行完成大部分的锻炼活动；家人全程帮助、保护
腰 1—腰 2 平面损伤	1. 步行训练 2. 上下楼梯训练 3. 上下坡训练 4. 跌倒后爬起训练	在医嘱下，可自行完成大部分的锻炼活动；家人全程帮助、保护
腰 3 及 以下损伤	1. 佩戴矫形器，摆至步、摆过步、四点步训练 2. 步行训练 3. 上下楼梯训练 4. 上下坡训练 5. 跌倒后爬起训练	在医嘱下，可自行完成大部分的锻炼活动；家人全程帮助、保护

(1)颈 4 脊髓损伤锻炼方法

此类受试者的瘫痪程度较高，生活完全不能自理，故锻炼的内容相对比较基础，且完全需要专门人员的帮助。

方法：a. 利用口舌或颏开关环境控制系统(EUC)。

b. 体位变换：仰卧位、侧卧位，每 2 个小时左右变换一次，变换时必须稳固好才可以变换。

c. 呼吸能力训练：协助呼气、吸气，上肢上举等呼吸训练，每次 5 分钟左右，每日可多次。

d. 利用口棍或头棍进行翻书、写字、画画等技能练习。

e. 被动运动：主要练习内容为力量训练和关节活动度训练，每次 10—15 分钟，可多次。

f. 倾斜床站立，每日 2 次，每次 15 分钟。

注意事项：在进行锻炼时需要特别注意，要在肢体最舒适的体位进行，动作缓慢柔和且有节律，动作幅度应由小慢慢变大，肌肉或关节被动运动应遵循先大后小的原则,若受试者有不适情况应及时停止并调整。

(2)颈 5 脊髓损伤锻炼方法

此类受试者的情况较颈 4 脊髓损伤的略好一些,可不借助呼吸机,也可以借助一些辅助工具完成简单的动作,但因受试者生活不能自理,需要外界的帮助。颈 4 损伤者练习的方法在这里都可以使用,只是借助外力的程度稍低一些。

方法:a.轮椅训练,主要为电动轮椅,在轮椅上完成坐、前倾等工作,并操作轮椅进、退。

b.肌力训练:可利用弹力带等进行简单的力量训练,主要练习肱二头肌、三角肌等,每组 10 个,每次 3—5 组,每周至少 3 次。

c.耐力训练:根据力量大小,选择中等负荷重复性工作练习,使心率控制在 110—120 次/分钟,持续时间 20—40 分钟为宜,每周至少 3 次。

d.支具训练:利用多种支持工具,完成物品的抓握、转移。

注意事项:在颈 4 损伤训练的基础上,增加练习的强度,来提高锻炼对身体的刺激,但需遵循循序渐进的原则,在外人的帮助、配合下掌握基本技能并练习、巩固后,逐步独立完成练习内容;进行肌力、耐力训练时,要从低负荷开始,逐步增加难度。

(3)颈 6 脊髓损伤锻炼方法

此类受试者的情况要比前两种好一些,上肢肌肉的力量略有余存,可以通过训练增强独立生活的能力,但仍需要适度的帮助。除了上述两种伤患练习的内容外,可适当增加以下内容。

方法:a.翻身训练:可适当利用上肢身体的甩动和别人的帮助完成翻身练习,练习的频次可根据个人的能力酌情增加。

b.坐立训练:上肢有余力,可在别人的帮助下完成坐立,并通过手臂完成支撑,时间可从短逐渐变长;为后续坐立处理其他事情储能。

c. 力量训练：利用弹力带、滑轮等进行适当的力量练习，或者克服自身重量的练习，每周 3 次，每次 3—5 组，每组 10—20 次；可适当做双臂撑起练习，为后续手臂撑起、移动做准备。

d. 轮椅训练：在辅助下转移至轮椅上，虽有余力，但无法抓握光滑轮椅，可使用有纹路的轮椅，或戴手套等增加轮椅滑轮与手部的摩擦力，在平地上进行轮椅推行练习，身体可通过左右臂交替用力支撑起来减压，预防压疮，如图 8-8 所示。

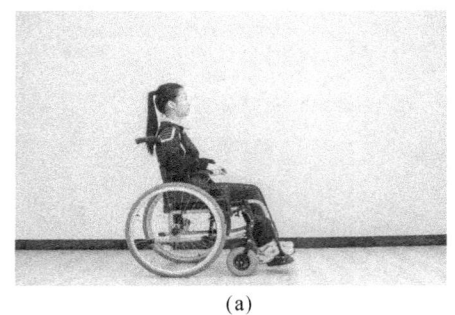

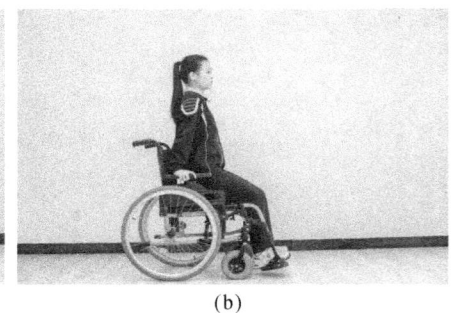

(a)   (b)

图 8-8　轮椅撑起

e. 精细动作训练：可做简单的穿衣练习，可利用辅助器械进行抓握、写字等精细动作练习，如图 8-9 所示。

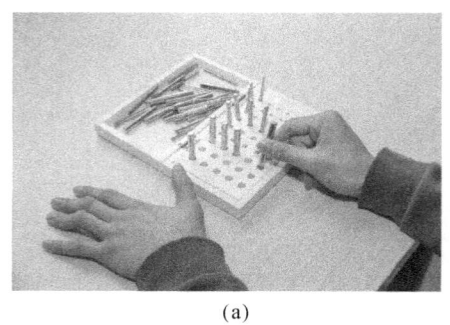

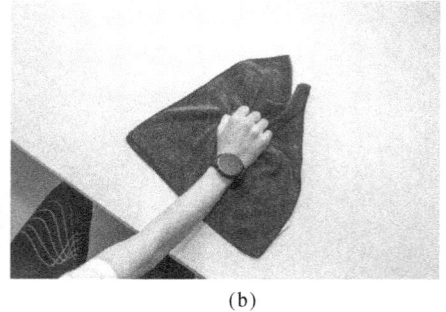

(a)   (b)

图 8-9　精细动作练习

注意事项：受试者虽有一点活动能力，但是仍需要注意在锻炼时的保护。

在进行移动练习时,务必注意将轮椅固定住,避免转移过程中身体滑落摔倒。适当地增加精细动作的练习,可以增强受试者生活自理能力,同时也有助于增加受试者锻炼康复的自信心。

(4)颈 7 脊髓损伤锻炼方法

此类受试者的上臂或者前臂功能基本正常,但是灵活性欠佳,下肢基本无力,能够比较容易地学会上肢动作和技能,除部分高难度动作需要别人帮助外,生活能够自理。故在锻炼内容的选择上应当充分强化健全肢体,并保持患肢的部分功能,来补偿患肢功能的丧失。

方法:a. 减压训练:坐姿时每隔 30—60 分钟需要进行减压练习。

b. 转移训练:从床上、凳子上、地上等不同位置转移至轮椅,模拟各种情境转移至轮椅;同时训练从轮椅上转移至不同位置,包括如厕练习。

c. 轮椅训练:使用轮椅进行不同方向的移动、转弯,可尝试上下缓坡,如图 8-10 所示。

(a) (b)

图 8-10 轮椅移动—转弯练习

d. 双杆站立训练:利用好辅助工具,进行适当的站立练习,每周 3 次,每次 15—30 分钟。

e. 精细动作训练:进食、穿衣、洗漱等生活能力的锻炼,同时可做一些简单的家务。

注意事项：不同受试者的情况不同，个体需根据自己的情况酌情进行锻炼，并逐渐增加难度，做力所能及的事情，千万不可做能力以外的事情，避免伤情加重。

(5)颈 8—胸 2 脊髓损伤锻炼方法

这类受试者上肢功能完好，但下肢基本瘫痪，躯干没有控制力，可短时坐立，经过锻炼康复后可以独立完成床上活动、轮椅独立转移、轮椅移动等，也可以利用后轮维持平衡、如厕、做简单的家务等。

方法：a.肌力练习：主要为上肢和手部肌力练习，可以选择哑铃、弹力带、弹力圈、拉力带等进行力量练习，也可做克服自身重力的练习，每周 3 次左右力量练习，每次 3—5 组，每组 15 个左右，负荷的选择应在最大力量的 75％—90％；此外也可以尝试在无器械、有器械的垫上练习动作，如图 8-11 所示。

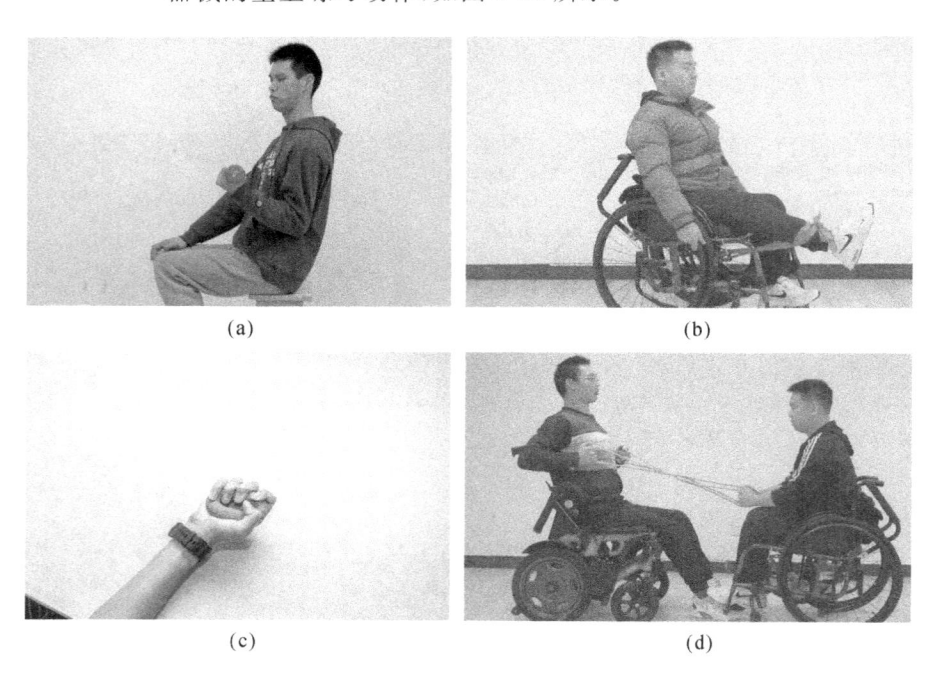

(a)

(b)

(c)

(d)

图 8-11 力量练习

b. 耐力练习：可利用轮椅、手摇式功率自行车等进行耐力练习，要求心率达到 120 次/分钟，持续时间不低于 30 分钟，每周 1—2 次即可。

c. 轮椅练习：除了基本的行进练习外，还应适当增加轮椅上下小台阶练习、轮椅防摔倒平衡练习等，以便应对突发事件，如图 8-12 所示。

图 8-12　轮椅练习

注意事项：借助轮椅行进本身存在较大风险，练习防摔倒，以及摔倒后如何保护自己，以降低最低损伤是绝对需要的。需要在专业人员的陪护下进行此方面的练习。

(6) 胸 3—胸 12 完全性脊髓损伤锻炼方法

此类受试者上肢完全正常，双下肢完全瘫痪，可较长时间坐立，生活基本能自理。通过生活能力的锻炼，标准型轮椅的使用练习等都会有显著效果。同时，此类受试者可摆脱轮椅并使用拐杖等辅助工具落地移动。在锻炼内容的选择上除了力量、耐力、平衡等素质的训练外，可以适当添加拐杖器械的使用，开始时可适当进行拐杖适应练习，如图 8-13 所示。

(a) (b)

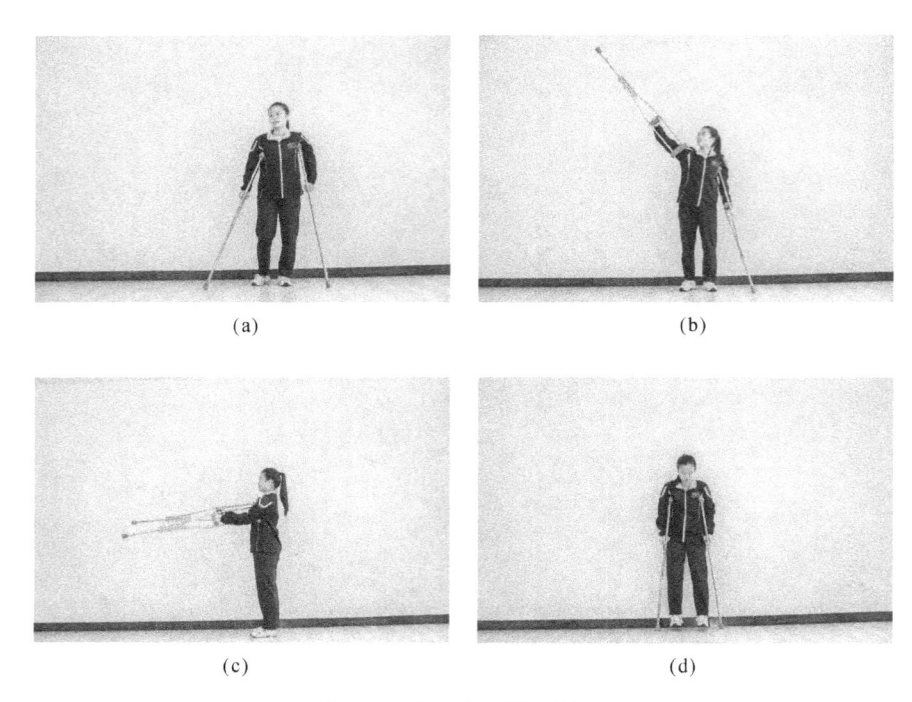

(c) (d)

图 8-13 拐杖使用辅助练习

方法:a. 摆至步与摆过步练习:利用双拐与身体下肢形成三角(四角)支撑,进行短距离的移动,前期需对上肢力量、平衡素质等进行加强,再通过双杆辅助练习来提高摆至步与摆过步的稳定性。每日都可安排练习 30 分钟,直至熟练使用,如图 8-14、图 8-15 所示。

(a) (b)

图 8-14 摆至步练习

图 8-15　摆过步练习

b. 四点步：在摆至步与摆过步的基础上，增加难度，进行四点步练习，为在一定区域范围内转身等动作的学习奠定基础，让受试者移动更灵活自如。每日都可安排练习 30 分钟，直至熟练使用，如图 8-16 所示。

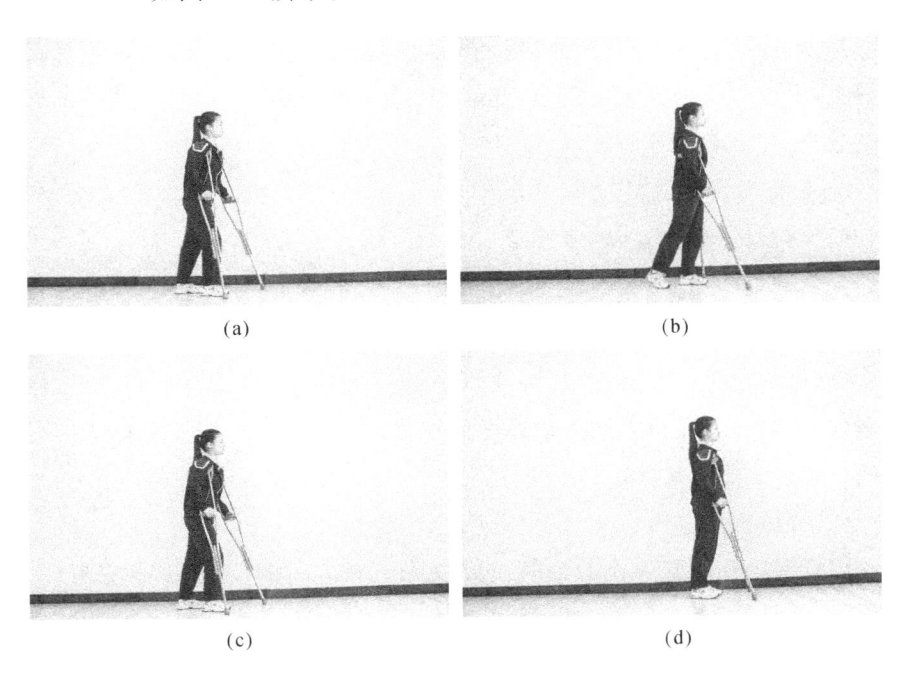

图 8-16　四点步练习

注意事项：除了常规的力量练习外，受试者应该适当增加核心稳定性的练习，防摔倒仍然需要练习。

(7)腰部脊髓损伤锻炼方法

腰部脊髓损伤的受试者，上肢力量基本正常，躯干也比较稳定，下肢肌肉部分瘫痪或肌无力，生活可以自理，在安排锻炼内容时，应当借助肘杖或手杖等进行功能性步行，再逐步摆脱器械的支持。

方法：a.行走练习：根据个体情况，选择在平行双杠、手杖等器械的支持下进行行走练习；在行走稳定后，再进行不平整地面行走、上下楼梯等练习。

b.爬起练习：在练习防摔倒的同时，练习独立爬起的动作，提高自身的协调稳定性。

c.力量、耐力练习：力量与耐力的练习可以增加其他练习的效果，因此，力量、耐力、平衡性的练习仍然需要。

注意事项：在练习步行的初期，借助器械是十分必要的，既可以提高练习的效果，又可以降低摔倒的风险，基础的力量、耐力练习可以增加其他锻炼内容的效果，受试者应该打好基础。

3.脊髓损伤锻炼其他注意事项

(1)脊髓损伤可参与的体育项目

受活动能力的限制，高位重度截瘫的人从事的项目相对较少，可进行棋类、电脑控制的简单游戏；手臂有残余力量的人，可以参与飞镖、地滚球等项目；可以坐立且手臂有力的人，可选择瑜伽、垫上运动、轮椅体操、轮椅太极等激烈程度低的项目，也可适当选择坐式排球、轮椅篮球、轮椅羽毛球等有对抗性的项目。

(2)脊髓损伤预防

因脊髓损伤所致残疾的预防主要分为三级。一级：意外事故发生后，院前急救及院后急救搬运检查过程中，预防脊髓损伤；二级：防止损伤发生后，预防各种并发症发生并开展正确的治疗；三级：在已经造成功能障碍后，采取全面恢复措施，最大限度利用残存功能。

脊髓损伤后各阶段都会存在并发症,常见的并发症主要发生在局部软组织、呼吸系统、泌尿系统、心血管系统等。并发症主要有以下几种:压疮、呼吸系统并发症、泌尿系统并发症、运动系统并发症、心血管系统并发症、便秘等。针对上述几种常见并发症,受试者及看护家属应做到定时翻身,做好个人卫生;积极配合康复锻炼,避免过度萎缩、退化;提高生活自理能力,提高个人生活质量;控制好饮食,均衡营养,规律生活。

(3)脊髓损伤者心理疏导

前期:此类受试者多半是因意外事故而导致的不幸,故突如其来的意外,很有可能会让受试者崩溃、绝望甚至走向极端,故前期的心理疏导是必要的,这就需要医师、家人积极引导受试者正视现实。在条件允许的情况下进行内容丰富的锻炼活动。个体也应当树立自强、自立、自信的精神,勇敢地面对人生挫折。向海伦·凯勒、张海迪等名人学习,积极地接受康复锻炼,树立长远目标,并为之付出更多努力。

中期:在康复锻炼或参与体育活动中,做力所能及的事,面对自己可以完成的、不可以完成的都应该抱有足够的耐心,去接受自己的不足,合理有效地宣泄不良情绪。陪护人员也要有足够的耐心和细心帮助受试者进行积极的康复锻炼,以逐步提高受试者的运动能力和生活自理能力。

后期:在身体得到应有的康复锻炼后,应该走出寝室、家庭,积极地参与到校园、社会中的各类文体活动中,在活动中锻炼身体,提升自己的社交能力,为更好地融入社会做准备。

(二)脑瘫者的体育锻炼指导

1. 脑瘫概述

依据2006版国际脑瘫定义的原则,第六届全国儿童康复、第十三届全国脑瘫受试者康复学术会议于2014年4月通过了我国对脑性瘫痪的定义:脑性瘫痪是一组持续存在的中枢性运动和姿势发育障碍、活动受限症候群,这种症候群是由于发育中的胎儿或婴幼儿脑部非进行性损伤所致。脑性瘫痪的运动障碍常伴有感觉、知觉、认知、交流和行为等障碍,同时可能伴随癫痫和继发性肌肉、骨骼问题。

2.脑性瘫痪残障者的表现及锻炼目标

根据临床表现可以将脑瘫划分成痉挛型、不随意运动型、共济失调型、混合型、肌张力低下型。脑瘫受试者同时还会伴随出现体能障碍、智能障碍、情绪障碍、视觉障碍、言语障碍、癫痫、行为障碍等问题。

脑瘫的最佳治疗时间是婴幼儿时期,此时通过正确的康复锻炼,可以让丧失的功能基本上恢复,但无法痊愈。成年后,很多失去的功能很难达到理想状态。这要求受试者在上大学期间,根据已有的身体状况进行科学的康复锻炼,促进运动和感知觉的发展和改善,增强肌力的同时扩大关节的活动度,改善自身平衡和协调能力,建立适当、合理的运动方式,提高独自生活的能力,在校园中锻炼社交能力,为后续更好地融入社会做准备。

3.不同脑瘫类型的锻炼指导

(1)痉挛型偏瘫者体育锻炼方法

痉挛型偏瘫受试者的锻炼目标主要为:预防固定痉挛肢体的畸形加重,扩大关节的活动度;增加躯干与肢体的分离程度和灵活性;提高平衡能力和运动能力。

方法:a.抱球姿势:采取正确的抱球姿势,抑制头部背屈,每日3—5组,每组持续15秒左右,如图8-17所示。

b.上肢外旋上举:全身伸展模式,上肢外展平举后经体侧上举至头顶,促进脊柱拉伸,同时可提高关节活动度,并改变肢体分离程度,每日3—5组,每组15秒左右,如图8-18所示。

图 8-17 抱球姿势　　　　　图 8-18 外旋上举

c. 波速球三角支撑：取波速球做肘支撑和抬头，既可做平衡训练，又可提高对颈部肌肉的控制，为后续其他运动做准备，每次 3—5 组，每组 30—60 秒不等。

d. 翻身、坐起训练：通过各种体位的翻身、坐起促进躯体回旋运动完成，帮助减缓或消除紧张性颈反射和迷路反射。每种体位的翻身、坐起练习由简单到复杂，每天 10—15 分钟练习，以此提高自身生活能力。

注意事项：因痉挛型脑瘫的肢体极易出现姿势异常，故在发现早期就应当及时送医进行纠正，越早发现、越早锻炼康复，效果会越好；异常姿势纠正时切不可使用蛮力将已经病变的肢体强行分开，应充分利用关节的活动角度等将病变的肢体逐步地分离开，才能达到预期效果。

（2）手足徐动型脑瘫者体育锻炼方法

此类受试者在运动中会有许多不自主动作，锻炼的主要目的就是增加机体的运动控制能力，尤其是双侧肢体的对称性控制，同时也需要增强头颈部和身体平衡能力的练习。

方法：a. 平衡板锻炼法：在平衡板上做平板支撑动作，在平衡板左右活动中，通过头颈部、身体核心力量等来保持身体平衡，促进机体的平衡反应。每日 3—5 次，每次时间依据个体的实际能力逐步增加。

b. 爬行练习：双腿直立后俯身，手指依次从膝盖—小腿前侧—脚背—脚尖，再到双手掌心撑垫子近处—中间—远处，直至身体平趴在垫子上，再沿着刚刚的行进路线逐步退至开始位置为一组动作。此练习既可以增强肢体双侧对称发力，又可提高身体的平衡能力。每日 3—5 组，每组 5—10 次，如图 8-19 所示。

c. 膝立位训练：即跪立位，可进行单—双膝立位转换训练。主要目的是促进跪位立直反射、跪位静态及动态平衡，增加髋关节的负重能力与控制能力。每日 3—5 组，每组 10—15 次，如图 8-20 所示。

d. 坐位—站位转换训练：此为摔倒后坐位爬起训练，可提高受试者

图 8-19　爬行练习

图 8-20　膝立位练习

　　肢体的控制能力和姿势转换过程中身体的协调平衡能力。每日练习 10—15 分钟。

　　注意事项：此类受试者左右侧身体多不协调，在训练时，尤其前期可适当借助辅助工具，或者借助他人来完成基础练习，待练习动作熟练且肢体的协调控制能力提升后再逐步独立完成对应的练习动作。

　　(3)共济失调型脑瘫者体育锻炼方法

　　此类受试者的肌肉张力与收缩力较弱，空间感与距离能力较差，站立位的稳定性与平衡性差。

　　方法：a. 波速球平衡练习：让受试者脚踩波速球，并用一只脚用力踩球，又不让球的反弹力影响自己姿势的平衡，每次 3—5 组，每组 30—60 秒，如图 8-21 所示。

(a) (b)

图 8-21　波速球练习

b. 站立平衡练习：以上锻炼成功之后，可以让受试者在地面上练习单脚闭眼站立，进一步锻炼受试者的平衡能力。每次 3—5 组，每组 30—60 秒，如图 8-22 所示。

图 8-22　单脚闭眼站立练习

c. 抛—接球练习：取软式排球，与受试者间隔不同距离进行抛接球练习，可以帮助受试者提高双手协调用力，且可以提高受试者空间感与距离感，每次 10—15 分钟。

注意事项：此类受试者的力量、协调能力、平衡性均较弱，在进行练习时需要从最简单的动作做起，逐步完成不同时间制订的计划，再进行下一步练习，让受试者逐渐找到乐趣和参与锻炼的信心。

(4) 混合型脑瘫者体育锻炼方法

增加此类群体运动锻炼的目的在于抑制患侧肩胛带的后缩及患侧上肢

的屈曲内收、屈肘、屈腕、屈髋。锻炼方法可采取仰卧、俯卧、坐位、立位等不同体位展开针对性锻炼。

方法：a.仰卧位锻炼：当受试者仰卧时，把受试者的双肩胛带拉向前，头保持正中，双手放于胸前，以促使其仰卧对称。如果受试者上下肢痉挛明显，可使受试者采取健侧卧位，把肩推向前，髋拉向后，以缓解痉挛。

b.俯卧位锻炼：让受试者采取俯卧位或肘支撑俯卧位，使其患侧肩部负重，在此基础上练习双肘及双手活动。

c.坐位锻炼：受试者坐位时，轻拉受试者，使体重转移到患侧，坐骨结节成为负重点，以有利于患侧上肢逐步伸展。将受试者患侧上肢伸直、外展、旋后、伸腕，再拉向患侧，以诱发头的翻正反应，逐步引导患侧上肢做出防护性伸展反应。操纵受试者的双手和脚，使受试者的身体稍后倾，使体重落在坐骨结节上，直到坐骨结节有良好的平衡能力为止。

d.立位锻炼：在立位时，教师或陪护者一只手保持受试者的上肢在正确的位置，另一只手矫正骨盆的后旋，并向患侧的下肢施加压力，使患侧下肢充分负重。在引导受试者步行时，应注意保持患侧上肢处于抗痉挛模式。让受试者扶墙站立，提起健足，患足负重并练习仅靠患肢起立的动作。

（5）其他治疗方法

①推拿治疗法

目前，国内治疗脑瘫残疾人的主要方法是神经发育疗法和中国传统推拿疗法。近几年，在现代运动发育理论的基础上，我国医学工作者将上述两种方法结合，形成了独特的运动发育推拿疗法来治疗脑瘫残疾人。该方法主要采用中医小儿推拿中的推、按、揉、压、扳和摇等手法，按照受试者瘫痪部位及类型进行刺激，调节受试者肌肉的状态和骨骼关节的排列，运用手法实现触觉、运动觉和前庭觉等感觉输入，增加脑瘫残疾人在这些方面的感觉经验，同时吸收国外治疗脑瘫的神经发育疗法中的主要方法，在操作过程中不断改变脑瘫残疾人的体位和姿势，纠正异常姿势，预防畸形的产生和加重，促进正常姿势的产生，从而提高脑瘫残疾人运动发育水平。

②作业疗法

这是为了改善脑瘫残疾人的功能，恢复其独立生活能力，有针对性地从日常生活活动、学习劳动、认知活动中对受试者进行锻炼的方法，包括进食锻炼、穿脱衣服锻炼、大小便锻炼及生活动作锻炼等。锻炼内容贯穿日常生活的方方面面，根据受试者的不同情况制订锻炼计划，要持之以恒、耐心地进行，如图 8-23 所示。

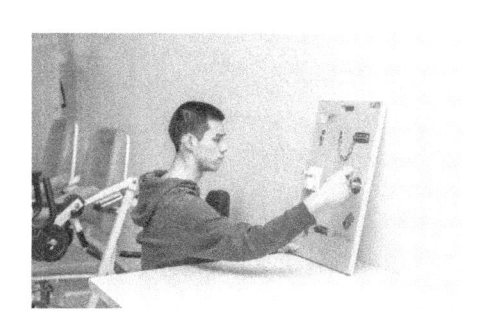

图 8-23　作业疗法

③文体治疗

文体治疗是全身性的活动。通过文娱、体育和音乐等内容对脑瘫残疾人进行锻炼，借助多方面刺激，诱发正确的生理反射，养成正确的运动姿势，有效地提高和促进发育水平，使长期不活动造成的肌肉萎缩和关节活动度差得到改善。此外，将文娱和体育作为锻炼内容，可以提高脑瘫残疾人的学习兴趣，让他们充满自信，在娱乐中身心得到锻炼和恢复。

(三)截肢残障者的体育锻炼指导

1. 截肢残障者锻炼的意义

截肢是指将肢体的全部或者部分切除，目的是截除没有生机或功能因局部疾病严重威胁生命的肢体，以保证身体的整体功能或生命能够维持。截肢者患侧肢体被截除后，可选择使用拐杖、轮椅等康复器械来维持身体行动，有些则会选择假肢。不管选择哪一种,必要的体育锻炼不仅可使健侧肢体得到强化来代偿另一侧的缺失,同时也可以帮助假肢使用者更好地使用假肢来补偿失去肢体的功能。

截肢者通常是因为严重创伤(包括机械损伤、烧伤、冻伤、电击伤等)、严重感染(包括药物、切开引流不能控制、反复性发炎无法根治等)、肿瘤扩散、其他疾病等引起的肢体炎症无法控制才采取了截肢措施。

2. 截肢残障者的表现及体育锻炼目标

根据截肢的部位及程度又可以分为上臂截肢(肘上截肢)、前臂截肢(肘下截肢)、大腿截肢(膝上截肢)和小腿截肢(膝下截肢)等。肢体被截肢后,个体的行动能力、生活能力、社会活动能力等均会受到影响,且诸多截肢者的心理状态也会发生较大改变,因此在体育康复锻炼时需制定好短期目标和长期目标,既要帮助他们在日常生活、工作和社交能力等方面得到一定程度的保留与恢复,也需要帮助他们调整好心态和心理状况,同时提高自身身体素质和心理素质,确立正确的人生观、价值观,只有自己努力提高以后生活的质量,才能更好地回归社会。

3. 截肢残障者体育活动实践指导

截肢者体育活动中有三个重点环节,即评估(如截肢者全身状况的评定、残肢的评估、穿戴临时假肢后的评估等)、残肢并发症的处理、假肢装配前锻炼和假肢使用锻炼。本部分重点介绍截肢手术后、假肢装配前后的锻炼方法。

(1)截肢术后的锻炼

截肢者在行走时要比常人消耗更多能量,以平地行走为例:以同样的速度在平地上行走,小腿截肢者要比常人多消耗10%—40%的能量,大腿截肢者要多消耗65%—100%的能量。这就要求下肢截肢者要对躯干和未截肢一侧进行强化锻炼,此外还有残肢关节活动锻炼、肌力锻炼、使用助行器进行锻炼。

方法:a.下肢力量练习:可以选择无拐杖的单腿(健侧)静力性半蹲(每组30秒)或者动力性单脚跳(每组30次)、蹲起(每组10—15次)的练习,每次3—5组,增强腿部力量练习,个体可根据自己的能力进行适当调整;同时也需要借助拐杖学会两点步、四点步、迈至步、迈过步等持拐行走的技术。

b. 腰腹核心力量练习:腰腹核心力量的练习可以帮助受试者提高躯干的平衡稳定性,可进行背起(每组 20 次)、仰卧起坐(每组 30 次)、平板支撑(每组 60 秒)等练习动作,每次 3—5 组,个体可根据自己的能力进行适当调整,如图 8-24 所示。

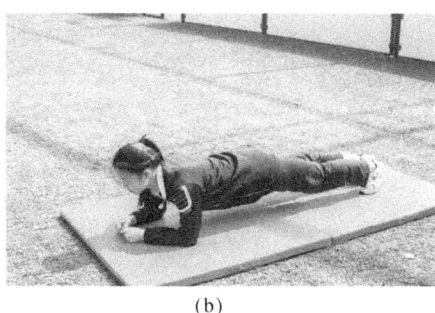

(a)　　　　　　　　　　(b)

图 8-24　腰腹核心力量练习

c. 上肢锻炼:截肢侧的锻炼主要是增强肌力和有关关节的活动度,如截肢侧为利手,就需进行将利手改变到侧手的"利手交换锻炼",以完成利手的功能,这种锻炼经常由身边的日常生活动作开始,逐步进行手指精细动作的训练。

(2)假肢装配前的体育锻炼

方法:a. 保持正确的残肢体位练习:坚持大腿加重物俯卧位锻炼,每日 2—5 次,每次 20 分钟;小腿截肢者在轮椅上使用木板,禁止膝下垫放东西(如枕头等)或在床边将小腿垂下,前臂与上臂截肢后,应进行相应关节的所有运动锻炼,以防挛缩畸形。

b. 关节活动度练习:截肢者取健侧在下的侧卧位,陪护者一手固定骨盆,一手握住残端,在受试者主动伸展髋关节至最大范围时,向后用力缓慢牵伸髋关节,以牵伸后维持 10 秒、放松 5 秒为一个动作单位,连续做 5—10 个动作单位为 1 组,每日 2—3 组。

能够利用辅助器械站立后,受试者可做残肢主动后伸腿动作,来增加髋关节活动度。小腿截肢者则取仰卧位或坐位,大腿伸直,用力绷紧大腿前的股四头肌,依靠肌肉收缩的力量压膝部,进行膝关节的伸展锻炼。

c. 肌力增强锻炼:熟练控制假肢对残肢肌力的强弱要求尤为重要。小腿截肢者应增强残肢膝关节屈伸肌,尤其是股四头肌的肌力锻炼,大腿截肢者术后第 6 天开始主动伸髋(增强臀大肌肌力)锻炼。可分别做臀大肌和股四头肌的最大收缩,保持 5—10 秒,然后放松 5 秒为一个动作单位,连续做 10—20 个动作单位为 1 组,每日 2—4 组,如图 8-25 所示。躯干肌锻炼以腹背肌锻炼为主,辅以躯干的回旋、侧向移动和骨盆提举等动作。健侧腿的锻炼可在镜前做站立锻炼,矫正姿势,并练习无支撑下站立及单腿跳。

d. 体能恢复和站立平衡锻炼:躯干肌力量的锻炼(健侧肢体和残侧上肢的肌力锻炼)于手术后当天和残肢锻炼同时开始,以维持和发挥健全肢体部位的功能,尽快恢复体力。平衡锻炼在步行能力中最为重要,也应尽早在床边进行。早期进行床上医疗体操锻炼,以腹背肌的锻炼为主,辅以躯干的回旋、侧向移动及骨盆提举等动作,每日 2 次,然后进行健侧腿的锻炼,可在镜前做站立、蹲起锻炼,矫正姿势,并练习无支撑下站立及单腿跳,对于维持身体的平衡和穿戴假肢后的步行平衡也十分重要。

(3)假肢装配后的使用锻炼

方法:a. 装假肢时的锻炼:假肢锻炼设备有助行器、步行双杠、姿势矫正镜和落地式磅秤等。术后第一天,在教师或陪护者监督指导下,在助行器内练习病肢站立负重,时间 1—5 分钟,磅秤所示承重不应大于 3.6 千克,然后返回床上,脱下假肢;术后第二天,站立时间每次仍为 5 分钟以下,负重 3.6 千克,但次数可增多。站立后坐回轮椅上时,可进行增强上肢肌力的锻炼。当站立几个 5

(a) (b)

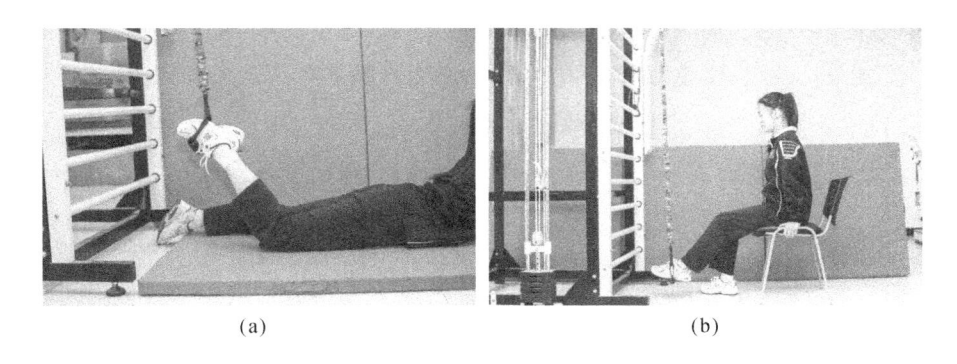

图 8-25 腿部肌肉力量练习

分钟而能耐受时，可在步行双杠内锻炼站立平衡和试走，但病侧负重仍应限制，在伤口愈合之前负重应不大于 7 千克。术后两周可正式在双杠内练习行走，但负重仍不宜大于 10 千克。

b. 装配常规假肢时的锻炼：穿戴假肢后的锻炼，实际是依照假肢的功能设计进行假肢的操纵锻炼。练习需有专科医师指导，动作由易到难、由简到繁，坚持反复练习，使动作趋于熟练，得心应手，从而提高效率，节约耗能，达到实际应用水平，并养成良好的姿势。

锻炼从指导受试者如何穿戴假肢开始，站立在双杠之间练习重心轮流向前、向后及向两侧转移；学会用一只脚平衡；走步由健足向前迈步，然后假肢向前，注意步幅均匀和稳定；练习横向跨步，以利于接近或离开轮椅、扶手椅等；练习后退和在步行双杠外用拐杖行走；上下斜坡，上下阶梯，越过障碍物，地面上拾物，倒地后再站起来等。

上肢截肢者亦先进行穿戴假肢锻炼，然后进行屈肘、开手和开启肘锁的锻炼；前臂截肢者应进行机械手的控制锻炼，进行穿脱衣服、洗漱、修饰和日常生活活动的锻炼。在使用机械手的过程中教会群体视反馈来指导和修正手的动作。

(4) 适合截肢者的体育运动

保健、娱乐性体育活动。肢体障碍者，尤其截肢者，可根据截肢部位不同,有选择性地参加爬山、徒步、划船、轮椅竞速、轮椅篮球、轮椅羽毛球、轮椅射箭、田径、游泳、交谊舞等文体活动,以增强和提高生活的质量,扩大活动范围,并可以增进残疾人之间的相互了解。

呼吸操。截肢者早期多进行呼吸操锻炼、健肢运动和残肢的肌肉收缩运动,积极进行残肢肌肉主动运动、负荷运动、关节活动和残端按摩,以加强残肢肌力,恢复残肢关节活动,预防和消除关节挛缩。并可通过安装临时假肢进行功能锻炼,安装正式假肢后,要进行适应性锻炼,以便最大限度地发挥假肢的功能。

运动性竞赛。对体育竞赛活动,残疾人可积极参加,因通过比赛可促进残疾人与社会、人际的体育交流,促进残疾人之间及与健全人之间的理解和感情联系,有利于残疾人增进对生活的信心和勇气,改善心理和精神状态,调动他们自强不息的奋斗精神。

(四)偏瘫者的体育锻炼指导

偏瘫(脑卒中),又称半身不遂,是指一侧上下肢、面肌和舌肌下部的运动障碍,它是急性脑血管病的一种常见症状。轻度偏瘫群体虽然尚能活动,但走起路来,往往上肢屈曲,下肢伸直,瘫痪的下肢走一步画半个圈,这种特殊的走路姿势,叫作偏瘫步态。严重者常卧床不起,丧失生活能力。

偏瘫体育锻炼的原则是:通过以运动疗法为主的综合措施,早期开始体育锻炼,以预防并发症,减少后遗症和促进功能恢复。功能锻炼首先是改善整体的运动模式,抑制异常的发射活动,其次才是加强运动速度和力量的锻炼。功能锻炼要与其他体育措施密切配合,锻炼内容包括患侧的恢复和健侧的代偿;学会日常生活活动的简便方法,提高生活自理能力。

偏瘫发病后最初的1—2个月自然恢复最明显,到第三个月恢复速度变慢,大半受试者到6个月时症状稳定,恢复达最大程度。6个月后肌力精巧性逐渐恢复,但因神经改善甚微,加上痉挛形成,恢复进程减慢。因此,应争取早期进行体育锻炼,以获得独立生活和行走能力,恢复期是半年到一年左右,但一年以后恢复的可能性仍不可低估。

偏瘫的体疗大体可分为急性期(卧床期)、功能锻炼期(离床期)、步行期(后遗症期)三个阶段。

1. 急性期体疗

发病 1 周后大致可望脱离危险,但 3 周内死亡率仍较高,故体疗必须在意识恢复、并发症被控制、生命体征平稳后方能进行。本期体疗的目的和任务主要是预防并发症和继发性损害,同时为下一阶段功能锻炼做准备。

(1) 体位疗法,即保持正确的体位和肢位

变换卧位姿势:在发病之初就应注意体位,这对于预防褥疮及预防和减轻偏瘫典型的屈肌或伸肌痉挛模式有重要意义。在床上肢体宜置于抗痉挛体位,一般采取患侧卧位或健侧卧位。不论采取哪种体位,必须每 2 小时变换一次,以预防褥疮。为此还要保持床铺平整、皮肤洁净,使用充气床垫和局部按摩。

保持正确的肢位:偏瘫的正确肢位主要是矫正和预防上肢屈曲及下肢伸展的挛缩模式。如肩易发生内收、内旋挛缩,应在上臂和躯干之间夹一枕头,便于使肩保持外展、外旋位。另外要将肩部垫高,以防肩后缩和半脱位;腕关节背屈 30°,手指轻度屈曲,手中可握纱布卷或木块,还可使用托手夹。下肢可使髋膝关节轻度屈曲,在膝下垫小枕;保持踝关节中立位,为了防止髋关节外旋和垂足,常用沙袋置于大腿外侧和使用挡足板。

(2) 被动运动和助力运动、关节活动度锻炼

当病情稳定,肢体能配合时应尽早开始,主要由教师或陪护者操作,受试者可用健肢进行助力运动,包括患肢各关节、各轴位的运动(屈伸、内收、外展、内旋、外旋、绕环等),活动顺序由大关节到小关节,运动幅度逐渐增大,要多做与挛缩倾向相反的运动,特别是肩关节外展、外旋,前臂后旋,踝关节背伸及指关节的伸展运动。同时,健肢也要进行运动,以防肌力下降。

(3) 按摩

按摩可促进血液、淋巴回流,防止和减轻浮肿,并对患肢进行运动感觉刺激,有利于恢复。对于瘫痪的肌肉多采用推拿和揉捏手法,对拮抗肌则给予

安抚性向心按摩,不用敲打等强刺激手法。按摩部位主要是胸大肌群、上肢伸肌群、下肢屈肌群等处。按摩可配合循经点穴以增强疗效。

(4)假象运动

患肢出现主动运动之前,先做瘫痪肌肉的假象运动,即通过意想运动锻炼,从大脑有节律地向肌肉传递神经冲动,有利于促进主动运动的恢复。

2.功能锻炼期体疗

一般病后1—3周,开始保持坐位至行走前的阶段,病程为1—3个月,是功能恢复的关键时期。体疗的目的和任务是进一步恢复神经功能,进行正确运动模式的锻炼,恢复坐起和站立等基本运动功能。

(1)基本功能锻炼

基本要求:最好在病发2周内完成。重症患者用靠背或活动床逐渐增加角度,从30°开始,以后逐渐增加角度并延长坐起时间直至坐起为止,可有效地防止体位性低血压。如无不适应证状可进行坐位保持锻炼和坐位平衡锻炼(使躯干偏向患侧、健侧或前倾、后倾、左右侧弯和旋转等)。一旦进入坐位保持锻炼期,就应使用三角巾或吊带将上肢固定以保护肩关节,防止肩膀脱位,直至受试者能举拳过头后才撤掉,同时还要注意避免手部浮肿,应将手腕部抬高至胸部,并保持水平放置。

起立锻炼:能保持坐位30分钟以上时,应开始起立锻炼,一般病后3周内应达到此水平。

起立练习:要点是掌握重心的移动,要求患腿负重,体重平均分配。可在床边或平衡杠内扶杖起立,先从高椅子起立,再从低椅子起立,熟练以后可练习扶杖起立。起立锻炼动作基本点是双脚后移,躯干前倾,双膝前移,然后髋、膝伸展而站起。坐下时,躯干前倾,膝前移及髋、膝屈而坐下。锻炼时应注意保护膝部,必要时使用护膝支架。对于肌力偏弱有条件时要使用倾斜台,倾斜角度也应由小到大逐渐增加。

站立练习:起立动作完成以后,可练习站立动作。先做站立的准备活动,如坐位、提腿、踏步以增强肌力,然后练习扶床挡、桌椅、平衡杠等站立,以后可练习徒手站立。

立位平衡练习:受试者在平衡杠内双下肢分开站立,做健侧下肢单独负重,重心前后移动,躯干前屈、后仰、旋转等练习。站立锻炼每日1—2次,每次15—20分钟,练习应有间歇,避免过度,要求达到三级平衡。

(2)垫上锻炼

主要是一些原始的动作锻炼,包括翻身、由仰卧位到侧卧位;仰卧位移动,可向上、下、左、右移动身躯;由半跪位至跪位、跪位起立练习;肘撑,卧位或坐位以肘支撑上半身重量;爬行练习,常用三点爬行。

3. 步行期体疗

当立位已能保持稳定,患肢可负重时开始步行锻炼,步行期体疗的目的和任务是恢复步行能力,实现代偿能力,锻炼手指精巧性和生活自理能力。

(1)步行锻炼

患侧下肢肌力达四级时,可开始用步行辅助器锻炼步行。

步行前准备活动:扶持立位下换腿前后摆动进行,踏步、屈膝、仰髋、患腿负重、健腿向前向后移动等锻炼。

平衡杠内步行:一般采用三点步行法,即健手前扶杠—迈患肢—健肢跟上,依次向前;也可采用两点步行,即迈患肢和健手前扶杠—健肢跟上,交替前进,如图8-26所示。

步态分析:偏瘫群体下肢常呈伸肌协同模式,其步态为回旋步。

由于膝部僵直,摆动腿被带动而做划圈样向前移动,使足趾离地;支撑患足,脚掌同时着地或脚尖先着地,由于足屈及下肢肌无力,故步幅不等,步伐较小。通过步态分析,重点矫正画圈步态。

上下台阶锻炼:开始时要按"健腿先上,病腿先下"的原则,待安全停靠后可顺其自然。开始练习时以不超过5个台阶为宜。下楼时如有居高不安感,面向后方下楼也是一种方法。

复杂步练习:高抬腿、绕圈走、转换方向走、跨越障碍物、走斜坡、倒退步,并配合腿的动作做两臂协调性摆动,纠正不正确步态等。

步行锻炼时的注意事项:出现以下情况之一时,不宜进行锻炼,即安静时脉搏超过每秒120次、血压过高(>26.67/16.00kPa)、心悸、呼吸困难、有明

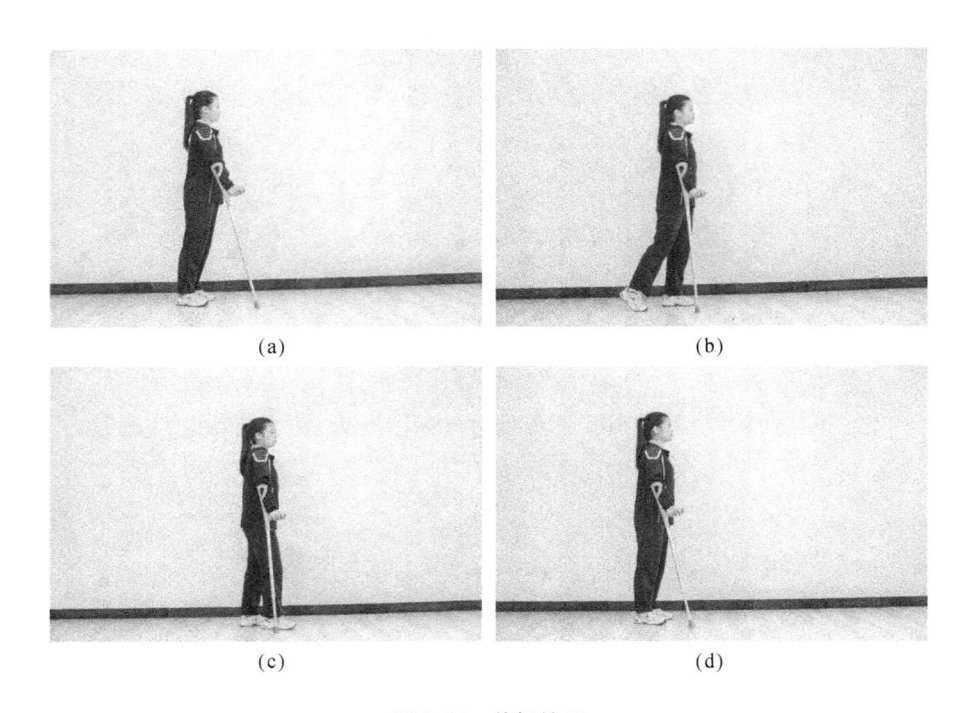

图 8-26 单拐练习

显心律失常或合并肺部感染、活动时心绞痛。出现以下情况时应中止锻炼，即运动中出现呼吸困难、眩晕、恶心、胸痛，或面色发白、出汗、心率每分钟超过 140 次并伴有心律不齐等。

(2) 矫形器的应用

可利用各种矫形器支具和辅助器具，如各种拐杖、双杠、台阶、关节矫形器等，帮助站立、行走，预防挛缩和增强日常生活自理能力。

(3) 作业治疗锻炼

针对受试者上肢和手的功能状况及职业爱好选择作业项目（如编织、雕塑、缝纫、打字等），以保持和扩大上肢关节活动范围，增强肌力和耐力，提高协调性和精巧性。

(4) 日常生活活动能力的锻炼

着重锻炼健手代替患手或单手操作技巧，目的是达到生活自理或半自理,其内容包括进食、洗漱、更衣、大小便及家务劳动等。体位转移也是日常生活活动能力锻炼的一部分。

4.常用的体疗技术

(1)神经肌肉促进技术(本体促进法)

在主动运动恢复之前,利用本体反射及正常或病理性神经过程进行随意控制肌肉的锻炼,目的是逐步过渡到不用这些方法也能对肌肉的收缩和放松进行随意控制。目前这被认为是偏瘫的最佳治疗方法之一并被广泛应用。

(2)放松技术

减轻和防止痉挛状态,使肌肉放松是恢复协调运动的必要条件,往往比增强肌力更重要。常用的措施和方法有:被动运动和按摩、热敷和冷敷、本体促进法练习、肌电生物反馈锻炼、电刺激和功能性电刺激、水浴疗法、药物解痉、使用矫形器和夹板、手术矫正等。

(3)气功和生物反馈锻炼

气功常用放松功,即轻闭眼、默念"放松"。先练上肢肩至肘、腕部,后练下肢髋至膝和踝部,配合呼吸,自上而下逐处放松3—5次。还可用肌电反馈仪来诱发主动运动或放松肌肉。多用于加强胫前肌以帮助改善步态及加强三角肌、冈上肌,防止肩关节半脱位。

(4)理疗和针灸

超声波、间动电流、中波干扰电流、针灸等治疗,均有促进肢体血液循环、消肿、镇痛及防止肌萎缩的作用。

第九章　残疾大学生职业体能锻炼

以习近平新时代中国特色社会主义思想为指导，深入学习贯彻习近平总书记关于残疾人事业的重要论述和指示精神，按照党中央、国务院决策部署，残疾人脱贫攻坚、全面小康和疫情防控等重点工作成绩显著，残疾人工作上了一个新台阶。2020年城乡持证残疾人共有861.7万人，新增就业38.1万人，其中，城镇新增就业13.2万人，农村新增就业24.9万人，城乡新增残疾人实名培训38.2万人。

就业是残疾人获得劳动报酬、改善自身生活状况的主要经济来源，同时也是个体参与社会活动和实现自我价值的主要途径。接受高等教育是残疾人获得职业技能的最直接也是最有效的途径之一，2020年有13551名残疾人被普通院校录取，2253名残疾人进入高等特殊教育学校进行学习。

残疾人作为一个特殊的群体，欲回归到社会生活中，要比健全人付出更多的努力。残疾人就业本身就会受到个体的残疾类别、残疾程度、性别、受教育状况、家庭情况、社会的友好程度及地区的经济发展状况、内外因素的影响，加之近些年受新冠疫情的影响，国内外的就业形势比较严峻，虽然我国的残疾人就业主要有各级各类残联系统的帮扶、社会的支持、个体自主就业等形式，但是残疾人的就业环境、报酬、待遇等仍不够理想。

俗话说"打铁还需自身硬"，社会、家庭的帮助不可能长时间帮助残疾人个体，故在高校就读的残疾大学生群体，必须在短暂的校园学习时间里，既要学习、掌握一门谋生的技术，又要通过丰富的校园文体、教学活动为自己积攒饱满的精神与体能，提高职业竞争能力，以便将来更快、更好地适应工作，更好地回归社会。

第一节 残疾大学生职业体能概述

一、残疾大学生职业体能的定义

胡振浩等对职业体能的定义是：与职业（劳动）有关的身体素质和心理素质及对不良劳动环境条件的耐受能力和适应能力。职业体能一般包括与职业相关的身体素质和心理素质，以及社会适应能力。

残疾人的职业体能有别于健全人的职业体能，因身体的缺陷，残疾人在社会中就业时要面对比健全人更多的压力与困难，既要提高生活自理能力，又要承受周围人群的不了解甚至是歧视等，同时还要调整和改善心理状态，对所处的工作、生活、学习环境等进行适应与改变，才能真正地融入社会生活。因此，残疾大学生的职业体能被定义为：与残疾人生活、职业相关的身体素质、残疾功能补偿与心理调适能力、社会适应能力等职业所必备的相关能力。本章主要介绍与职业相关的身体素质的常用练习方法、与残疾人相关的职业病等。

二、残疾大学生职业体能储备的意义

残疾人发展难，难在身体行动不便，难在就业技能少，难在就业能力弱，难在家庭负担重，加之社会对残疾人友好程度不高，残疾人就业渠道比较狭窄等不利的外部环境，如何发展残疾人事业，任重而道远。作为全面康复理论中的重要组成部分，职业康复与医疗、教育和社会康复一样，是为了让残疾人更好地融入社会生活中，更和谐地重返社会生活中。如何帮助残疾人更好地适应就业，如何让残疾大学生从学生的角色慢慢地转变成为社会人，并在工作之后根据自身条件，改善和适应自己所处的新的生活环境、工作环境等都是残疾人教学工作者和相关政策制定者需要面对的问题，也是需要完成的任务，而为了完成这些任务，身体有残缺的特殊群体自己，更应该积极地学习，提高自己的就业竞争力。拥有职业体能储备是必要的，本章的主要内容就是为残疾人提供职业体能锻炼指导，帮助他们克服身心方面的限制，创造或改

善就业环境,为残疾人真正意义上的就业提供有力的支持,帮助他们行使自己工作、生存的权利,成为社会发展中的一员,平等地享受社会发展带来的成果。

(一)增强独自生活能力,减少家庭社会负担

我国的残疾人教育体系为特殊群体提供了生活方面的特殊照顾,也为很多先天或后天的残疾儿童康复提供了特殊的义务教育与高中教育,为他们能顺利地考入高等学校接受教育提供了便利,如特殊高等学校的残疾人单招、单考等,而在大学毕业之后,残疾人自然要面对就业,学校、社会、家庭等会对他们的生活、学习等予以特殊的照顾,但他们终将进入社会、适应社会。古语有云"授人以鱼,不如授人以渔",残疾大学生需要学会独立生活的技能,从简单的吃饭、洗漱,到出门坐车、与人沟通,再到参与工作、参加社会活动等,都是他们个人生活能力的提升。作为特殊的群体,残疾大学生必须树立独立生活的意识,努力提高自身的生活能力。

(二)促进身体心理健康,更好投入学习生产

残疾人的活动能力会受到个体身体条件和外界环境的影响,残疾大学生很难在短期内寻找到适合自己活动的项目或场所,更多会被限制在室内这种固定场所。专门性的体育活动,既可以提高个体的力量、耐力,提高心肺功能,改善心血管等系统的健康;也可以通过体育活动,调节负面情绪,释放压力,在体育活动中锻炼自己的意志品质,培养竞争、合作等意识;在体育活动中学会基本的社交礼仪、广交新的朋友,让个体以更加饱满的精神、体力投入日常的学习与生产活动中。

(三)加快社会适应,回归社会生活

残疾大学生在校期间,应当多参与各类体育活动,在活动中提高角色意识,并通过活动中承担的角色,提高自己与他人的沟通表达能力;在应对突发事件时,调整自己的心态,积极地处理好事情;在接受任务时,合理分配自己的时间、体力将任务完成好;等等。通过不断的努力才可以提高社会适应能力,更快、更好地回归到社会生活中。

三、残疾大学生职业体能储备内容

(一)与职业相关的身体素质

与残疾大学生职业相关的身体素质主要包括身体成分、力量、耐力、柔韧、灵敏、平衡素质等。

1. 身体成分

人体是由蛋白质、脂肪、水等组成,人的体重对身体的健康有着十分重要的意义。一般身体过胖容易引起像糖尿病、高血压、高血脂等慢性疾病,相反,若过瘦则会引起低血糖、营养不良等疾病。保持合理的体重,是我们获得健康的必要条件。我们一般用身体成分指数来衡量一个人的体重是否合理:BMI=体重(kg)/身高的平方(m^2),具体指数对应的健康状况如表9-1所示。

表 9-1 成人身体成分指数对照

身体成分指数	18.5 以下	18.5—22.9	23—30	大于 30
健康状况	偏瘦	健康	超重	肥胖

需要注意的是,对于不同的残疾类别,尤其是肢体残疾中截肢和肢体萎缩的人,用身体成分指数来衡量就不太合理,此时可通过专门的皮褶厚度测量仪器来对不同部位的皮褶厚度进行测量,或者使用更精密的身体成分测量仪来测量。

2. 肌肉力量

肌肉力量是指某块肌肉或肌群一次竭尽全力从事抵抗阻力的活动能力。所有的身体活动均需要使用力量。肌肉强壮有助于预防关节的扭伤、肌肉的疼痛和身体的疲劳。对于残疾人而言,力量同样非常重要,尤其是肢体残疾者,必要的力量练习是保证其生活、生产的基础。

3. 柔韧度

柔韧度是使四肢和躯干充分伸展而不会感到疼痛的一种能力。柔韧度的影响因素有骨骼、关节结构与关节周围的肌肉、脂肪、皮肤与结缔组织等。柔韧度的好坏,会直接影响到肢体的活动范围,使机体在活动过程中不易受伤且活动范围变大。柔韧度差的人往往会造成不良的身体作业姿势,长期影响下会出现不良的身体反应,如颈椎病、网球肘等。

4.心肺功能

心肺功能即心肺耐力,是指人体的心脏、肺、血管、血液等组织的功能,其与氧气和营养物质的输送及代谢物的清除有关。心肺功能是国民体质测量项目中最重要的一项,是反映全身性运动持久能力的指标。很多残疾人的心肺能力会因身体活动能力的影响逐渐下降,但必要的心肺功能有助于个体提高对环境尤其是突发状况的应急能力。

5.灵敏性协调素质

残疾人受身体条件的影响,感受周遭环境变化的器官或组织功能丧失,因此其灵敏性较健全人而言会有很大差异。灵敏性素质是指在各种条件下,精确而协调地完成复杂动作的能力,亦指快速应变的能力。它是速度、力量和柔韧等各种身体素质在特定条件下的综合反映。

灵敏性素质良好的人,在面对纷繁复杂的局面时,能保持冷静的头脑、清晰的思维。在知识经济时代,各种新的挑战、刺激接踵而来,灵敏性素质高的人更能适应工作的需要。

6.平衡性素质

平衡性是个体保持平稳的体现,与个体的腰腹核心力量、前庭器官的稳定性有关,平衡性主要关系到个体日常生活、运动能力的发展,若平衡能力不好,极易出现摔倒或者失控的现象。

(二)与残疾大学生职业相关的心理素质

心理调适能力是衡量一个现代人社会适应能力的重要标准,残疾人的心理与健全人相比既有相似之处,又在认知、情感和性格方面存在差异,且这些差异也会直接影响特殊群体的生活、学习和将来的就业质量。

1.认知方面

不同身体缺陷的人在认知能力和认知方式上会存在较大差异,听障残疾人因缺乏或丧失听力,他们主要利用手语或文字进行交流,接收外界信息主要靠视觉和触觉等,该群体形象思维比较发达,但逻辑思维和抽象思维相对较弱,故他们极易被表面现象所影响;视障残疾者,因视力障碍,对周围的事物的图像和颜色感受比较弱或没有,但是听觉一般都比较灵敏,故他们喜欢思考,逻辑思维和抽象思维比较发达,善于表达内心的想法。肢体残疾等其他类残疾人因感知世界的渠道与健全人无较大差别,故在认知方面表现出的特点不够明显。

2. 情感方面

因生理和心理方面的缺陷,很多残疾人的行动会受到不同程度的限制,加之社会对残疾的接受程度较低,很多人极易被困在室内等相对固定的场所里,这也会影响他们对外界新鲜事物的感知,同时因接触的人员也相对固定,他们极易产生孤独感和自卑情绪;在受到不公正的待遇或者歧视后,残疾人对像"瞎子""瘸子""瘫子""哑巴"等带有指向性的词语或者言行都比较敏感,并对此类言行产生较强的情感反应,很多人也会将此种痛苦深藏于内心,或者表现出无助感与自我否定感;残疾人也有比较积极的情感表现,就是富有同情心,即他们会对和自己一样残疾的人表示出同情心,也极易与同病相怜的人结成有限的社会支持网络,以相互帮助。

3. 性格方面

在性格方面,不同类别的残疾人会有很明显的不同。视力障碍者通常会表现得内向、温文尔雅,但内心世界又比较丰富,当遇到可以表达自己的机会时,又会表现得比较健谈;听障残疾者一般比较外向,在青少年时期,其心智的发育水平一般要比同龄的健全人要晚2—3岁,该群体一般思维比较简单、活跃,情感反应会比较强烈,性格比较直爽;肢体残障者一般表现为倔强和自我克制,忍耐能力较强,但个体的思绪极易受到他人的影响;精神残疾者,一般表现为行为和人格偏离,情绪不够稳定,极易受到外界事物的影响。

综上所述,认识残疾人的心理特点,有助于残疾大学生在处理日常学习、生活中的问题时,学会分析问题产生的原因,帮助他们更好地应对负面情绪,并指导其行为的改变,让他们的心理健康得到保障。自尊、自信、自强,敢于拼搏的个性品质,可以为自己带来更多收获,能让自己的生活、学习、工作更加有序。

(三)社会适应能力

社会适应能力是指人为了在社会上更好地生存而进行的心理上、生理上及行为上的各种适应性的改变,以与社会达到和谐状态的一种执行、适应能力。社会适应能力的高低是反映个体综合素质高低的重要标志。社会适应能力一般包括个人生活自理能力、职业适应能力、社会交往能力及用道德规范约束自己的能力。残疾人的社会适应能力除了包括上述能力外,还应包括对所处环境的改造与适应能力。通过体育锻炼,可以很明显地改善残疾人生活自理能力、环境适应能力、职业适应能力、社会交往能力,以及遵纪守法的能力,进而提高残疾人的社会适应能力。

1. 个体生活自理能力

个体生活自理能力是指个体能够独立完成生活中的各种活动的能力,包括衣食住行等行为。这对大部分健全人来说并无太大难度,但是对于许多残疾者,尤其是残疾程度较高的人来说,生活自理能力较弱。自幼年开始,许多残疾程度较高的人通常需要家人、教师、护工等陪护才能够完成日常活动,对外界的帮扶依赖较大。不可否认的是,当成年以后,他们中绝大部分人必须面临的问题就是提高个人生活自理能力,故个体应当树立独立生活的意识,并通过努力训练,来逐步提高衣食住行等基本生活能力,以自食其力,减轻家庭、社会的负担。

2. 对周遭环境的适应与改造能力

随着社会经济的发展,许多地区公共场所的无障碍设施也得到一定的发展,但是并不能完全满足不同残疾类型群体的需求。许多生活、学习、工作场所的无障碍设施设置不够完善或者无法满足个体的需求,这就需要进行必要的适应与改造。如肢体残疾卫生间、淋浴间等加增必要的扶手、凳椅,再如为方便与听障残疾者沟通,在教室、会议室设置字幕系统,或自行下载能语音识别的App;为保证视障者能够阅读书籍或使用电脑,可以适当安装读屏软件等。对于周遭环境的改变从来不是一蹴而就的,需要全社会共同努力,一步一步趋于完善。

3. 职业适应能力

职业是参与社会分工,利用专门的知识和技能,为社会创造物质财富和精神财富,获取合理报酬作为物质生活来源,并满足精神需求的工作,也是个人服务于社会,并以此获得劳动报酬来维持自己生活而从事的工作。职业是残疾群体参与社会生产的必经之路。大学是学生从校园步入社会的过渡阶段,也是个体从学生过渡、转换成劳动者的重要时期。每位残疾大学生应当根据自己的身体条件、性格、能力等做好职业规划,并根据即将从事的职业所需不断地积累技能、体能、心理、意志品质等职业素养。

4. 社会交往能力

人的社会属性要求个体与外界进行交流。受生理或心理方面功能缺失的影响,残疾人在社交活动中表现出自卑、恐惧等心理。若不积极主动参与社交活动,极易形成孤僻、怪异的性格特点,也不利于个体的心理健康。社交既需要有合适的人、场所,更需要通过合理的沟通技巧,才能达到想要的目的。

5. 遵守社会规范

长期以来,残疾人一直是社会上的弱势群体,该群体中的大部分人本性比较单纯、善良,但有许多不法分子会利用残疾人的这种特点,做许多违法或者违反社会伦理道德的事情,导致社会对这类特殊群体愈发不友好。残疾大学生应该在大学学习期间,学习基本的法律知识,既要学会保护自己,维护自己的合法权益,又要提高自己的法律意识、道德修养,不做违反法律、道德的事情。

根据上述内容,国内有多所高职院校的学生工作处室,根据高职院校的学生学业生活的特点,制定了《大学生学习生活指南》,来帮助、引导学生做好大学生活规划,具体如表9-2所示。

表9-2 高职大学生学习生活指南

学年	主要任务清单
大一	适应校园生活(包括人、环境、事务); 提高生活自理能力; 掌握基本身体素质锻炼方法; 寻找自己喜欢并适合的1—2项运动; 参与学校级别的大型文体活动,结识2名以上不同专业的朋友; 参与1—2个学生社团,根据要求完成社团常规活动任务。

续　表

学年	主要任务清单
大二	提高喜欢的运动项目技能，并保持每周有3次以上的户外运动； 适当尝试独立完成到校外办理事务； 对自己将来要从事的职业特点、岗位特征有了解，并有针对性地提高职业体能； 了解预防常见职业病的预防与康复方法； 尝试以多元方式参与或组织一定级别的文体活动； 养成良好的学习、生活习惯，避免被电子产品占据过多时间和精力。
大三	通过见习、实习，了解所从事职业的特点； 保持已经形成的良好生活习惯； 学会与同事沟通，共同完成工作任务； 合理处理好工作、学习和生活中遇到的问题，调节负面情绪； 自主参加一次社会层面举办的文体活动。

四、残疾大学生职业体能锻炼原则

（一）健康第一，科学锻炼

残疾大学生在制订和实施体能训练的计划时，应该坚持健康第一的指导思想，根据自己的身体条件和将来的职业特点，选择适合自己的项目和内容，科学地安排自己的锻炼活动，促进自己的身体、心理和社会适应能力全面发展。

（二）由简至繁，循序渐进

在任务安排上，前期需要根据自己日后的学习、生活场景进行预演，找出可能遇到的困难，逐个地进行练习与适应，并根据锻炼的效果，进行总结，在后续的锻炼中调整练习的内容和难度，切莫因心急而挑战高难度、大负荷的内容，造成不必要的损伤。

（三）积极主动，敢于探索

职业体能的锻炼既是一个学习过程，也是残疾个体康复的过程，需要个体消除偷懒的心理，在安全的前提下，积极主动地去尝试，尤其是在提高生活自理能力中，敢于完成自己之前从未做过的任务，如乘坐公共交通工具出门、到相关部门办理事务等。

（四）独立自主，善于求助

在储备职业体能时，残疾大学生需要摒弃依赖心理，逐步脱离他人的帮助，尽可能完成自己能完成的事务；当然，在自己尝试多次以后，的确无法完成的，要善于向他人或者组织求助。求助的对象可以是自己的同学、朋友等，也可以是老师、家长或者是医生等。在日常的学习生活中，也可以通过阅读、观看相关讲座等方式，来提高自己解决问题的能力。

第二节　听力残疾大学生职业体能

案例一： 数字媒体艺术设计专业听障毕业生小韩，从学校毕业后在一家互联网创业公司工作。初入公司后，小韩主要负责网页的制作。接到工作任务后，小韩便很快地投入任务中，经常长时间坐在电脑前进行工作，因担心不能按时完成任务，小韩几乎火力全开，目不转睛地盯着电脑屏幕，未过多离开工位，尽量减少茶水饮用，到了饭点，也不好好吃饭，全靠点外卖。两年过后，通过努力，小韩很快就成为行业老手，但是长时间的坐姿工作，也给小韩的身体带来很多问题：眼睛视力明显下降，颈椎、腰椎等也都有不同程度的酸痛，去医院体检，有轻微的胆结石等。

一、听障大学生身心特点

听障大学生群体因听力系统功能障碍，其言语系统一般也会不同程度受到影响，对声音信号的接收能力较弱，其活动能力因前庭功能障碍，在一定程度上会影响到个体的平衡感，但在力量、速度等其他方面的运动系统功能与健全人无太大差别。

因听力的缺陷，个体在感知觉方面明显会有不足，个体以形象记忆为主，逻辑思维与抽象思维能力较弱；语言发展水平也受听力丧失、原有语言发展水平、入学的年龄、接受教育的程度等因素影响，语言表述主要以手语为主，且表述的语序、方式、方法也与健全人的表述有明显的不同；长期的无声或弱声的环境使他们在性格发展上呈现出独特的"聋人个性"：性格直爽，看待事物趋于表象,"好坏"分明,对待利益分配时,追求公平,部分会只考虑眼前的利益,而不会考虑长远的价值等。

听障大学生在社会适应能力方面的主要特征表现为:规则意识较弱,思想单纯,主观意识较弱,极易听信身边的人,尤其是身边的聋人朋友;对困难的认知和耐受能力较弱,通常表现为喜欢的事情就做,不喜欢的事情容易放弃。

二、听力残疾大学生职业特征

蒋小艳等对残疾人高等教育现状的调查研究发现,在其所调查的 22 所面向残疾人开设专业的高等院校中,北京联合大学、南京特殊教育师范学院、浙江特殊教育职业学院等共 10 所学校向社会招收全日制专科听力障碍学生,涉及的专业主要包括艺术类、工科类、电子商务类等、餐饮服务类,如表 9-3 所示。

表 9-3　特殊教育高等学校(专科)听力残疾大学生专业设置情况

序号	院校名称	专业设置
1	北京联合大学	视觉传达艺术设计 计算机应用技术 园林技术
2	南京特殊教育师范学院	艺术设计(服装设计与工程方向) 艺术设计(电脑艺术设计方向) 园艺技术
3	浙江特殊教育职业学院	工艺美术品设计 数字媒体艺术设计 电子商务 中西面点工艺 茶艺与茶文化 民族传统与技艺 视觉传达与设计

续　表

序号	院校名称	专业设置
4	郑州工程技术学院	摄影摄像技术 机电一体化技术 艺术设计（古建筑绘画方向） 计算机应用技术 动漫设计与制作 特殊教育 食品加工技术 视觉传播设计与制作 装潢艺术设计
5	长沙职业技术学院	广告设计与制作（设计、摄影方向） 视觉传播设计与制作（设计、工艺方向） 计算机应用技术（网站维护、动画制作方向） 汽车运用与维修技术（汽车美容服务方向）
6	重庆师范大学	特殊教育（聋人教师教育/残疾人辅助技术）
7	广州大学市政技术学院	计算机应用技术 艺术设计
8	南宁职业技术学院	电脑艺术设计
9	福州职业技术学院	广告设计与制作 计算机应用技术
10	乐山师范学院	艺术设计 服装与服饰设计

为便于职业体能的储备，我们根据专业设置，大致可以将听障残疾大学生毕业后可从事的相关专业主要划分成以下两类：坐姿工作类（包括计算机应用技术、电子商务、服装设计、数字媒体艺术设计、广告、艺术设计等）与工厂—作坊类（包括工艺美术设计、中西面点、摄影、视觉传达等），每一种类型的专业大学生在毕业后从事相关职业的工作中，其方式和工具都有相似之处。

三、不同工作类型的听障大学生的职业体能储备内容

（一）坐姿工作类

坐姿工作类的工作主要是指工作者在办公室办公桌前，利用笔记本电脑

为主要劳动工具展开的生产工作类型,主要包括数字媒体、电子商务、计算机、视觉传达等,是听障大学生从事的主要职业。坐姿为静态姿势,工作内容相对单一,长时间的坐姿,会对人体的颈、肩、腰部及眼等部位产生压力,如中途不及时调整休息,极易引起机体部分功能与结构发生改变,最终导致病变。

如今互联网信息量巨大,加之经济发达地区的生活节奏明显加快,这给从业者心理带来巨大的改变。社会的分工使很多工作被细化,每个人只负责生产活动中的一个环节,长时间的单一动作也极易导致出现"网球肘"这样的症状出现。因此,听障大学生在伏案工作时,应在一般体能准备的基础上,着重增强颈肩腰部肌肉锻炼、耐力训练,在坐姿工作1—2个小时内进行休息调整,同时需针对坐姿工作常见的职业病加以预防。一般性身体素质练习请参考本书前面对应章节的练习方法,本章主要介绍利用工作、生活环境中的器具展开练习的手段与方法,以及正确的坐姿。

1. 力量素质练习

力量是人体各种活动的基础,必要的力量练习可增强坐姿工作者的肌肉张力,以此确保在长时间的坐姿中,身体的形态与结构不会轻易改变,同时可以增强肌肉的弹性,改善肌肉组织内部的血液循环,防止和降低组织的疲劳。针对坐姿工作者的工作特性,力量练习主要集中在头颈部、肩部、背部和腰部。表9-4列出了力量素质练习的主要办法,既包括静力性练习又包括动力性练习。静力性练习一般每组10秒左右,做3—5组,动力性练习每组次数根据承受负荷而定,一般单个动作控制在每组20次左右,做3—5组。具体动作如图9-1至图9-8所示。

表 9-4　坐姿工作者日常力量素质锻炼内容

锻炼部位	锻炼器械	锻炼内容
头颈部肌群	徒手	立式头部前后左右屈伸、立式摸耳侧屈
肩背部肌群	皮包等重物(负重)	立式托举、单手提拉、徒手俯卧撑等
腰部肌群	垫子	背起、卷腹、侧体空中蹬腿等

第九章 残疾大学生职业体能锻炼 309

图 9-1 立式头部前后左右屈伸

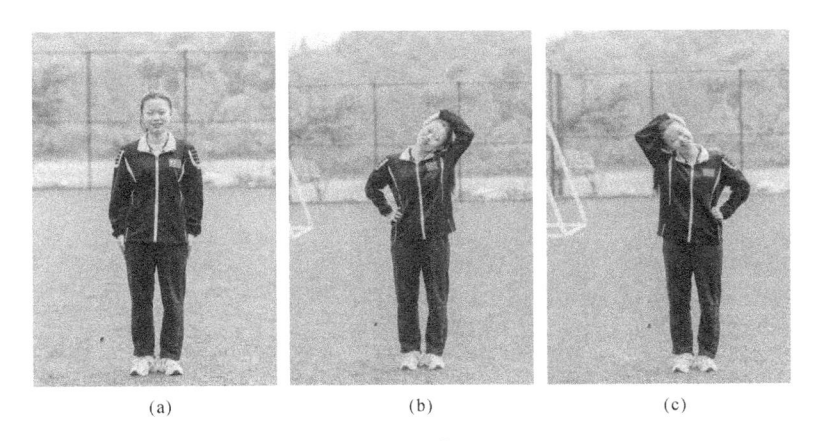

图 9-2 立式摸耳侧屈

(d) (e)

图 9-3 托举重物

(a) (b)

图 9-4 单手提拉

图 9-5 徒手俯卧撑   图 9-6 背起

(a) (b)

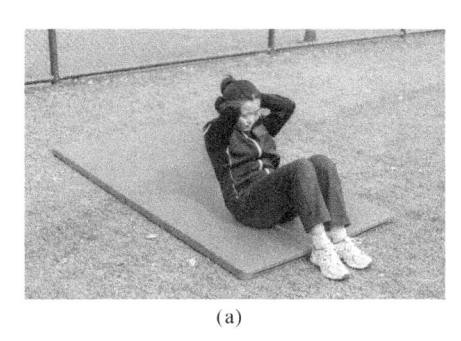

图 9-7 卷腹

(a) (b)

图 9-8 侧体空中蹬腿

2. 柔韧素质练习

柔韧素质可以提高动作的舒展度，帮助肌肉更高效地活动。久坐之人，关节、肌肉等会出现僵硬、疲劳等症状，适当的拉伸运动，可以快速有效地缓解这种僵硬与疲劳感，推荐以下几个动作进行舒缓，如表 9-5 所示。

表 9-5 坐姿工作者日常柔韧素质锻炼内容

锻炼部位	锻炼内容
头颈部	抱头颈后仰
肩背部	毛巾上举拉伸、毛巾背式拉伸
腰部	立式抱膝、坐式抱膝、坐位体前屈

锻炼的主要部位也在肩颈、腰背等部位。每个动作每组 10—15 秒，做 3—5 组。具体动作如图 9-9 至图 9-13 所示。

图 9-9　抱头颈后仰　　　　图 9-10　毛巾上举拉伸

图 9-11　坐式抱膝

图 9-12　立式抱膝　　　　　　图 9-13　坐位体前屈

3.心肺功能练习

心肺功能是体能好坏的重要指标之一,它与人体的心血管系统、呼吸系统等功能密切相关。长期坐姿工作者,其同一姿势极易压迫胸部呼吸系统,干扰局部的血液循环,长此以往会影响到身体健康。考虑坐姿工作者缺少有氧锻炼,故推荐在周末或其他休息时间可适当从事游泳、羽毛球、跳绳等有氧运动,或者选择到户外从事慢跑、登山等慢节奏运动。

4.10 分钟休息操

与坐姿工作者健康相关的职业体能需要在日常生活中进行规律的练习。与此同时,还应该注意在日常工作、学习时的休息与调节。

练习前准备:在完成 1—2 个小时工作后,起立寻找视野开阔的走廊或窗前位置。

(1)视觉转移

目光由近处慢慢移至远处,注意力放在远处的物体上,同时可做绕手腕的运动,放松手肘关节,持续时间约 2 分钟。

(2)头颈部拉伸

双脚左右开立,与肩同宽,双手十指交叉,向上托举至头顶正上方,头部后仰,目视手背。保持 10 秒后,双手慢慢放至体侧,目视前方远处 10 秒,同时做两次深呼吸,把个体注意力放在呼吸上,完整动作重复 3—5 组。

(3)肩部环绕

如图 9-14 所示,双脚左右开立,与肩同宽,双手虚握拳,置于肩部外侧三角肌上,双臂以肩关节为轴同时向前转动 8 次,转速中等,完成后再往后转动

8次。目视前方,呼吸均匀,把个体注意力放在呼吸上。完整动作做 3—5 组。

(4) 扶杆肩部拉伸

如图 9-15 所示,找栏杆或墙体,双手紧握栏杆或压在墙体上,慢慢将身体往栏杆或墙体一侧移动,使上体尽可能与地面平行即可,通过身体往下振动来对肩背部的韧带进行动态拉伸。每组 10 秒钟,完成 10 次振动。每完成一组,休息 10 秒,注意呼吸节奏与振动节奏相同,完整动作完成 3—5 组。

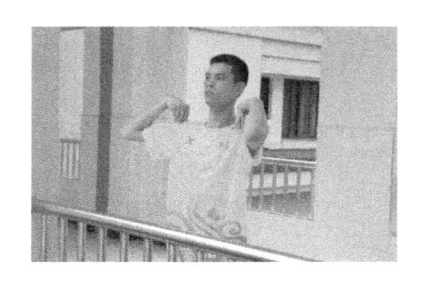

图 9-14　肩部环绕　　　　图 9-15　扶杆肩部拉伸

5. 正确的坐姿

正确的坐姿,可帮助坐姿工作者减少在工作时颈椎部的压力,预防颈椎病的发生,如图 9-16 所示。

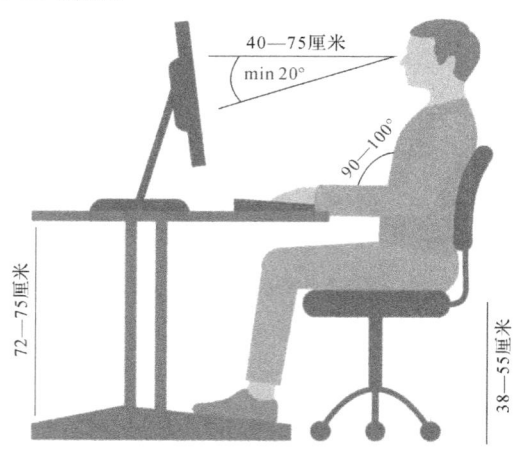

图 9-16　正确的坐姿

个体有条件选择办公座椅时应注意桌椅的高度,桌子高度在72—125厘米,椅子高度在38—55厘米,且椅子尽可能有支持腰部生理弯曲的靠背,若为普通椅子,可在椅子后面添加靠枕等物品来支撑腰部。脚可以平放,也可以选择踩踏有适当坡度的木板或其他物品。上体在坐直时,保持上体正直,手平放在键盘或者桌面上,上臂与前臂之间的夹角在90°—100°,显示器为可调节显示器;若非可调节显示器,可使用书本或纸箱垫高显示器,保证自己在平视时,视野正好落在电脑屏幕的中上方。

6. 职业病预防

与坐姿职业相关的职业病有很多种,通常都是因为久坐、不良的工作体位所造成的局部肌肉、骨骼等负荷过重,导致身体的骨头、关节、韧带等出现不同程度的慢性劳损。常见的职业病有颈椎病、腰肌劳损、腕管综合征、视疲劳综合征、胆结石等。在日常的学习生活中,我们不仅要保持正确的姿势和体位,养成劳逸结合的习惯,还应该加强身体锻炼,配合合理的营养搭配,以在工作之余享受健康生活。

(1) 颈椎病

颈椎病是主要由长期伏案工作引起的慢性病,主要症状是颈背部的功能性障碍并伴有疼痛感,表现为颈部、肩部、上肢麻木和头晕。因颈椎长时间处于屈曲或者固定某一姿势,颈椎之间的椎间盘压力增强,且颈部肌肉长期保持某一用力姿势引发肌肉劳损,加之某种不正确的坐姿,使颈椎发生病变。在工作时除了要保持正确的坐姿以外,还应当控制好伏案工作的时间,每过几秒需要抬头,活动颈部,1个小时左右需要站立走动一下,其间可选择做拉伸操等来拉伸、放松颈椎部肌肉;业余时间,可选择参与羽毛球、篮球等需要仰头的运动,也可选择登山、骑自行车等户外运动。

(2) 腰肌劳损

与颈椎病相似,腰肌劳损也通常由久坐引起。长时间的久坐,导致腰部肌肉收缩减少、乳酸堆积,椎间盘长时间保持某种姿势,腰部肌肉就出现了损伤的现象。在日常工作时,既要保持正确的坐姿,也需要选择有靠背的椅子,来缓解久坐引起的腰肌疲劳;注意适时休息,1小时左右就需要起来活动。

同时要增强身体素质锻炼,提高腰腹部的力量与腰腹部的柔韧性,以此减少腰肌劳损的程度。

(3)腕管综合征

腕管综合征,俗称"鼠标肘",指手腕部长时间保持一定弯曲度来完成某项工作,如常见鼠标操作、打字等工作,使个体在手腕部出现某种炎症,这不仅会影响工作,还会影响日常生活。在预防这一症状时,不仅需要保持正确的姿势,调整桌椅高度,使手肘处在最舒服的姿势,同时也需要定时休息,休息期间可以选择做手部、指操等来缓解这一症状。

(4)视觉疲劳综合征

视觉疲劳综合征,主要是工作者长时间观看电脑屏幕、手机等近处物体引发的眼部干涩、疲劳,甚至脑部眩晕等感觉。在预防这一职业病时,不仅要控制好屏幕与眼睛的距离,同时也可给电脑屏幕、手机屏幕贴防蓝光屏幕,或者佩戴防蓝光眼镜,并配合一些眼药水等来缓解眼部疲劳。当然,最重要的还是注意定时休息,休息时,选择视野比较开阔的地方进行远眺。此外,适当多吃新鲜蔬菜水果等来补充 B 类维生素,也可以减缓视觉疲劳综合征。

(5)胆结石

胆结石一般都是由过量摄入草酸等不易被人体消化的物质而引起。结石一般都是通过尿液排出体外。许多互联网行业的工作者的久坐、喜欢吃夜宵等不良习惯极易造成草酸等在身体内堆积,最终出现胆结石症状。伏案工作者应当控制好自己的饮食,上班时,适当多补充水分,定时站起上个厕所休息一下,可以在一定程度上避免结石的出现。

(二)工厂—作坊类

工厂—作坊类工作者在劳动时身体姿势不是固定不变的,时而坐着工作,时而站着工作,时而可能要搬运重物,其工作的空间相对于伏案工作而言要大很多。生产中的每个环节都是按照一定的计量计件进行的。这类工作者主要包括中西面点工艺类、机械类、茶艺类与茶文化等相关专业从业人员。其劳动的特点是既有脑力活动,也会兼顾一些体力活动。除了常规的身体素质练习外,他们在职业体能储备上应该加强力量素质、平衡素质、心肺功能、注意力等体能的储备。

1. 力量素质

力量素质包括最大力量和最大耐力,其中肌肉的耐力是指肌肉长时间维持工作的能力。根据工厂—作坊类的工作特点,不仅需要增强四肢肌肉的最大力量,也要增强肌肉的耐力。若肌肉的耐力不好,对需要长时间保持收缩的工作就无法顺利完成。

2. 平衡素质

平衡素质又称为动态平衡,是机体克服重心引力,维持身体动作稳定性的能力。面对工作环境湿滑的地面、机械化场所,必要的平衡素质练习可以减少个体在这些场所中摔倒的风险。可以利用瑜伽球、波速球等进行平衡性练习。当然,适当增强腰腹部力量也可以提高个体的稳定性。

3. 心肺功能

工厂—作坊类职业一般都要在生产车间来完成,随着工厂生产环境的变化,个体的心肺功能也会发生改变,如夏日高温、高湿的厨房,或者机械车间,其工作环境相对较复杂,因此需要加强对心肺功能的训练。可适当进行耐力跑、越野跑、登山跑等户外运动来对心肺功能进行训练。

4. 注意力

工厂—作坊作业主要在固定的生产车间进行,如今机械化、自动化设备已经逐步代替了身体的劳动,但是,机器一般都要用电、气等能源,这些能源的使用本身就存在安全风险,因此在生产的整个流程中都应注意按流程进行生产,在人离开厂区后应及时做到切断电源或者燃气,避免出现火灾等。在进行注意力练习时,可从事小球类的运动如羽毛球、乒乓球等,其中既有注意力的集中练习,又有分散练习。

5. 职业病预防

因工厂—作坊类的劳动场所的特殊性和劳动方式的多样性,一般此类职业若不注意个人的防护,容易得以下几种职业病:脊柱畸形、网球肘、膝关节疼痛、肩周炎、风湿性关节炎等。在从事此类工作时,应根据要求,佩戴好防护工具,按照操作流程进行安全生产,同时要保持规律的运动,增强体能。

(1)脊柱畸形

脊柱畸形主要是指脊柱的弯曲超出了原本脊柱该有的生理曲度。脊柱畸形少部分是先天畸形,大部分是由于后天不正确的姿势导致的,使脊柱周围的肌肉、软骨组织等发生了病变或者畸形。轻度者可以通过身体姿势的改变来进行纠正,中度者可以通过牵引操或者专业的设备来进行治疗,重度者需要及时就医进行治疗。

(2)网球肘

网球肘学术名为肱骨外上髁炎,即肱骨外上髁部伸肌总腱处的慢性损伤性肌筋膜炎。可通过摁压外上髁或腱止点来检测,由于肘、腕反复用力,长期劳累或用力过猛、过久,使前臂伸肌总腱在肱骨外上髁附着点处,受到反复的牵拉刺激,造成该部组织部分撕裂、出血、扭伤而产生慢性无菌性炎症。常见于网球运动员或爱好者、厨师、家庭主妇、按摩医师等长期反复用力做肘部活动者。长时间操作劳动后,可进行适当的放松,可以缓解局部肌肉的酸痛;也可通过增加手肘部肌肉、韧带等的拉伸来提高该部位的功能。

第三节 视力残疾大学生职业体能

案例二:视障大学生小朱从盲校毕业后在县里的一家盲人推拿店上班,他的老板也是一个盲人。在店里上班的时候,小朱比较认真,也善于将自己在盲校学习的推拿知识与技术慢慢地融入实践中。经过两年的实践工作、学习,小朱的推拿技术提升了很多,受到了店长和顾客的一致好评。但是每天小朱都只能在上班的店里和住的地方来回奔波,且闲暇之时只能通过玩手机来度过,小朱觉得这样的日子太过单调,不能这样浪费自己的大好时光。后来在地方残联的推荐下,小朱报考了省里的一所针对残疾人招生的大专院校的入学考试,经过半年左右的文化课与操作课复习,小朱顺利地考入了这所学校的康复治疗技术专业,主修盲人推拿技术。上学期间,小朱依旧认真地学习理论、实践知识,同时根据高等教育的内容,深刻地理解了实践技术背后的科学原理等;课余时间,小朱也积极参与学校的盲人足球队,在那里他既体验到了运动带来的快乐,也锻炼了自己的身体;此外,他还师从功法老师学习了八段锦和太极拳等中华传统养生武术。大学的三年,让小朱在自己的专业上提升很多,同时又丰富了自己的业余生活。毕业后,小朱被当地的体育运动训练中心招聘去,成为体育运动队的队医,为运动员提供专业的康复医疗服务。工作两年后,小朱所在的部门因为备战奥运会的运动员提供了专业、科学的服务而被省里授予了"集体二等功"的荣誉。

一、视力残疾大学生身心特点

视力残疾者因视觉功能障碍,故在视觉、空间各方面的感觉会明显偏弱,但是他们可以通过触觉、听觉等代偿视觉,用触觉、听觉等来形成记忆,群体的机械记忆能力较强。正因为这些身心特点,加之社会对视障群体等片面的看法,促成视障群体多为黏液质和抑郁质气质;在能力方面,视力残疾者对新环境的适应能力较差;在兴趣方面,对听觉和触觉方面的信息更感兴趣,且稳定性比健全人要强。

二、视力残疾大学生职业特征

根据视力残疾人的身心特点,视力残疾人从事的主要行业为按摩推拿等医疗、服务业。2021年《中国残疾人发展统计公报》数据显示,全国共培训盲人保健按摩人员13483名、盲人医疗按摩人员8372名;现有保健按摩机构17128个,医疗按摩机构1105个;869人获得盲人医疗按摩人员初级职务任职资格,232人获得中级职务任职资格。这表明我国视力残疾人按摩推拿行业稳步发展,从业性质也从服务业向技术含量更高的医疗领域提升。与此同时,近些年视力残疾人在音乐表演和调音等行业发出星点光芒,如著名盲人周云蓬、青岛市盲校教师张莉等,诸多盲人调音师参考的影视作品,都在证明视力残疾人可以通过自己不懈的努力,在传统按摩行业以外的领域崭露头角。

三、视力残疾大学生的职业体能储备内容

根据视力残疾人的就业状况可以判断,目前我国视力残疾人主要还是以

盲人推拿按摩为主要职业,只有少数从事音乐相关的工作,故本部分主要针对康复推拿职业介绍视力残疾大学生职业体能储备。

康复治疗技术推拿专业主要是以站姿为主,推拿技师主要通过手、手臂等部位对病人或顾客实施服务。人体在站立位工作时,对身体下肢、腰腹和脊椎的力量要求比较高,故在职业体能储备时应以力量为主。与坐姿相比,站姿工作的心理负荷相对较小,但对个体的责任心、服务意识、情绪控制、抗干扰能力等要求都比较高。因属于服务行业,人员需要精神饱满,且要保持微笑,久而久之,容易形成职业倦怠,因此适当的心理调适能力也是需要的。

（一）力量练习

力量素质是职业体能的核心素质,尤其是上肢力量。手部小肌肉群的肌肉耐力尤为重要,主要靠专业课程的推拿手法课进行练习,但日常的大肌肉群的力量则需要日常体育锻炼来提高。需要注意的是,部分动作可能会引起眼压升高,故个体在选择时可以选择适合自己的练习内容。

（二）平衡练习

平衡性作为重要的身体素质,对视障大学生日常生活中防摔倒起着非常重要的作用。视障者在生活生产中,最重要的就是要进行移动,因无法通过视觉来判断空间、环境中的危险因素,适当地提高平衡性可以规避摔倒风险。针对平衡性训练,推荐使用瑜伽球、平衡板、波速球等进行。

（三）耐力练习

耐力素质是衡量人健康的重要标志之一,在校内进行耐力练习的方法主要有耐力跑(需要引导员)、跳绳、开合跳等,运动负荷应在中等以上(即运动后每分钟心率控制在120以上),持续时间要不低于20分钟,才能够有效地提高个体的耐力。

（四）定向行走能力

定向是指个体运用感觉信息,确定个体在环境中的位置及确认自己与环境相互关系的心理过程;行走是个体在定向的基础上,从一个地方移动到另一个地方的过程。视障残疾人的活动范围很大程度上会受个体定向行走能力的影响,若无法独立完成定向行走,其生活自理能力就会受到很大的影响。

定向行走训练的主要内容如下。

定向训练:包括定向训练前的准备,如概念准备、感觉训练,以及各种定向技能,如方向方位辨别、阳光定向法、时钟定向法、路标线索定向法、建筑物定向法、应用地图等。

行走训练:包括行走训练前的准备,如心理训练、身体姿态与步态的训练、避险与应急防卫训练,以及各种行走技巧,如导盲随行、独行技巧、盲杖技巧等。

实际应用训练:包括在家庭生活中的应用训练,如个人卫生、家务劳动、休闲娱乐等,以及在社会生活中的应用训练,如道路行走、乘坐交通工具到目的地、沟通交流等。

(五)职业病预防

视障推拿按摩从业者应当预防的职业病包括静脉曲张、扁平足[①]、下背痛和职业倦怠,日常工作时需要及时休息,空余时间可以学习太极拳、健身气功、八段锦、易筋经等传统养生运动,这既可以缓解疲劳,又可以调适心理压力,促进身心健康。

1.静脉曲张

静脉曲张是指下肢浅静脉系统处于伸长、蜿蜒而曲张的状态,多见于久站的人群。视障学生多从事推拿按摩行业,久站在所难免。日常在工作时,可尝试两条腿交替用力,缓解双腿疲劳,在久站之后,注意拉伸、按摩放松。晚上睡觉前,热水泡脚,睡觉前可将下肢垫高,促进腿部血液循环,以此加快疲劳消除。当然平时也应当加强体育锻炼,尤其是加强下肢力量锻炼。

2.扁平足

与静脉曲张相似,扁平足也是主要由久站引起的病症,多见于服务行业

---

① 扁平足(flatfeet),也被称为平足畸形,是一种足内侧纵弓低平或消失的病症。成年人出现扁平足可能是由于以下情况:(1)走姿不正确而导致扁平足,因此应保持正确的走姿,避免长期穿过于贴脚的鞋子;(2)软骨发育不全可能诱发扁平足,因而需要均衡营养;(3)过度负重可能导致足弓消失,从而形成扁平足。

的工种。久站后,足部血液循环不畅,加之鞋子大小、脚底鞋垫等不同,足弓生理弯曲受到改变,从而引起不适。适当的力量锻炼可以减缓扁平足的症状。适当的足部矫正操也可改善足部健康,如足尖走、足跟走、足外侧走、踢毽子等,以及坐位时进行足内翻、足趾屈伸等。

3. 职业倦怠

职业倦怠多见于服务行业,因长期要保持职业微笑,部分服务类行业的人极易产生职业倦怠,多表现为情绪低落、对工作具有负面评价和自我效能感低等心理状态。影响个体职业倦怠的因素有很多,既有个体认知、年龄等内部因素,又有工作环境、薪资、发展等外部因素。应在职业生涯的初期,制定好长远的职业规划。适宜地参与体育锻炼,不仅可以调节身体健康,也可以调节个体的情绪状态。

第四节 智力残疾大学生职业体能

案例三:上海轻度智障受试者小李从小就被诊断为边缘智障,上小学的时候,他随普通学校就读,但后来一直被同学叫作"智障",受到同学们的歧视与校园霸凌,没办法,家里人考虑到他的教育问题,将其转入上海市一所特殊教育学校。在校期间,小李认真学习,在学校的安排下考取了初级厨师资格、面点技师、酒店管理等国家认证的证书。小李在毕业后从事面包店的工作,每天至少要工作12个小时,加班无法获得加班费,后来选择辞职,在重新找工作的过程中,虽有诸多职业证书,但是招聘单位一听他是轻度智力障碍,立马表示不愿招聘。如今小李从事网络配送员的职业,每天工作时间是11点至下午2点半,晚上5点至8点半。小李表示:虽然目前也同面包店工作一样辛苦,但这个工作我可以胜任,每天我可以获得100—200元不等的劳动报酬,可以养活自己,同时也在闲暇之时拍一些关于自己日常生活的短视频放到网上,让更多的人了解智障群体,这使他觉得生活很充实,也为自己的做法感到骄傲。

一、智力残疾大学生的身心特点

智力残疾者就是俗称的智障、弱智、精神发育迟滞或者智力残疾,其智力水平明显低于平均水平，并会伴有适应性行为的缺陷或者同时存在。长期以来智力残疾者都受到智力的影响，导致他们从小基本上都只能在特殊学校或者家庭的庇佑下完成义务教育，接触的人员少，且活动的范围有限，加剧了他们社会适应能力的欠缺。

二、智力残疾大学生职业特征

智力残疾者主要是在各地残联举办的培智学校等特殊学校接受教育，而教育初期主要是以生活化的技能为主，以提高其生活自理能力。等成年以后，一般会由学校提供生活自理、简单劳动技能、适应社会生活的训练，以及有偿托管和生活护理等服务，社区一般也会组织成年智障者开展文体、美工、参观、游览等活动，借助活动来提高智障者的自信、自尊程度。

我国的智障者总体的就业情况并不乐观，主要表现在：第一，就业形式单一且人数较少，主要以庇护性就业与支持性就业为主；第二，就业层次比较低、就业保障水平低，多数人只能从事简单的生产性工作和服务业，且工作环境不够稳定；第三，就学水平与就业结构存在区域差异，农村高于城市，东部低于中西部。正如案例三中小李面临的问题，虽然他们接受过诸多职业技能培训，但只能通过从事简单的需要消耗过多体力的工作来谋生。

三、轻度智力残疾大学生的职业体能储备内容

智力残疾大学生可以通过简单的职业培训获得就业能力，但因其生理的限制，一般可从事的工作包括食品加工、产品制造、农业、环境保洁、汽车美容、园艺、家畜养殖等。从上述职业可以简单判断他们的就业环境与工厂—作坊类职业特征比较相似。故他们身体素质的练习主要可参考工厂—作坊类职业体能的训练，主要包括力量素质、平衡素质、心肺功能、注意力等体能的储备。需要注意的是，在动作安排时主要以简单有效的练习为主，这样既可以保证练习的安全，又可以达到预期的练习效果，也可以通过游戏法将身体素质练习融入游戏，提高趣味性。

智力残疾大学生的社会适应能力一般比较低，这与他们长期被社会"孤立""歧视"有关，其个体自信心和自我评价较低，在练习的过程中需要教师或者康复人员予以更多的关注与鼓励,帮助他们培养自信心和积极的自我评价,并在训练的过程中帮助他们正视生活、学习、工作中的障碍,培养其正确、积极的态度,帮助他们慢慢地适应社会。

四、智力残疾大学生职业体能储备

智力残疾大学生职业体能储备的内容与听障学生的练习内容相似,包括传统的力量、耐力、平衡等内容,但在方式、方法、手段上应有所区别,简单、安全、易行是前提。当然也可以适当设计一些简单的游戏,来提高智力残障大学生的参与积极性,在游戏中提高他们的参与感和积极性。

(一)力量素质练习

力量是人体各种活动的基础,必要的力量练习可以增强坐姿工作者的肌肉张力,以此确保在长时间的坐姿下,身体的形态与结构不会轻易改变,同时可以增强肌肉的弹性,改善肌肉组织内部的血液循环,防止和降低组织的疲劳。针对坐姿工作者的工作特性,力量练习主要集中在头颈部、肩部、背部和腰部。力量素质练习的主要办法,既包括静力性练习又包括动力性练习。静力性练习一般每组10秒左右,做3—5组,动力性练习每组次数根据承受负荷而定,一般单个动作控制在每组20次左右,做3—5组。

(二)柔韧素质练习

柔韧素质是指人体关节活动幅度的大小和跨过关节的韧带、肌腱、肌肉、皮肤及其他组织的弹性和伸展能力。智力残疾人从小缺乏有效锻炼,身体柔韧性不足,协调性较差。柔韧性素质训练着重加强上下肢协调性练习,以及肩关节伸张幅度和下肢韧带的拉伸。譬如,可以进行坐位体前屈、劈叉、正压腿、侧压腿、压肩等简单易行的练习,可以利用居家环境如床上、垫子进行练习,通过适当地开展柔性练习,提高肌肉能力。每次练习,感觉到肌肉微微有点酸疼、发热即可,持续时间可以在10—15分钟。

(三)心肺功能练习

心肺功能是体能好坏的重要指标之一,它与人体的心血管系统、呼吸系统等功能密切相关。长期坐姿工作者,因长时间保持同一姿势,极易压迫胸部呼吸系统,干扰局部的血液循环,长此以往会影响到个体的身体健康。坐姿工作者缺少有氧锻炼,故推荐在周末或其他休息时间适当从事游泳、羽毛球、跳绳等有氧运动,或者选择到户外从事慢跑、登山等慢节奏运动。

第五节　肢体残疾大学生职业体能

案例四:小姚出生后 8 个月就被确诊为小儿麻痹症,从此就再也没有站起来。小姚从小就特别喜欢运动,虽然无法落地行走运动,但是他在空余时间就会用身边自制的工具进行身体锻炼。一次偶然的机会,他看到电视中播放残疾人奥运会举重比赛的画面,这激发了他那颗热爱运动的心,后在地方残联帮助下,他参加了举重队的训练,并在全国残疾人运动会上获得了银牌,这鼓舞了他参加体育训练的信心,后来他又多次参与各种级别的比赛,均取得了不错的成绩。赛后,小姚将发的比赛服装挂到网店中售卖,没想到网店里的东西很快就被人买空,小姚发现了商机。在残联的帮助下,小姚开始了自己的创业之路,取得了某品牌比赛服售卖的代理权。如今,小姚的店每年的营业额都在千万元以上。小姚表示:感谢国家政府给他带来的机会,让他能够在体育这条路上重拾自信,如今,正因为体育训练,使他有更多的精力和信心把这份事业做好。

一、肢体残疾大学生身心特点

肢体残障者被定义为人体运动系统的结构、功能损伤造成的四肢残缺或四肢和躯干麻痹、畸形等,导致人体运动功能不同程度地丧失,以及活动或参与的局限。一般情况下,肢体障碍者的心理发展与健全人无明显差别,但是个别中枢神经受损的残疾如脑瘫,则会伴随智力、感官的缺陷。

社会融合是一个逐步同化和减少排斥的过程,肢体残疾人由于形体的损伤、缺失带来的功能丧失,使他们生活自理能力受限。社会上的各种歧视、不友好,无障碍建设不够完善等问题,会进一步阻碍肢体障碍者的社会适应速度。

二、肢体残疾大学生就业职业特征

肢体残疾人的残疾类型有很多，残疾程度也有较大差别。一般来说，残疾程度越高的人，就业困难就越大。刘艳虹等在对北上广 1800 名肢体残疾人进行职业兴趣调查时发现，肢体残疾人通常选择常规型和现实型的工作：常规型工作主要包括文件收发、整理、规整、统计各类报表等室内工作；现实型工作一般指需要一定的体力、操作机器类的工作。随着十多年来互联网经济的飞速发展，电子商务、数字媒体设计等专业也逐步成为肢体残障大学生的主要选择。

上述专业也是典型的伏案工作，故伏案工作需要储备的职业体能，肢体残障大学生也同样需要，主要包括力量素质、耐力素质、心肺功能，心理素质与生活自理能力也同样是体能储备的主要内容。但与健全人或者其他残疾类别的大学生的就业困难不同，对肢体残疾者工作环境里的无障碍设施、生活环境的改造也要耗费更多的时间与精力。

三、肢体残疾大学生的职业体能储备内容

（一）生活自理能力

肢体残疾者自身的生活自理能力锻炼顺序，应从最简单的洗漱、穿衣、吃饭、上厕所等开始，到洗衣服、叠被子、打扫卫生，再到能外出办理事务。

（二）生活、工作环境改善

个体进入新的生活、工作环境后，应该根据自己的需要对生活环境中的各类设施进行简单的适应或者改善，具体包括卫生间马桶加装扶手、加装淋浴间把手或购置淋浴凳子、改造桌椅、加装床铺扶手等；对于食堂的餐具、餐桌、餐椅等生活中的细节，需要根据个体的实际情况进行适应性调整或更换，主要的目的就是让自己更快地适应新的环境。

（三）力量素质

因肢体的缺失，很多残疾者的站立练习无法完成，应针对其肢体残疾情况设计练习方法来提高他们肩颈部、背部、腰部肌肉群力量。练习的内容既

包括俯卧撑、直臂—曲臂交替、卷腹等无器械练习，也包括弹力带、哑铃等轻器械练习。

肢体残疾大学生可根据自身条件，选择适合自己的内容，控制好训练量与运动节奏，根据身体反应及时调整负荷；力量训练每周 2—3 次，每次 60 分钟左右；每次力量训练后做好拉伸放松工作，力量训练前后多补充蛋白质食品。

（四）柔韧素质练习

柔韧素质是人体一种重要的身体素质。发展柔韧素质不仅可以加大动作幅度，使动作更加优美、协调，而且能加大动作力量，减少受伤的可能。肢体残疾人的练习，可以通过健肢辅助残肢进行，或借助辅助器材如弹力带等来进行，主要练习部位在肩颈、腰背等，每个动作每组 10—15 秒，每次做 3—5 组。

练习时机与注意事项如下。

1. 运动前准备活动

主要采用动力性拉伸，有助于快速提高关节活动度。需要注意用力慢慢增加，在感觉有些许疼痛时需及时停止或降低负荷。

2. 运动后放松运动

主要采用静力性、被动性拉伸，可以减缓肌肉酸痛，加快乳酸的分解，一般在力量训练后进行。柔韧练习的时间需相应加长一些，可以增强力量训练的效果。

3. 久坐伏案工作、学习后

久坐伏案工作 1.5 小时左右，可站起来，做做拉伸运动，这样不仅可以预防颈椎病，也可以调节身心、提高效率。

（五）心肺功能练习

心肺功能是体能好坏的重要指标之一，对于长期坐轮椅或者下肢不便的人来说，跑步、登山等有氧运动显然要换一种方式来完成。一般心肺功能的训练方法及强度要保证运动时心率在最大心率的 60%—80% 的中高等强度，并且运动的持续时间不低于15分钟(心率不低于120次/分钟)。推荐的项目包括:快速推轮椅练习、游泳、垫上运动、快步走(下肢能行走者)等。

(六)心理调适能力

1. 自尊心与自我实现

肢体残障者有受尊重和自我实现的需求,他们都希望能够独立参与社会活动,并且担心别人会将注意力放在他们残缺的身体上,反而往往忽视他们本身的能力。对此个体应正视现实,过去已成事实,无法选择,更无法改变,现在可以做的就是将自己的注意力转移到当前的任务上,将任务完成,自然会获得别人的肯定与尊敬。

2. 自强自立

由于长期受到家庭、学校的庇护,部分肢体残疾者的依赖心理很强,在遇到如就业这种自己未曾遇到的场景时会表现出紧张、焦虑、胆怯等消极心理。个体首先应当正视这些反应都是正常的心理现象,接下来就要利用深呼吸、转移注意力等方法调整这种心态。与此同时,最重要的是要明白,凡事预则立、不预则废的道理,即在平常的学习、实践中要加倍努力才可以在面对任务时游刃有余,也只有这样,才能把个体的职业技能提高,把心理素质提升上去,做到自强、自立。

(七)社会适应能力储备

很多肢体残疾者在与人相处时会因身体的缺陷出现自卑、社恐的心理,导致不愿意与人交流,他们往往会忽略这样一个问题:具备良好的人际交往技能和社会适应能力才是他们融入社会的重要基础。故教师、家长或个体自身应当转变观念,以多种方式参与到学校或者社会开展的活动中去,如无法参与体育活动,肢体残疾人可以组织策划者、裁判员、志愿者等身份参与到活动中,并在此过程中提高自己的社会交往能力与适应能力。

(八)职业病预防

除了常规的坐姿工作者易得颈椎病、腰椎病、心血管疾病等职业病外,肢体残疾者在日常的生活、生产中还应该注意以下病症:压疮、便秘、呼吸系并发症、泌尿系统并发症、心血管系统并发症、运动系统并发症等。合理的生活作息、健康的生活习惯、合理的膳食营养等都是保障肢体残疾人高质量生活的前提。

1. 压疮

压疮是指身体局部组织长期受压,造成该部位的组织血液循环受阻,组织营养缺乏,皮肤的散热等功能丧失,最终导致局部软组织受伤或坏死。压疮是很多下肢瘫痪患者,尤其是脊柱损伤者最容易出现的症状,故这部分人在进行工作时,务必要保证定时翻身、变换体位、通风休息,也可通过手(肘)撑椅子或轮椅的扶手来减少腿部或臀部的负荷,如图9-17所示。一般每20分钟撑起1次,每次撑起不低于20秒;同时也可以选择透气性好的坐垫、靠垫;营养补充也是必要的,有研究显示,增加蛋白质、维生素、矿物质等微量元素的摄入,可以保持身体的健康;此外,体重也是影响压疮的重要因素,大多数瘫痪或截瘫者,因下肢运动能力受限,不太喜欢运动,加之饮食控制能力比较差,体重无法控制,过度肥胖,应减少糖类、油炸等高热量食品的摄入,同时增强体育锻炼。

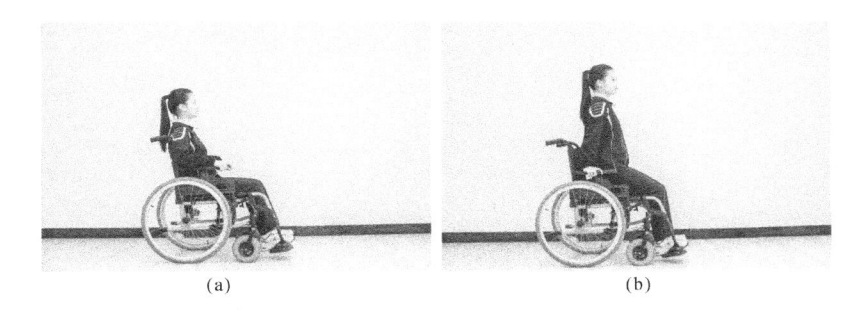

(a) (b)

图 9-17 轮椅撑起

2. 视疲劳综合征

视疲劳综合征就是以眼部各种不适症状为主要表现的症状统称,主要表现为眼部不适或酸胀、疼痛,部分还伴有视觉模糊等。现代人的工作、娱乐方式主要为电脑、手机,肢体残疾者大部分的时间和精力都是花在电脑和手机上,由于屏幕光线对眼睛的刺激,加之眼睛又常盯着屏幕,长期如此,眼睛多少会出现疲劳综合征。预防视疲劳综合征主要的方法包括:保持正确的姿势来使用电脑或手机;勿长时间盯着屏幕,1小时左右就要及时转移视线进行放松调节;使用防蓝光眼镜可以减少电脑屏幕蓝光照射入眼;每2个小时就应离开工位,进行适当的休息;可适当使用与眼泪成分相似的眼药水降低疲劳等。

参考文献

[1]陈爽.肢体障碍学生体质健康检测标准维度构建研究[J].才智,2017(21):13.

[2]戴昕,韩东硕.北京市盲生体质状况调查与分析[J].体育学刊,2008(2):62-65.

[3]董晓虹,丛湖平.视力、肢体残疾人群国民体质监测替代指标的有效性研究[J].中国体育科技,2008(6):36-39.

[4]段文义,程晖,马冬梅.肢残青少年体质测试替代指标的选择及测试方法研究——以三级肢残青少年为例[J].青少年体育,2016(10):77,107-108.

[5]冯杰,郭洪森.共同富裕视角下我国残疾人就业保障问题研究[J].长沙民政职业技术学院学报,2022,29(2):2-7.

[6]郝传萍,郑尉,毛荣建,等.北京市培智学校学生体质健康现状及特点[J].中国康复理论与实践,2019,25(8):976-982.

[7]胡振浩,等.职业体能训练[M].北京:高等教育出版社,2008.

[8]蒋小艳,崔燕,戴玥.大数据视角下残疾人高等教育现状研究[J].高教学刊,2022,8(9):11-14.

[9]金鑫.北京市特殊教育学校学生的特殊体适能的研究[D].北京:北京体育大学,2017.

[10]赖德胜,廖娟,刘伟.我国残疾人就业及其影响因素分析[J].中国人民大学学报,2008(1):10-15.

[11]李成林.中职生体质健康测试成绩分析与研究——以安庆大别山

科技学校学生为研究对象[J].安徽教育科研,2022(6):9-13.

[12]刘海群,司琦.融合体育视角下的残疾人体育教育旨归、价值与策略[J].广州体育学院学报,2018,38(160):121-124.

[13]刘海群.残疾大学生体力活动与健康体适能评价研究[J].运动与健康,2024,3(2):43-47.

[14]刘海群.功能补偿视角下残障大学生康复训练与职业体能发展分析[J].青少年体育,2021(94):36-37.

[15]刘海群.特殊高职院校构建"残健融合、协同育人"康复体育路径的研究——以浙江特殊教育职业学院为例[J].运动—休闲,2022(24):145-147.

[16]刘艳虹,陈文超,朱楠.肢体残疾人职业兴趣调查研究[J].中国特殊教育,2010,9(123):16-21.

[17]罗治安.社区康复[M].北京:人民卫生出版社,2010.

[18]全国残疾人康复工作办公室,中国残疾人康复协会.残疾人康复咨询材料[M].北京:华夏出版社,2008.

[19]孙玉梅.残疾人社会融合支持体系研究[M].南京:南京师范大学出版社,2016.

[20]谭思洁,孔令琴,于学礼,等.聋哑大学生体质测试结果及其分析[J].天津体育学院学报,2003(4):81-82.

[21]谭思洁,孔令琴.聋哑大学生体质综合测定及健身运动处方的研究[J].中国体育科技,2005(3):125-126.

[22]佟立纯.康复心理学[M].北京:北京体育大学出版社,2010.

[23]王正珍.ACSM运动测试与运动处方指南[M].北京:北京体育大学出版社,2015.

[24]习近平.决胜全面建成小康社会 夺取新时代中国特色社会主义伟大胜利[N].人民日报,2017-10-28(001).

[25]许琳.残疾人就业难与残疾人就业促进政策的完善[J].西北大学学报(哲学社会科学版),2010,40(1):116-120.

[26]郑功成.残疾人社会保障:现状及发展思路[J].中国人民大学学报,

2008(1):2-9.

[27]Balemans A C J,Leontien V W,Becher J G,et al. Longitudinal relationship among physical fitness, walking-related physical activity, and fatigue in children with Cerebral Palsy[J]. Physical Therapy, 2015, 95(7): 996-1005.

[28]Cabeza-Ruiz R,Alcántara-Cordero F J,Isaac Ruiz-Gavilán I,et al. Feasibility and reliability of a physical fitness test battery in individuals with Down Syndrome[J]. International Journal of Environmental Research and Public Health, 2019, 16(15): 2685.

[29] Hartman E, Smith J, Westendorp M, et al. Development of physical fitness in children with intellectual disabilities[J]. Journal of Intellectual Disability Research, 2015, 59(5): 439.

[30]Hopkins W G,Gaeta H, Thomas A C, et al. Physical fitness of blind and sighted children[J]. European Journal of Applied Physiology and Occupational Physiology, 1987, 56(1): 69-73.

[31]Kofsky P R, Davis G M, Shephard R J, et al. Field testing: Assessment of physical fitness of disabled adults[J]. European Journal of Applied Physiology and Occupational Physiology, 1983, 51(1): 109-120.

[32] Oppewal A,Hilgenkamp T I M. Adding meaning to physical fitness test results in individuals with intellectual disabilities[J]. Disability and Rehabilitation, 2020,42(10): 1-8.

[33]Winnick J P, Short F X. Brockport Physical Fitness Test Manual: A Health-related Assessment for Youngsters with Disabilities[M]. New York: Human Kinetics Publishers,2004.

[34]Wouters M, Evenhuis H M, Hilgenkamp T I M. Physical fitness of children and adolescents with moderate to severe intellectual disabilities [J]. Disabil Rehabil, 2020, 42(18):2542-2552.